Heinz Weischer

Noch'n Pilsken, Gerd!

Ein vergnügliches Hamm-Heessener Lesebuch
nebst
einem umfangreichen Wörterbuch
der Hamm-Heessener Umgangssprache
und
einer leichtgefaßten Übungsgrammatik
der Randzonensprache Ruhrgebiet-Münsterland

Autor und Verlag danken dem Landschaftsverband
Westfalen-Lippe und der Stadt Hamm
für ihre Unterstützung bei der Drucklegung.

1. Auflage Dezember 1993
Satz und Ausstattung: Klartext
Druck: WB-Druck, Rieden

ISBN 3-88474-100-4

Inhalt

Vorwort

1. Ej, gäzz hötma zu!

Der bayerische Autor Ludwig Thoma hat selbstverständlich in seinen Romanen und Theaterstücken die Sprache seiner Landsleute so wiedergegeben, wie sie klang. *„Wos moanst, Wastl, trinkma no a Hoibe!"* und das würde auf Hochdeutsch heißen: *„Was meinst Du, Sebastian, sollten wir zwei noch jeder einen halben Liter des Bieres trinken!"* Sicher, so würde es ein Studienrat für Deutsch seine Schüler lehren, sollte er überhaupt einen Beispielsatz verwenden, in welchem vom Biertrinken die Rede ist. Es hat sich also längst im Bayerischen eingebürgert, das Hochdeutsche zwar offiziell in Schulen und in der „Süddeutschen Zeitung" zu verwenden, den bayerischen Dialekt in all seinen Nuancen aber durchaus als literaturfähig anzusehen. Und auch bayerische Politiker sind stolz darauf, ihren Dialekt in Parteireden genüßlich zu gebrauchen, wenn es zum Beispiel darum geht, die ungeliebten Preußen, Verzeihung, *de Preißn, de dammischen Luada,* zu verunglimpfen.

Wir Westfalen sind stolz auf unseren Augustin Wibbelt. Wenn er einen Roman *„Drüke Möhne"* nennt, dann blitzt unser Verständnis für das Plattdeutschen auf, das ist zwar kein Dialekt, dafür aber eine eigene niederdeutsche Sprache, welche für uns genau so literaturfähig ist wie für die Bayern die Thomasprache. Und allenthalben gibt es in Westfalen, natürlich auch in Hamm-Heessen, Heimatvereine, die besonders das Plattdeutsche pflegen, an plattdeutschen Abenden *„Vertellkes"* und *„Dönekes"* vorlesen; aber es ist gar nicht mehr so leicht, Vorleser zu finden, die der plattdeutschen Sprache noch mächtig sind. Und noch schwieriger ist es, Autoren zu finden, die heute noch plattdeutsch schreiben. Die Heessener können froh sein, daß sie in Maria Roppertz noch eine dieser raren Autoren besitzen, *„Sunnenschien und Grummelschuer"* lautet der Titel eines ihrer Bücher, 1984 erschienen, launige kleine Betrachtungen, Prosastücke und Gedichte, leise Töne, denn der plattdeutsch redende Westfale liebt, mal vom gebollerten *„Jau!"* abgesehen, die verhaltenen bedächtigen Sätze, den zögerlich verschmitzten Humor, nicht das laute Jeckengetöse der Kölner, aber da schwingt auch vielleicht etwas Neid mit; denn die Schlagfertigkeit eines Kölners fordert dem Westfalen höchstes und unbehagliches Staunen ab. Heessen besaß nach dem Krieg auch noch eine plattdeutsche Bühne, man spielte *„Schwattbunte Fiärken"* vor vollem Haus in der Weißenburg an der Dolberger Straße, klar, auch dabei sprach man nicht so fix wie die Millowitzjungs, aber es wirkten zum Jubel des Publikums auch zwei lebende schwarzbunte Ferkel mit.

Es sieht allerdings so aus, daß leider das Plattdeutsche zu einer musealen Sprache wird und – mal von bewußten Erneuerungen in begrenzten Gebieten Norddeutschlands und von selbstbewußter Pflege in gehobenen Kreisen des Münsterlandes abgesehen – aus der Randzone des Ruhrgebietes immer mehr verschwindet, auch durch Heimatvereine nicht künstlich hochgehalten werden kann. So bedauerlich das ist, so unbeschwert und zwangslos sollten wir mit der „Umgangs"sprache „umgehen", die wir in unserer Randzone des Ruhrgebiets zum Münsterland vorfinden und die sich besonders eigenständig nach dem Ende des Ersten Weltkrieges, dann mit neuem Schub nach dem Ende des Zweiten Weltkrieges vom Plattdeutschen wegentwickelte, sich aber durch den Zuzug von dialekträchtigen Flüchtlingen aus dem Osten Deutschlands kaum stören ließ. Sagen wir es so: Die Flüchtlingskinder sprachen sehr bald so wie wir Alteingesessenen, und mit den Eltern der Flüchtlingskinder hatten wir nicht viel zu tun, unsere Eltern eigentlich auch nicht.

Umgangssprache ist es also, welche wir gewöhnlich im alltäglichen „Umgang" miteinander verwenden, nicht Schriftsprache, nicht Fernsehansagersprache. Natürlich verwenden wir das Hochdeutsche im Schriftverkehr; der westfälische Lehrer ist angehalten, in den Schulen Hochdeutsch zu sprechen, was ihm durchaus nicht leicht fällt; *„Gäzz höddomma mittat Gedöns auf un malma en anständiget Quadrat auffe Hüppotenuse!"* konnte allerdings schon mal im Hammer Freiherr vom Stein Gymnasium zu hören sein, ehrlich. Also, wir Randzonenwestfalen könnten schon Hochdeutsch sprechen, auch im Umgang miteinander, aber wir tun es nicht so gern, weil es dazu, abgesehen von amtlichen Angelegenheiten wie dem Ja-Wort vor dem Traualtar, eigentlich keine Notwendigkeit gibt. (*„Jau!"* auf die entsprechende Frage des Priesters laut in den Kirchenraum geschmettert, weil wir das *„Jau!"*, wie gesagt, immer laut schmettern, das kann man gar nicht leise sagen, also in der feierlichen Weihrauchstimmung einer Kirche wäre es deplaziert, da sind wir uns einig, davonab.)

2. *Abba inne Büchas?*

Ja, diese Frage würde sich der Bayer, selbstbewußt wie er in jenen Alpenhochtälern so vor sich hinlebt, gar nicht stellen. Selbstverständlich ist, wie wir oben sagten, Umgangssprache längst auch im deutschen Sprachraum literaturfähig. Wenn nun der Bayer in seinem Roman schreibt *„Du Drecksbua, dreckata!"* und nichts dabei findet, dann würde man andererseits den Randzonenwestfalen beschneiden in seiner literarischen Ausdrucksfähigkeit, wenn dieser schreiben müßte *„Du dreckiger Junge, du!"*; auf der Straße „im Umgang" miteinander hieße das *„Du ollen Sausack!"* Ist nun letzteres weniger literaturfähig als die bayerische Wendung? Und hören wir uns das mal laut und langsam an: *„Du dreckiger Junge, du!"* Das ist direkt eine Beleidigung; wenn mir das einer damals auf der Hülseistraße gesagt hätte, dann hätte ich mich beim Polizisten Päule Stecher beschwert. *„Du ollen Sausack!"* und *„Du Drecksbua, dreckata!"* klingt zwar deftig, aber es steckt auch das verschmitzte Anerkennende darin; das ist einfach keine Beleidigung, das sagt man sich gegenseitig auf der Hülseistraße, wenn man sich verkracht hat, und hinterher vertrimmt man gemeinsam die *Jäusta* vom Roggenkamp.

Eins wird schon jetzt deutlich: An Nuancen im Ton ist die Umgangssprache dem Schriftdeutschen weit überlegen; und das Erfassen dieser Nuancen macht den Umgangston in der Literatur so wertvoll. Wenn man sich allein mal auflistet, welche Palette von Wendungen der Randzonenwestfale für das hochdeutsche *sich betrinken* und *betrunken sein* ausschöpfen kann (wobei diese Sammlung sicher nicht erschöpfend ist), dann merkt man erst, wie kreativ gerade auch das Umgangsdeutsch ist, wie verblüffend einfallsreich, wie farbig und wie vergnügt. Und da wir uns im zweiten Teil dieses Buches Gespräche anhören wollen, wie man sie am Tresen protokollieren kann, sei es erlaubt, hier dieses Beispiel des Trinkens zu geben; wir wollen damit das Trinken natürlich nicht glorifizieren, und bereits in den vielen Synonymen schwingt neben Wortschöpfungslust auch Unbehagen mit vor zu hohem Alkoholgenuß.

am Tresen hängen
am Trog stehen
an der Kanne hängen
bedröselt sein
betüddelt sein
breit sein
bümmeldick sein
die Jacke vollhaben
den Bären tanzen lassen
den Baum brennen lassen
dicht sein
dick sein
drietendicke sein
duhn sein
dulle sein
einen im Kahn haben
einen im Timpen haben
einen inne Hacken haben
einen inne Krone haben
einen inne Mütze haben
einen inne Puschen haben
einen inne Schlappen haben
einen inne Socken haben
einen im Zacken haben
einen im Zinken haben
einen sitzen haben
gauskendick sein
knülle sein
knüppeldick sein
küerdick sein
Lampen anhaben
ölen
picheln
prall sein
püttkern
rund sein
satt sein
schasken
schickern
schietendick sein
schlucken
sich abfüllen
sich antörnen
sich besumsen
sich die Hucke vollsaufen
sich die Krippe vollhaun
sich einen antüttern
sich einen ballern
sich einen brettern
sich einen hintern Knorpel gießen
sich einen inne Birne ballern
sich einen kippen
sich einen knallen
sich einen pitschen
sich einen plästern
sich einen reintun
sich einen reinziehn
sich einen schnasseln
sich einen verkasematuckeln
sich einen verlöten
sich einen verplätten
sich einen zwitschern
sich vollaufen lassen
stiärnhageldick sein
störtendicke sein
stramm sein
strunkelig sein
süffeln
süppeln
tanken
unter Strom stehen
voll wiene Eule
voll wiene Haubitze
voll wien Kellerhamster
voll wie Piebrocks Kuhle
zu sein

Das ist alles gut und schön, aber kann man das auch veröffentlichen? Natürlich kann man das. G.Ch. Lichtenberg veröffentlichte 1766 allein 103 hochdeutsche und 55 plattdeutsche Ausdrücke für das Trinkens und den Zustand des Betrunkenseins. Wir bringen es in unserer westfälischen Bescheidenheit zwar nur auf 76 Hamm-Heessener Ausdrücke, sind uns aber bewußt, daß wir aus Unwissenheit längst nicht alle registriert haben. (Und eines ist mal klar, Kameraden: Bücher sind letzten Endes auch nur Schall und Rauch, wie der Grieche sagt. Bücher sind aber auch Zeugen des Menschlichen, in eine Zeit eingebunden, also, Leute, hört nicht auf eure Politiker, hört auf eure Schriftsteller, denn die leben am Puls der Zeit.)

3. Abba wie son Püttmann kannstu donnich reden!

Da kenne ich in Dortmund die Angelika, *dattismich son richtich lecka Dänken, so goldne Löckskes ummen Kopp, datseman, wennse vorne Lampe am stehen kompt, aussehn tut wieson Rauschgoldengel.* (Während ich das schreibe, ruft meine Frau aus dem Hintergrund: *„Wos issen scho dro an dera Schnepfa, wos i net hob?"* Meine Frau ist nicht nur des Bayerischen mächtig, sondern auch eines der wenigen hellblonden echt bayerischen Geschöpfe, die ihre Umgangssprache mit einem Randzonenwestfalen messen.) Also Angelika schüttelt immer den Kopf, wenn ich ihr mit einem dem Dortmunderischen angebiederten Ruhrpottdeutsch komme. *„Nö, so kannze mit mir nich reden, ich bin donnich dahinten ausse Wallachei."* Mit Walachei meint Angelika die letzten schiefen Hütten, noch hinter der Kolonie der Bergarbeiter, und da in der Gegend hat der Schrott-Uwe seinen Autofriedhof, wo man sich mal eben für seinen alten Audi eine fast neue Nockenwelle aus einem Wrack ausbauen kann; und wenn man einen Ballermann braucht, also eine Pistole, – kann Schrott-Uwe auch besorgen, alles.

Gut so, Angelika ist Angelika, und ich will es ja auch mit ihr nicht verderben. Es wäre auch sicher falsch, wenn man nun aus einem übertriebenen Patriotismus heraus unbedingt wie Jürgen von Manger sprechen muß als Dortmunderin; und ich verstehe es auch, daß Wendungen wie *Pinnorek* den sanften Westfälinnenlippen Angelikas einfach nicht liegen; dann sagt sie eben *Stöcksken.* Und mit diesem Wort habe ich Angelika überführt, *ändlich*; auch sie kann bei aller Liebe zum Hochdeutschen und bei aller angenehmen Scheu vor Sprachgrobheiten nicht verleugnen, daß sie im Ruhrpott großgeworden ist. Und Angelika will es ja auch gar nicht verleugnen, wie sie mir beim vierten DAB verklickern tut, und dann leuchten ihre Löckskes im Gegenlicht wieder so golden! – Daß wir uns recht verstehen, Angelika ist eine alte Freundin und mehr nicht, davonab, das heißt, die Freundschaft ist alt, Angelika nicht.

Nehmen wir es spielerisch, verpflichten wir niemanden und akzeptieren wir jeden in seiner Umgangssprache, und hören wir genau hin: Man kann in der Umgangssprache über alles reden, auch über Dinge, die man im Hochdeutschen etwas schamhaft oder zu wissenschaftlich umschreibt. So werden die elementaren Lebensäußerungen wie Essen und Trinken, Tod und Krankheit, Arbeit und Vergnügen, aber eben gerade auch alles Sexuelle artikuliert in einem Synomymreichtum, der besonders im letzteren Umfeld Pornografisches grundsätzliches verhindert, der mit Metaphern arbeitet, die keinem die Schamesröte ins Gesicht treiben, sondern die farbig umschreiben, was Sache ist, und oft sehr lustig klingen. Für das männliche Geschlechtsorgan kennt die Umgangssprache in unserer Sammlung mehr als zwanzig Synonyme, für geschlechtliche Betätigung auch mehr als zwanzig, und sicher ist auch diese Auflistung nicht vollständig (besonders wenn man mal in Küppers „Illustriertes Lexikon der deutschen Umgangssprache“ hineinschaut, erschienen 1982). Wir wollen es auch nicht übertreiben mit diesen etwas pikanten Ausdrücken, besonders weil der Pastor Grunwald noch letzte Woche zu Gerd Walters *gesacht hat, dattama dafür sorgen soll, dattie Jäusta an sein Tresen nich immaso ordinär einen am daherredn sind.* Aber gerade auch an unseren so schön umschreibenden teils direkt zuschlagenden und teils etwas verschämten Andeutungen, wenn es um's Liebesspiel geht, wird deutlich, daß Umgangssprache ihren Sitz im vollen Leben hat, daß eine Literatur also, liebevoll vorgehend, aus der Umgangsprache Leben schöpfen kann. *„Sachma, wat meinze dazu, Angelika?“ – (Ohrfeige) – „Ej, Angelika, Täubken, wat scheuassemich denn gäzz eine! Dat waado gaanichso gemeint. Dat waane ganz ein-deu-tich semantische Fraagestellunk waadat, abba ährlich.“*

4. Und? – Traunsesich denn übahaupts, so zu schreim, wieson Malocha labat?

Das ist es nun: Die durchschnittlichen robusten Bayern trauen sich selbstverständlich, in ihrem Dialekt demagogische Parteireden gegen die Preußen zu halten, Romane zu schreiben über edle Wilderer, diese auch zu veröffentlichen. Die Franken machen es neuerdings zum Leidwesen der Bayern auch (ich weiß das so genau, weil meine Frau, wie gesagt, Bayerin ist und den Bestrebungen: „Eigenes Bundesland Franken" nur ein müdes Lächeln entgegensetzt), selbst die Sachsen trauen sich nach der Wiedervereingung, ihr Säuseln über die ehemalige Zonengrenze dringen zu lassen, *ei gugge mol.*

Aber auch im Ruhrgebiet tut sich was: Da gibt es die herrlichen Kolumnen von **Wilhelm Herbert Koch**: *„Kumpel Anton und Cervinski"*, klar, das ist reines Ruhrgebiet, davonab. **Werner Streletz** hat in der Alltagssprache des Reviers seinen Gedichtband veröffentlicht: *„Wenn ich dat vorher gewußt hätt"*. Und da ist natürlich **Elke Heidenreich** mit ihren köstlichen Gesprächen der Metzgersgattin *Else Stratmann.* Wir denken auch an **Jürgen von Manger**, der seinen *Tegtmeier* literaturfähig, zumindest fernsehfähig gemacht hat. Im Schöningh-Verlag, der ja über jeden Verdacht erhaben ist, hat man für den Deutschunterricht in der Sekundarstufe II Texte und Materialien erstellt zur Sprache des Ruhrgebiets: *„Tusse ma eem im Kabäusken fitschen..."* Dann gibt es da, last not least, wie der englische Besatzungssoldat in Werl zu sagen pflegt, den **Claus Sprick** mit seinem Wörterbuch der Sprache des Ruhrgebiets: *Hömma!* Und **Klaus Birkenhauer** hat eine kleine Grammatik des Ruhrgebiets-Deutschen verfaßt. Auf Claus Sprick und Klaus Birkenhauer kommen wir noch zurück. Jetzt habe ich sicher einige Kollegen nicht erwähnen können, weil sie wie ich im Verborgenen an unserer Sprache arbeiten, weil sie regional vielleicht veröffentlicht haben, aber überregional klar erkennen mußten, daß ihr Verleger recht hatte: Da geht eigentlich nichts! Wer kauft denn die Bücher! Sie wollen mich wohl ans Hungertuch nageln!

Das ist aber trotzdem das Schöne, da sitzen wir an der Schreibmaschine oder am Computer und stellen fest, wie lustig es ist, sich mit unseren Kumpels im Pütt, mit unseren Schützenbrüdern in der

Avantgarde, mit den Kegelbrüdern vom Klub Aame Schlucka *(Meineh, wennich an die denken tu, kriehich dat kalte Grausen!)*, mit Ötte Krukenberg am Tresen von Gerd Walters, mit Pastor Klockenbusch in Appelhülsen zu klöhnen.

Also, warum sollen wir Randzonenwestfalen unser Licht *(Latüchte)* unter den Scheffel stellen, wir sind doch keine *Analphibien, oder wiedat heißen tut*, wir können uns doch artikulieren.

5. Wie waddattenn nomma dammalz?

Wir Kinder der Nachkriegszeit hatten im Ohr die plattdeutsche Sprache unserer Großeltern, *„Wischk di de Schuoken av, du olle Suege!"* sagte meine Großmutter, wenn ich mit lehmkleistrigen Schuhen vom *Pöhlen* aus Kottenstetts Kamp kam (Stadtkinder aus dem Hammer Osten, also einer ganz feinen Wohngegend, sollen damals, wenn sie heimkamen, von ihren Eltern begrüßt worden sein mit: *„Ach, mein kleiner Schatz, da bist du ja wieder!")*. Statt eines freundlichen Grußes hatte meine Großmutter, leidgeprüft, also nur das Schuhausziehen vor der Tür im Sinn; das verstanden wir Kinder selbstverständlich. Unsere Mutter sprach schon eher ein vom Hochdeutschen beeinflußtes Plattdeutsch, weil sie damit unsere Schulaufgaben moralisch stützen wollte; mit uns Kindern sprach sie also sowas wie Hochdeutsch, mit den alten Leuten sprach sie natürlich Platt. *„Tom Düwel nomol, gäzz gehsse ändlich inne Heia."* sagte sie abends zu mir. Brenzlich wurde es für mich, wenn sie mit erhobener Stimme sagte: *„Jetzt gehst du mich aber gefällichst im Bett!"* Das war nun reinstes Hochdeutsch, mal von dem *mich* und dem *im* abgesehen. Das war dann ganz ernst gemeint, während der Mischsatz *Tom Düwel nomol...* sehr zornig klang, wegen der Erwähnung des Teufels, aber eben in diesen plattdeutschen Kraftausdrücken lag eigentlich die Sanftheit dieser Sprache, in der man die schlimmsten Dinge sagen konnte und eigentlich doch keinem wehtat. Da war das Hochdeutsche schon sehr viel ernster gemeint, unnachgiebig. Und der zweites Teil ihres Bettbefehls nun hatte das Hochdeutsche ins Umgangsdeutsche eingetaucht, da klang es denn schon nicht mehr so ganz ernst. Also, jenachdem wie die Erwachsenen mit uns Kindern sprachen, konnte man eine Anordnung lässig vergessen, maulend befolgen oder blitzartig erfüllen. Das Blitzartige drückte sich immer hochdeutsch aus.

Wir Kinder nun äußerten uns vorwiegend untereinander im Umgangston Randzone Ruhrgebiet-Münsterland, wohl mehr zum Ruhrgebiet hin. *„Watten Urt, hassedenn immano keine Schulla; wat bisse au am klüngeln."* Niemand von uns wäre auf die Idee gekommen, etwa zu sagen: *„Hast du denn immer noch nicht deine Schulaufgaben gemacht?"* Solch eine Rundfunksprechersprache schaffte ja nicht einmal immer Lehrer Vielberg, der samstags zum Schulwochenausgang sagte: *„Rudi, gehma eem im Kabäusken, die Geige holen."*

Wenn ich unsere damalige Sprache vergleiche mit dem Wörterbuch der Ruhrgebietssprache von Claus Sprick, dann stell ich fest, daß wir damals und auch heute noch in unserer Randzone zum Münsterland sehr viele plattdeutsche Wendungen haben, die im Ruhrgebiet einfach nicht mehr bekannt sind. Dabei ist sich die Sprachwissenschaft, die sich nur sehr zögerlich mit der Ruhrgebietssprache beschäftigt, zumindest in dem Punkt einig, daß das Plattdeutsche besonders die Aussprache des Ruhrgebietlers geprägt hat, da wo er genauso wenig die neuhochdeutsche Lautverschiebung mitmacht wie die plattdeutsche Sprache. Und der Wortbestand des Ruhrgebietlers ist sehr stark aus dem Plattdeutschen des letzten Jahrhunderts abgeleitet.

Heinz H. Menge sagt dazu: *„An den Merkmalen der gesprochenen Sprache hat Steinig 1972/73 bei Recklinghäuser und Dortmunder Schulkindern u.a. die 'Dativ/Akkusativ-Verschiebung' sowie die 'dat/das-Ersetzung' festgestellt. Nimmt man die Verlaufsform hinzu, so dürften dies die auffälligsten Merkmale sein.*

Gestützt auf das 'Dortmunder Wörterbuch', lassen sich diese Kennzeichen auf dialektalen Einfluß zurückführen. Dativ und Akkusativ von 'ek' z.B. heißen gleichlautend 'mi'; auch bei den übrigen Personalpronomina gibt es keine verschiedenen Formen für Dativ und Akkusativ, zusammengefallen sind sie auch bei den Substantiven. Die in der Umgangssprache anzutreffende Verwechslung der beiden Kasus hat seine Ursache also darin, daß im Dialekt die Opposition nicht vorhanden war.

Daß 'dat' und 'wat' niederdeutsche Pronomina sind, ist weithin bekannt, weniger bekannt ist, daß auch die Verlaufsform niederdeutsches

Substrat darstellt: bei Schleef findet sich z.B. beim Hilfsverb 'sin': 'am eäten, am laopen, am singen, am deärschen sin, essen, laufen, singen, dreschen'.

Es dürfte berechtigt sein, vom Befund bei den Hauptkennzeichen auf die Sprache insgesamt zu schließen ..." (Heinz H. Menge: Regionalsprache Ruhr, in: Sprache an Rhein und Ruhr, hrsg. von Arend Mihm, Stuttgart 1985, S. 197f)

Bei Heinz H. Menge wird deutlich, daß sich das Ruhrgebietsdeutsch aus dem Niederdeutschen, also aus dem Plattdeutschen des Münsterlandes und des Sauerlandes, entwickelt hat als durchaus regional bedingter Prozeß. Der Schmelztiegel Ruhrgebiet machte eine sprachliche Solidarisierung seiner Einwohner nötig. Sie übernahmen Vorgefundenes und veränderten es in Richtung Hochdeutsch, ohne das Hochdeutsche je zu erreichen, und bereicherten es mit Fremdsprachigem der verschiedenen Einwandererkulturen.

Also wir Hamm-Heessener nun tendieren regional zum Ruhrgebiet mit seiner Wegbewegung vom Platt bei aller unverleugbaren plattdeutschen Lautabhängigkeit und seinen Wortwurzeln, wir tendieren zum Ruhrgebiet, weil Hamm und Heessen Industriestandpunkte sind und das bäuerliche, plattdeutsche Element des Münsterlandes an den Rand gedrängt haben. Das Interessante ist es nun aber, daß wir die Sprachwurzeln des Plattdeutschen deutlich vor Augen haben, sehr viel deutlicher jedenfalls als der Bochumer oder der Dortmunder, daß für uns die Herkunft unserer aktuellen Umganssprache aus dem Plattdeutschen offensichtlich ist. Wir haben allerdings auch noch einen sehr großen plattdeutschen Wortbestand in unserer Umganssprache, für uns war und ist der Begriff *Öhm vörde Düer* selbstverständlich, wir sagen auch heute noch *Watten Urt* oder *Watten Tewän.* Wir verwenden die Endungen -igge in *Suegerigge* und in *Friggerigge*, wir kennen das *Häckselpättken* vor einer *Hochtied*, und zu den Mädchen sagen wir *Dänken* und zu den kleinen Mädchen sagen wir *Wichter.* Selbst der *Wannerup*, der Maulwurf spukt noch in einigen plattdeutschen Köpfen. Die *Ucht* kennen wir noch an Weihnachten und an Ostern, wir verabschieden uns in Gerd's Kneipe mit: „*Gutt goan – Aok so!*", nachdem wir unserer Freundin einen *Söeten* spendiert haben und uns ein *Pinnken* Klaren. Unsern Hund beschimpfen wir mit *Rüern*, wenn er nicht gehorcht, und im Frühling ergötzen wir uns am *Mä-*

tengaitling, und so fort, und so fort – hoffentlich so fort, wir wollen ja nicht sprachlich verarmen, so wie die Fernsehansager.

Es wird immer gesagt, der Einfluß des Polnischen sei so groß im Ruhrgebiet, somit auch in unserer Randzone. Und natürlich sagen wir *Mottek (mlot)* und *rabotti (rabota)*; auch *pitschen (pic)* kommt aus dem Polnischen, oder wir haben deutschen Wörtern polnische Endungen verpaßt: *Pinnorek, Tonnek, wulacken*, aber es hat schon Klaus Birkenhauer in Claus Spricks Buch „Hömma!" darauf hingewiesen: So weit her ist es mit den polnischen Ausdrücken nicht; ich zitiere Klaus Birkenhauer: *„... Ruhrgebiets-Deutsch sei also, wie eine feste Wendung noch heute behauptet, ein 'Polnischplatt mit Zungenschlag'. Davon stimmt nur 'Platt', das tatsächlich die wichtigste Rolle spielt...Der 'Zungenschlag' beschränkt sich jedoch schon auf die Aussprache des L im Silben-Auslaut (ein eher englische L, das vor allem im östlichen Ruhrgebiet zu hören ist) und auf die Endung 'ek', mit der man beliebige Wörter bequem 'polonisieren' kann."* (Claus Sprick: Hömma! Straelen, 1989, S.160)

Da gibt es viel mehr jiddische Wörter, welche in unserer Umgangssprache erhalten sind, wir listen mal einige auf:

achilen *(achel)*
Ische *(ischa)*
Kappores *(kapore)*
Katzoff *(kazow)*
Kober *(kowo)*
Maloche *(meloche)*
Massel *(masol)*
Reibach *(rewach)*
schäkern *(scheker)*
Schickse *(schekez)*
Schmonses *(schmuoth)*
schoren *(sechoro)*
stiekum *(schtiko)*
Tinnef *(tinneph)*
toffte *(tow)*
zocken *(zachkenen)*
Zoff *(zoff)*
Zossen *(sus)*

Und natürlich spielt das Rotwelsche der Zigeuner rein, oft in Übernahmen aus dem Jiddischen: *zappzarappzappzapp* (allerdings aus dem Russischen übernommen: *zabrat*), *sore.* Zigeuner waren durchaus Wortschöpfer, sie kamen durch viele Sprachgebiete, sie mußten sich behaupten; und wir haben von ihnen gelernt.

Aus ganz Europa sind Einflüsse in unserer Randzonensprache verblieben. Von den Franzosen her haben die Westfalen während der Herrschaft des König Lustig in Münster ihren feinen Wortschatz geschenkt bekommen: *pattu (partout), pussieren (pousser), Kiewiew (qui vive?), Schißlaweng (ainsi cela vint), Lusche (loucher).* Manche Wörter haben wir aus dem Italienischen: *pikobello (picco bello)*, haben wir auch italienisiert: *leckomio.* Aus dem Lateinischen kommen: *Schabau (vinum sabaudum), Malessen (molestia), Kokolores (per omnia saecula saeculorum).* Aus dem Spanischen:*Pajas (payaso* oder italienisch: *bajazzo), Karacho (carajo)*, aus dem Niederländischen: *Prütt (prut), Kabäusken (kabuis)*, aus dem Russischen (und Polnischen): *Mattka (matka)*, aus dem Englischen: *eumeln (on the oil), hotten (hot)*, aus dem Tschechischen: *Trabant (drabant).*

Also die Randzone an der Lippe ist eine große menschliche Mischzone, die sich ein eigenes Deutsch geschaffen hat, welches im Plattdeutschen (im Niederdeutschen) seine beherrschenden Wurzeln findet, also trotz der menschlichen Mischung nicht als Mischsprache bezeichnet werden kann. Wenn wir uns mit unserer Umgangssprache beschäftigen, so bauen wir auf unserer plattdeutschen Vergangenheit auf, selbst wenn wir sie als Mundart sprachlich nur noch nostalgisch erleben. Diese Beschäftigung betrifft nicht eine Sprache im Niedergang, wie man bisweilen hört, sie betrifft nicht eine „Proletensprache", sondern einen eigenständig entwickelten Kommunikationscode von ausgesprochen spielerischen, farbigen und lebhaften Wortbildungen, die sich durchaus sehen lassen können im deutschen Umgangssprachenfundus!

6. Bullemann oder Böllemann?

Ich habe Angelika aus Dortmund gefragt: *„Ihr hapto au son klein Furchenmolli, ne?" – „Was is dattenn?" – „Sonne kleine Töle, ne, son* *kleinen Rüern, denze nich sehn tuuss, wenner durche Furchen am hoppeln is.“ – „Ach, meinze son klein Fiffi?“ – „Jau!“ – „Ja, den ham wir auch.“* Das *„Ja“* war sehr deutlich zum *a* hin ausgesprochen, Angelika sagt nicht *„Jau“*, das wäre für sie viel zu laut, und ich bin froh darüber, daß sie leise „Ja“ sagen tut. Und dann habe ich den Ötte Rinklake in Bergkamen gefragt, ob er das Wort *Furchenmolli* kennt. Er kennt es nicht (dafür kennt er aber das Wort *tabeldoot*, welches ich nun wieder nicht gebrauche); aber in Ahlen, da kennt der Tönne Wittkenkamp das Wort *Furchenmolli* und das Wort *tabeldoot.* Was ich damit sagen will: Umgangssprache schöpft zwar aus einer allgemeinen überregionalen Quelle, ist aber dazu regional sehr erfinderisch, *Töle* sagen sie alle im Ruhrgebiet zu einem heruntergekommenen Hund, aber *Furchenmolli* eben nur ganz begrenzt in der Randzone um Hamm und Ahlen herum.

Und was aus einer gemeinsamen Quelle geschöpft wird, verändert man bisweilen auch leicht. So sagen die Kameraden im Ruhrgebiet *Bullemann* zu einem Schreckgespenst und zu Nasenpopel; wir in Hamm-Heessen sagen *Böllemann* (oder plattdeutsch zum Nasenpopel *Prierkel*). Im Ruhrgebiet sagt man zu Hammer neben *Mottek* auch *Mlotek*, in Hamm-Heessen kennt man nur *Mottek*, in Dortmund sagen sie (alle außer Angelika) *krabitzig*, in Hamm-Heessen *krabetzig.* Und so fort. Leute, lest euch mal so ein paar von den Wörtern durch, die ich da nachher aufgelistet habe; und wenn ihr feststellt, daß man das so nicht sagt, dann verklickert mir das bitte; denn es kann ja sein, daß die *Jäusta vonne Ahlener Straße* schon wieder ganz anders sprachen und sprechen als *die von hinta de Bahn.* Und für mich alten Knacker ist es sowieso sehr interessant, von den jungen Leuten heute zu hören, wie sie so ihre Umwelt erfassen. Da gibt es Begriffe wie *Frittenschmiede* und *Cola bleifrei*, die für mich wirklich neu sind, die ich aktiv gar nicht aufnehmen konnte, weil meine Frau mit mir Bayerisch spricht und ich lange Jahre im Ausland gelebt habe *beide Indianas.*

7. Und wie tut man dat gäzz schreim?

Wie man spricht! – Die bayerische Literatur verwendet schließlich auch eine Art Lautschrift mit den uns gebräuchlichen Buchstaben.

Oachkatzelschwoaf (für Nichtbayern: *Eichkätzchenschweif*) ist ein beliebtes Testwort für zugereiste Preußen, die sich erdreisten, die bayerische Landesprache erlernen zu wollen. Und das Plattdeutsche ist ebenfalls eine Art Lautumschrift:

Wenn di de Sinn steiht mol nao Ruh un Friähr,
du gän vergiätten möggs dat Dagesdaggeküer,
dann luster wat man singt un sägg up Platt,
et dräpp di nich so deip un lütt auk nich so hatt.
(Maria Roppertz)

Man hat in der plattdeutschen „Schriftsprache" einige Längenzeichen wie das *h* und das *e* beibehalten, obwohl die mit einer Lautschrift nichts zu tun haben, beim *st* weiß man, wann es wie *scht* gesprochen wird; man schafft typische Diphthonge wie das *iä*, man verdoppelt Konsonanten wie im Wort *Friggen*, wenn Wörter sehr kurz gesprochen werden; man muß einfach eine Möglichkeit finden, sowohl den Wortklang wiederzugeben als auch das Wort leserlich zu schreiben, man muß dem Leser deutliche Hinweise auf bekannte Wörter geben, sonst tut er sich zu schwer.

So auch mit unserer Umgangssprache Hamm-Heessen. Jupp Deipenbrock möchte am Tresen zum Beispiel erwähnen, daß er es von seiner Frau Hilde einfach unmöglich findet, daß sie immer am knüttern ist, wenn er spät und schwankend nach Hause kommt. Er lasse sich das nicht mehr gefallen. Sein Tresennachbar Tönne Martens möchte ihm mit einem Gedanken raten, der hochdeutsch so klingen würde: *„Jetzt sagst du ihr das aber!"* Das übersetzt er sich nun natürlich in seine gewohnte Umgangssprache, er will ja schließlich keinen Brief schreiben; und eigentlich übersetzt er gar nicht, denn er denkt nicht hochdeutsch sondern umgangsprachlich. Den Dativ *ihr* kennt er sowieso nicht, daraus wird ein Akkusativ *sie*, oder abgekürzt *se*. Das *g* in *sagst* spricht er wie ein *ch* aus, das *du* hängt er an das Wort *sagen* an, wobei sich das *u* zu einem *e* abschleift, und das *d* mit dem *t* von *sagst* verschmilzt. Aus dem *t* im *st* des Wortes *sagst* wird ein *s* , also lautet *sagst du* zusammengezogen *sachsse*. Daran wird nun der Akkusativ *se* angehängt, so daß das zusammengezogene Wort *sachssese* entsteht. Von der neuhochdeutschen Lautverschiebung des *t* zum *s* wie in *water* zu *wasser*, oder wie in *dat* zu *das* ist das Plattdeutsche glücklicherweise verschont geblieben, und der Ruhrgebietler hat so manche plattdeutschen Spracheigentümlichkeiten übernommen, das *dat* zum Beispiel. Nun haben wir in unserm Mustersatz noch das *jetzt*; das *j* spricht der Randzonenwestfale wie ein *g*, das *e* gerät ihm sehr breit zu einem *ä*, und das *tzt* ist viel zu kompliziert, das kriegt ja nicht mal ein Hochdeutsch redender Fernsehansager hin, daraus macht der Randzonenwestfale ein *zz*; so lautet also das Wort nun *gäzz*. Das Wort *aber* spricht man ganz kurz, das *b* wird verdoppelt; und den Wortauslaut *er* formt man ohnehin gewöhnlich um zu einem *a*, also haben wir das Wort *abba* (So hieß doch mal eine schwedische Rockgruppe, *ne, abba dattis schonn lange här mittie Abbas, wa.)*

Unser Mustersatz: *„Jetzt sagst du ihr das aber!"* lautet geschrieben also in der Hamm-Heessener Umgangssprache: *„Gäzz sachssese dat abba!"* Damit haben wir an einem kleinen Beispiel gezeigt, in welcher Weise sich die Umgangssprache vom Schriftdeutsch unterscheidet, und ich wiederhole: Man muß immer versuchen, in der „Lautschrift" bekannte Wörter erscheinen zu lassen.

So haben die Randzonenwestfalen einen starken Hang zur „Erstwortbetonung" (Darauf wird in der Übungsgrammatik noch eingegangen werden). Den Satz *„Was hat er denn da?"* spricht er gewöhnlich als ein langes Wort aus: *„Wattattadennda?"* Für den ungeübten Hörer ist es schon schwer, dieses Wort in bekannte Einzelwörter zu zerlegen, für den ungeübten Leser ist es noch schwerer. Es gibt da den schönen bekannten Dialog: *„Daafdattatt? (Darf das ‚Kind' das?)"* – *„Dattaafdatt!"* – *„Dattattattaaf?"* Oder: Sag mal einen Satz mit *„hamsamsam!"* – *„Hamsamsamstach Schalke gesehn?"* Das Wortgebilde *Hömma!* für *Hör mal!* ist da schon einfacher zu entschlüsseln. In den folgenden Dönekes habe ich versucht, einen Kompromiß zu finden zwischen der Lesbarkeit von zusammengezogenen Wörtern und jener Erstwortbetonungssucht. Man könnte vielleicht viel mehr Wörter zusammenziehen, als ich es getan habe, aber dann muß man schon sehr laut lesen, um einen Satz zu verstehen. Und dann kriegt man Kniest mit seinen Nachbarn, und das wollen wir ja nicht.

Und halten wir das mal fest: Es muß einfach in allen Bereichen der Umschrift dieser Randzonensprache des Hamm-Heessener Raums ein Lesbarkeitskompromiß Maßstab sein.

Ich möchte das gleich an einigen Beispielen zeigen, vorher noch eine kleine Erläuterung zum Wort: Randzone. Selbstverständlich reicht diese Zone von Wesel bis Ahlen, überall dort, wo sich das Ruhrgebiet nördlich an die Lippe und über die Lippe ins Münsterland geschoben hat, können wir eine ähnliche Sprachsituation beobachten wie in Hamm-Heessen, ob nun in Dorsten oder in Bergkamen oder in Haltern, selbstverständlich mit kleinen örtlichen Spezialitäten. Aber allen ist gemein, daß noch sehr viel mehr Plattdeutsches mitschwingt als im kernigen Ruhrpott. Also, Hamm-Heessen hat schon eine exemplarische Bedeutung, werft uns also nicht Lokalpatriotismus vor. Doch nun zu den Beispielen.

Der Randzonenwestfale spricht das anlautende *g* fast immer wie ein *ch*, also sehr tirolerisch; man müßte also ehrlicherweise den Satz *„Gustav, geh in den Garten Georginen gießen!“* eigentlich schreiben: *„Chustav, che im Chaaten Cheorg(ch)inen chießen!“* Das wirkt vom Schriftbild her so ungewohnt, daß ich darauf verzichtet habe. Ich gehe davon aus, daß der Leser weiß, wie er das Randzonen-*g* zu sprechen hat.

Bei Längen ist das *ie* beibehalten, meistens auch das *h*, wir sind einfach daran gewöhnt, manchmal, wenn es sich vom Schriftbild anbietet, ist jedoch auch der Vokal verdoppelt, wie in *blooß*.

Eine kleine Inkonsequenz liegt im Schriftbild meiner Dönekes vor bei dem Wort *is*, welches eigentlich *iss* geschrieben sein müßte, wenn man davon ausgeht, daß man in *st* das *t* zu einem *s* verschiebt, also ein *ss* daraus wird wie in *biss* oder *tuusse*. Man ist das *is* umgangsprachlich so gewohnt, daß es besonders häufig in der Literatur auftaucht, die sich einen leichten Umgangstonglimmer geben will; wir behalten also bei *is* das einfache *s* bei, verzichten also (von exemplarischen Beispielen abgesehen) auf die Verdoppelung wie in *biss*.

Das *r* spricht der Randzonenwestfale im Wort und am Wortende grundsätzlich nicht, sondern macht daraus den Vokal *a*, also sagt er *Tüa*, wenn er *Tür* meint, oder *Doatmunt* für *Dortmund*; *Kirche* wird zu *Kiache*, und eigentlich müßte man den Vokal vorher verdoppeln, weil er enorm in die Länge gezogen wird, also *Kiiache, Dooatmunt, Tüüa*. Das nun, also mal als reine Lautumschrift verstanden, würde den Leser schon zu abenteuerlichen Rückübersetzungsversuchen verleiten, und das möchte ich vermeiden. Also gehe ich auch hier einen Kompromiß ein zwischen Schriftdeutsch und Lautumschrift. Das *r* wird in der Wörtersammlung beibehalten, grundsätzlich nicht in ein *a* (von exemplarischen Beispielen abgesehen) umgewandelt, in den Dönekes geschieht diese Umwandlung von *r* zu *a* jedoch häufig. Und bei der Verdoppelung des Vokals einer langezogenen Silbe entscheidet die leichtere Wortidentifizierbarkeit; *blooß* bietet sich an, dieses Wort kann man auch so erkennen, *boorcht*, oder gar *booacht* für *borgt, er borgt* strapaziert dagegen den Leser ganz schön.

Verkürzungen sind häufig, und sie werden dort angewandt, wo sie leicht zu entschlüsseln sind: *geben* zu *geem*, *Leben* zu *Leem*, *eben* zu *eem*, *oben* zu *oom*, aber auch *glauben* zu *glaum*, oder *Tauben* zu *Taum*, *sieben* zu *siem*, *Abend* zu *Aamt*, also hier wird oft eine *ben*-Endung oder ein *ben*-Partikel zu einem *m*.

Komplizierter wird es, wenn Konsonanten in ihrer Folge vertauscht werden und man dann noch das Wort verkürzt: *sagen* zu *sang*, *Bogen* zu *Bong*, aber auch das versteht man beim Lesen. Der Wortausklang *-den* wird bisweilen verkürzt wie in *Boden* zu *Boon* (Hier ist auch die Verdoppelung des *o* durchaus vertretbar). Die Endung *en* läßt man auch oft einfach weg, *Gipmichma dein Hut.*

Nochmal zum *r*: Wenn ein Wort auf *er* endet, habe ich daraus weitgehend ein lautschriftliches *a* gemacht, *Jäuster* in *Jäusta*, *Bauer* in *Baua*. Auch wenn das Pronomen *ihr* angehängt wird oder das Pronomen *er*, erscheint ein *a*: *könnt ihr* wird zu *könnta*, *will er* wird zu *willa*.

Das *ks, cks, gs* klingt so verdächtig nach *x*, daß ich es meist auch so schreibe; *bringst du es mit* sieht dann so aus: *brinxe dat mit.* Und aus der *Buchse* wird die *Buxe*, aus der *Bückse* die *Büxe*, der *Buchsbaum* wird zum *Buxbaum.*

Ein doppeltes *mm* wird bisweilen zu einem *mp*, weil die Lippen des Westfalen sich einfach schließen müssen bei der Aussprache des Wortes: *kommsse (kommst du)*, daraus wird dann *kompsse.*

N vor *f* dagegen wird erweicht zu einem *m*, so wird aus *einfach* das Wort *aimfach*, und da hier das *e* ganz breit gesprochen wird, schreibe ich es als *a*. Das jedoch nur in eklatanten Ausnahmefällen, sonst wird das *ei* beibehalten, obwohl wir alle wissen, daß es wie *ai* ausgesprochen wird, also in der Lautumschrift so erscheinen müßte. Aber das würde wiederum die Lesbarkeit beeinträchtigen.

Ansonsten liebt es der Randzonenwestfale, die Pronomen an das Verb anzuhängen; dem wird wie folgt Rechnung getragen: *bist du* wird zu *bisse*, identisch wird aus *gehst du* das Wort *gehsse*, das *st* folgt hierbei jeweils nach einem Vokal und wird deswegen zu einem „weichen" kurzen *ss*. Aus *kannst du* wird eine härtere Kombination *kannze*, weil das *st* nach einem Konsonanten folgt. Ähnlich wird auch aus *wenn du* die härtere Version *wennze*; im Ruhrgebiet läßt man vielfach das *z* hier weg und sagt *wenne*. Zu unterscheiden von *wennze* ist die Kombiantion *wennse*, mit einem ganz weichen langen *s* gesprochen, welches aus *wenn sie* entsteht.

So, jetzt ist Euch einiges an Theorie der Umgangssprache verklickert worden, jetzt geht doch mal zur Sache. Lest Euch mal die Dönekes durch. *Und wenna datnich inne Reihe kriegen tuut mittie dösigen Wörtas, dann frachta aimfach Angelika, ne, dat Rauschgoldengelken aus Dooatmunt.*

Dat Häckselpättken

Gartenwirtschaft Theodor Gilbert, heute Gasthof Walters, hier schenkt Gerd bedächtig Pils aus. Dieser Gasthof liegt 100 m (geschätzt) von der St. Stephanus Kirche entfernt an der Dorfstraße in Hamm-Heessen.

Es war eigentlich schon etwas spät am Abend, als ich „Bei August" mein Pils trank und einen Stoppenberger dazu. Gerade hatte ich zu Gerd, dem Sohn des verstorbenen Wirts August gesagt:

„Hömma, Gerd, ichap gehört, duhass läzztet Jaa en Spielautomaat da anne Wand häng gehapt, sachma, wo hassedeendenn gäzz?"

Gerd wurde sofort sauer:

„Rudi, ichipdich Lokalvabot, wennze auno anfang tuuss vonden vadammten Spielautomaat!"

„Hömma, du Knabbelkopp, so happich datto gaanich gemeint! Wat hasse denn aintlich?"

„Imma müßta widda damit anfangn." Gerd schaute jetzt ganz deutlich an mir vorbei, so als ob langsam eine schwarze Wolke an der Kneipenwand hinter mir entlangzöge und er sie nichts als bekucken müsse. So hatte ihn also die mysteriöse Geschichte von seinem Spielautomaten letztes Jahr mitgenommen; und ich war nicht dabei gewesen, hatte am fernen Amazonas Gold geschürft, und da sprach sich das natürlich nicht rum. Und als ich zurückkam, wollte mir keiner erzählen, was da eigentlich genau passiert war mit Gerd seinem Spielautomaten. Gerd schaute, wie gesagt, an mir vorbei, und damit er mir kein Lokalverbot gab, sagte ich:

„Gerd, nimm dattonnich so ärnst, mach donniglei son Buhei, hömma, tuma widda ein rein, unnen Stoppenbärga bei, ne."

Das versöhnte Gerd etwas, und wir schwiegen; und dann saß ich so noch eine Viertelstunde lang auf meinem Hocker am Tresen, und Gerd lehnte sich hinten an das Gläserregal an. Und beide sagten wir immer noch nichts, als die Tür aufging und Fitti Kötter reinkam mit einer prall gefüllten Plastiktüte von REWE; und hinter dem Fitti Kötter erschien der lange Tons Krukenkamp, auch mit einer prall gefüllten Plastiktüte in der Hand, aber diese Tüte war von CO OP. Fitti rief:

„Gerd, tu unsma fix zwei rein!"

„Un zwei Tiefgekühlte bei!" sagte Tons.

Gerd nahm ruhig, wie das so seine Art ist, zwei Pilsgläser, hielt sie schräg unter den Hahn und ließ den ersten Strahl hinein; dann nahm er aus dem Kühlfach die Aquavitflasche und zwei langstielige Pinnchen, alles dick mit Rauhreif vermummt. In die Pinnchen goß er den öligen Schnaps.

„Gipden Rudi au ein!“ sagte Tons. Aber ich hatte ja gerade meinen Stoppenberger gekippt, und dabei wollte ich auch bleiben:

„Nee, laßman, tumichma liebanon Stoppenbärga!“ sagte ich deshalb. Da sprach mich Fitti Kötter von der Seite an:

„Du, Rudi, hassema eem bißken Zeit. - Weisse, wattie Hilde Lehmküster is, die is moin am heiratn, ne. Also, gehssema eem mit, en klein Häckselpättken streun?“

„Fitti, haudu blooß ap mittein blödet Häckselpättken! Eimaa - unnie widda!“

„Rudi, komm, seido keinen Frosch, dattissen weiten Wech!“

„Fitti, zieh Leine, du ollen Flitzenfänga, ich bindonnich bekloppt, dattattann widda sonne Tragödie gipt wie dammalz.“

Und mit der Hand wischte ich schräg durch die Luft; damit war klar: Mit mir nicht!

- Vor nun bald zwei Jahren, das muß ich einfach schnell erzählen, vor zwei Jahren war wirklich eine sehr schlimme Sache passiert. Das hatte genauso angefangen wie heute abend. Der Fitti Kötter kam mit einer Plastiktüte voll Häcksel in die Kneipe und bat mich, mitzugehn und schnell für Ulla Szwitalski von der Böckenhege ein Häckselpättken zu ziehen zum Haus von Theo Brinkmann im Roggenkamp.

„Weisse“, hatte Fitti gesagt, „weisse, dattis die ihrn Vaflossenen, bevor datse den Heini Kroker kennengelärnt hat, denwatse gäzz am heiratn is, unda wollma eem klein Späßken machen, dat Häckselpättken streun, ne, undat geht schneller, wennzedat zu zweit am tun biss.“

Gutmütig, wie ich nun mal bin, trank ich mein Pils aus und ging mit. Fitti hielt vor Ullas Haus die Tüte auf, ich nahm eine Hand voll Häcksel und streute eine feine Linie hin zur Dorfstraße; als wir diese gerade überqueren wollten beim Schreiner Terhorst, da kam der dröge Jupp Töttges vorbei und rief:

„Hey, watseit ihr Fickels denndie Straße am dreckichmachen? Laßdat blooß sein!“

„Datgipten Häckselpättken, du Döskopp, von Ulla Szwitalski ihr Haus wek.“

„Dann wolltawoll na Jänsken Möller beide Sachsenburch?“

„Nee, wir wollna Theo Brinkmann aum Roggenkamp.“

„Watten Urt! Diehattedo dat Krösken mit Jänsken Möller anne Sachsenburch!"

„Isjagannichwaa! - Mit Theo Brinkmann aum Roggenkamp!"

„Ja! - Dann hattie vielleicht zwei Kröskes am laufen gehapt, wa?"

„Wattunich sachss!"

Und Fitti und ich wurden irre in unseren Kenntnissen von Ullas Liebschaften vor ihrer nun endlich anstehenden Hochzeit, und sie war ja man schon bald 26 Jahre, da konnte wirklich seit früher Jugend einiges passiert sein.

„Also, ährlich", sagte der dröge Jupp, „also, dat kannze mich glaum, mit Jänsken waadiedat ganze Jaa zugange, datweißdodat ganze Viertel."

Fitti schaute mich an:

„Rudi, weißdu wattavon?"

„Ich weißdatnich, Fitti, abba wennder Jupp dat sacht! - Der isdo gäzz nonnich besoffen."

„Jau, wenndat so is", sagte Fitti nach einer Weile, „wenndat so is, dann müssenwa eem zwei Häckselpättkes machen, isdo klaa. Gäzz geh ich aum Roggenkamp, ne, undu, Rudi, gehma eem fix mittat Häcksel zude Sachsenburch!"

„Dat Häcksel tut abba nich reichen!"

„Da hasse recht, vadorrinomma, wat machenwa gäzz?" Da sahen wir, daß beim Schreiner Terhorst durch die Jalousien von seiner Guten Stube noch Licht fiel, flackerndes Licht, also saß er mit seiner Frau Christel vorm Fernseher. Wir klopften einmal heftig an die Jalousien. Drinnen schrie Christel Terhorst: „Bäänt, wattisdattenn?" - Und Bäänt Terhorst antwortete: „Nix! Et grummelt, dat giw en Wiär." Seine Frau Christel sagte: „Achwat, ik häw keen Wiärlöchtern saihn." Fitti bollerte nochmal heftig an Terhorsts Jalousien. „Mach auf, Bäänt!" rief er, und von drinnen scholl es: „Düwel nomol! - Datsinn Itaka sindat. Hal äs mien Püster, Maure!" Und dann ging das Licht in der Guten Stube plötzlich aus, die Jalousien wurden vorsichtig hochgezogen, und im Fensterspalt erschien ein Gewehrlauf.

„Mensch, Bäänt", rief Fitti ganz schnell, „mach blooß kein Scheiß, wir sintet, ich, der Fitti, under Rudi, under Jupp."

„Warum machta dennson Krach?" fragte Bäänt Terhorst, knippste Licht an und lehnte sich aus dem Fenster.

„Weisse, wir sind für die Ulla Szwitalski en klein Häckselpättken am streun, ne."

„Jau", sagte Bäänt Terhorst, „isja auwaa, diewaado zwei Jaa lang mitteen Franz Pottmann vonne Vogelstraße am laufen, dathatmichdo unsa Gilla imma vazählt, weildattie auma garnewat mitteen Franz Pottmann gehapthät, abba dattisjaman vorbei, ne, gäzz is unsa Gilla jaman gut vaheirat mittein Tankstellenbesizza da in Stewwet, unnich kanndichwat vazähln, die Tankstelle is direkt anne Straße von Hamm na Münsta, da is abba die Kasse wat am klingeln, mein lieba Scholli."

Wir hatten Bäänt Terhorst lange reden lassen, weil wir uns stumm anschauten, der Fitti, der dröge Jupp und ich. Was nun? Fitti sagte:

„Ja, dat hälze donnich im Kopp aus! Gäzz hattie Perle doglatt drei Kröskes gehapt, so mirnixdirnix. - Isdat au waa, Bäänt? Oda bisse uns ein inne Tasche am tun?"

„Ährnwort!"

„Gäzz braunwa nommär."

„Wat brauchta nommär?" fragte Bäänt Terhorst.

„Fürdatwa eem bei dich am Fenster gekloppt ham: Häcksel!"

„Häcksel happich nich."

„Abba duhass gede Menge Sägemehl, wa?"

„Jau, könnta ham, komptma anne Wiärkstatt." Und Fitti sagte zu dem drögen Jupp:

„Hömma, Jupp, du hasdo nix vor, ne?"

„Aintlich wolltich na August, en Pilsken trinken."

„Ichipdich ein aus naher..."

„Dattis abba fein, Fitti!"

„... nu höddomma, ichipdich ein aus, wennze unsma eem helfen tuuss, dat Häckselpättken inne Vogelstraße streun."

„Jau, wennze meinz!"

Bäänt Terhorst öffnete die Werkstatt von innen, zwei Plastiktüten von Allkauf hatte er auch gleich mitgebracht und eine Flasche Korn von Schulze Köhling; während wir Sägemehl und Hobelspäne in die Tüten schaufelten, kippte Bäänt vier Pinnchen voll. Und wir hoben die Pinnchen, schauten uns ernst an, sagten: „Prost, Kameraden!" und gossen den Schnaps schön langsam über die Zunge, und der kratzte mal wieder so angenehm am Gaumen entlang, daß der dröge Jupp sagte:

„Weisse, Bäänt, aintlich kannze auf ein Bein nich stehn." Und Bäänt Terhorst war nicht so; er füllte uns nochmal die Pinnchen.

„Auf Ulla Szwitalski mit ihre drei Kröskes!"

„Diewaa abba auwatvon wipsich inne Mäse", sagte Bäänt Terhorst, „sowat von Löckskes da auffen Kopp un Klunkas anne Öhrkes, un immaman son kurz Röcksken an, dat konnte jannich gutgehn. Gäzz hatse ändlich ein am Schlawittken. - Wer isset denn aintlich?"

„Heini Kroker vom Bockelwech."

„Wat? - Der Heini Kroker? - Dattisdo der Geselle von Heinz Lepper, der montachs imma am blaumachen is, hatter Heinz Lepper gesacht, du, dat sollen richtigen Schlickefänga sein."

„Sachdat blooß nich, Bäänt!"

„Jau! - Mittie Ecka Haferbrock hier anne Ecke hatterdo wat gehapt, ich haptiedo imma dahintade Hecke gesehn, Händken in Händken unso."

„Hömma, du ollen Lustmolch, waasse am luegen, wa. Sachma, wat hamdiedenn sonsno gemacht?"

„Ichap nix gesehn."

„Dann tumano ein rein! Alle guten Dinge sintrei." Und wir tranken die dritte Runde Korn und machten aus, daß wir nun schnell unser Häcksel verstreun wollten. Und da der Weg zurück zu „August" so weit und sicher auch trocken war, vereinbarten wir, daß wir uns zunächst mal bei „Kohers" im Viertel treffen wollten auf ein Pils und dann erst zurück nach „August".

Durch Bäänts Korn war mir richtig warm geworden, und so ging mir das Häckselstreuen recht gut von der Hand, die Dorfstraße hinunter durchs Viertel war ich schnell, bei „Kohers" schaute ich kurz rein und sagte zum Wirt:

„Affons, tuma schnell ein rein, ich happet eilich."

„So schnell gehtat abba nich, wenndat schmecken soll. Wat bisse denn so am braken, Rudi?"

„Ach, weisse, wir sinto für die Ulla Szwitalski en Häckselpättken am legen, wa."

„Jau, dattut man. - Wo gehtat Häckselpättken denn hin?"

„Zu Jänsken Möller vonne Sachsenburch."

„Wat? - Jänsken, dat Ziesemännken hat wat mittie große Ulla Szwitalski gehapt?"

„Da kannze schonn sang: Mit wen in Heessen hattie aintlich nix gehapt. - Kuckma, der Fitti is nan Roggenkamp, un der dröge Jupp is nache Vogelstraße. - Undu tudo schomma drei kaltstelln, wir wolln uns doglci hier treffen."

„Is gut, Rudi", sagte Alfons, und ich zockelte weiter zur Eisenbahnbrücke, und ich weiß auch nicht, was mit mir los war jetzt, aber wenn ich so auf mein Häckselpättken zurückblickte, dann lief das ganz schön im Zickzack. Oben auf der Brücke bekam ich einen ungeheuren Schreck; denn als ich oben auf der Brücke ankam, da war ich schon da, das heißt, eigentlich, bei näherem Hinsehn, war ich es nicht, der da gebückt auf mich zukam mit einer Plastiktüte von Lyko, sondern es war einer, der so aussah wie ich, sagen wir mal, und das gleiche tat wie ich, nämlich Häcksel auf den Boden streuen. Und der andere erschrak auch, als er mich sah.

„W-w-we bebebebibistu denn?" bibberte der andere. Ich sah ihn mir genau an, es war einer, den ich auf dem letzten Gewerkschaftsfest gesehen hatte, aber an seinen Namen konnte ich mich nicht erinnern.

„Du ollen Stuotterbuk, dich kennido! - Hömma, kennze mich nimmär? Ich bin der Rudi, weisseno?"

„Ach -", lange Pause, er holte tief Luft, „d-du bi-bissdat! Ruudi vonne Hü-hülseistraße!" Und jetzt merkte ich, daß er gar nicht stotterte, sondern einfach nur mächtig einen sitzen hatte und daß seine Zunge lahm geworden war.

„Nu beruhige dichdo ärsma!" sagte ich, „wat machsse dennda so mitteine Tüte?"

„En Häckselpä-pättken."

„Wattu au? Wo kompsse denn her?"

„Von den He-heini Kroker von Bockelwech."

„Wat? Dattisdo der Bröüm vonne Ulla Szwitalski."

„Jau, hass recht!"

„Un wo willze hin?"

„Zudie Ecka Ha-haferbrock. Kennze die?"

„Nee, abba der Bäänt Terhorst hattie gesehn mitteen Heini Kroker anne Hand."

„Och, der waa donno mit manch andere Perle am gehn."

„Sach blooß, da streuta überall auno Pättkes hin?"

„Jau, watter Friddem Strux is, ne, meinen Ku-kumpel vonne Maloche, der is bei Fr-frielick untade Brücke her au-au-au-auffen Wech inne Kleistraße zudie Soffie Stöttö-törtenbrink."

„Dattis abban weiten Wech, wa?"

„Dafür hatta au zwei Tüten Hä-häcksel bei un is mitten Rä-rät-, eh, Fahrrad untawechs."

Ich will es kurz machen, nicht nur der Friedhelm Strux war mit zwei Tüten unterwegs, sondern auch der Frantek Olschewski und der Bernhard Teipel, weil der Heini Kroker wirklich ein Schlickefänger gewesen war und eine Freundin nach der anderen verbraucht hatte, und alle hatte er sich aus dem Dorf geholt, also die Bahnlinie überquert auf seiner Brautsuche. Das wäre zu meiner Zeit noch ein großes Wagnis gewesen, denn damals wurden die Reviere im Dorf, wo wir wohnten, und in der Kolonie, wo die Jäuster von den Bergarbeitern wohnten, getrennt durch die Bahnlinie, noch respektiert.

Jedenfalls hatten die vier Pättkesstreuer aus der Kolonie von hinter der Bahn auch ausgemacht, daß sie sich nachher bei „Kohers" treffen wollten. Schnell beendete ich nun mein Zickzackpättken zur Sachsenburg, aber auf dem gegenüberliegenden Bürgersteig, damit mein Häcksel nicht mit dem Zickzackpättken von Haka Käberich durcheinanderkam, so hieß der, Haka Käberich, jetzt erinnerte ich mich. Und ich sah, daß der Haka schon so bedudelt sein mußte, daß er nun wirklich kaum noch die Richtung einhalten konnte zum Dorf. Als ich nach „Kohers" zurückging, sah ich am Häckselfaden, daß Haka in seinem Tran erst in die Ahlenerstraße eingebogen war, dann hatte er zwei Zickzackspiralen um einen Laternenpfahl gestreut, und der Häckselfaden stieß auch direkt an den Pfahl. Da muß also der Haka davorgelehnt haben mit seinem dullen Kopf und sich gedacht haben, warum das nicht weitergeht und ob er vielleicht schon bei Ecka Haferbrock vor der Tür steht. Er erzählte dann hinterher bei „Kohers", daß er lange dort am Laternenpfahl gelehnt und „Ecka, wo bisse denn?" gerufen habe, bis ihn der Polizist Päule Stecher angesprochen habe, und da habe er dem Päule Stecher gesagt, daß er sich verirrt habe, und der Päule Stecher habe ihn dann gerettet und ihm den richtigen Weg gewiesen und geholfen, das Häcksel zu streuen.

Also bei „Kohers" trudelten wir dann alle ein, sieben Mann hoch, und da war vielleicht was los, da gab der Fitti einen aus, dann gab ich einen aus, dann gab der Frantek einen aus. Jesus, was haben wir uns einen reingetan, und dann sangen wir „Schwazzbraun isdie Haselnuß", und dann zogen wir sieben allemann hoch nach „August". Gerd wollte seinen Laden schon dichtmachen, der dröge Jupp konnte gerade noch seinen Fuß zwischen Tür und Rahmen klemmen. Ja, und dann gab der dröge Jupp auch gleich einen aus, und der Bernhard gab einen aus, der Haka gab einen aus, und dann gab ich wieder einen aus, und wir sangen „Die Vööchlein im Walde, die singen so wundawundaschöön, inne Heimaat, inne Heimaat, da gips ein Wiedasehn."

Aber das traurige Ende kam ja noch. Ich selber habe das nicht so genau mitbekommen, weil ich am nächsten Morgen länger als sonst schlief, aber Gerd erzählte mir dann alles, als ich mir abends ein Pils genehmigte.

„Weisse, Rudi, datmittat Häckselpättken isjan schönen alten Brauch, ne, abba watzu viel is, iszu viel."

„Wieso, Gerd, dat vastehichnich."

„Ja, kuckma, nu waado heutmoin ganz Heessen mitein feinet Nezz von Häckselpättkes übazogn, ne."

„Jau, dat kannschonn sein, dawaane ganze Horde Jäusta untawechs heutnacht."

„Jau, undattisset ja eem, ne. Datwaa zu viel für die Ulla Szwitalski."

„Wieso? Warum waadat zu viel?"

„Ja, hömma, Rudi, watsolln denndie Leute denken. Datwaado wie Sodomma un Gomorra, undie Leute hamjadann auch getuschelt un gelacht. Ganz Heessen waa am lachen heutmoin."

„Un ichapdat vapennt!"

„Wat hamdie Leute gelacht!"

„Ja, isdattenn sowat Schlimmet, Gerd? - Solln die Leute domma bißken watzu lachen ham."

„Ja, abba, dattisdo painlich. Un kuckma, da hamsedattannau brühwaam die Ulla erzählt, ne, dat mittat Nezz vonne Häckselpättkes in ganz Heessen, undann hattie Ulla am weinen angefangen. - Weisse, Rudi, dat hatmich die Ella Göbel erzählt, diewat die Braut am frisiern waa. Undann hatter Heini Kroker no die Ulla angeschrien, wat, du bissmich vielleicht ne Nulpe, wat, an geden Finga hasse zehn Kärle gehapt, wat; undie Ulla hatne zurückgeschrien, wat, son abgeleckten Hering wie dich sollich heiraten; jau, hattie Elle Göbel man erzählt."

„Hattiedat wirklich erzählt?"

„Dathattie wirklich erzählt! - Dann gap also ein Wörtken dat annere, undann schmeißt die Ulla den Heini de Brocken vorde Füße un fängt am schrein, wennze meinz, dattich son Donschuan, wiedu einen biss, heiraten tu, dann bisse abba schief gewickelt."

„Ja, un wattann?"

„Jau, allet klaa, dann hatter eine vonne Brautführa, der Anton Breede, den Heini eine gescheuat, datta inne Ligustahecke am hängn waa, ne. Jau, undann waada ganz schön Rambozambo. Jau, undann hamsedeen Pastor Grunwald inne Sakristei gesacht, dattaman sein Schemisettken widda ausziehn kann, Hochzeit wär heutnich. Jau, unda hatter Pastor Grunwald also sein Schemisettken widda aum Bügel gehängt unhatzu seine Huushöllerschke gesacht, hönsema, Frollein Trude, hatta gesacht, mittat Mittachessen bei Ullas Hochzeit wirtatwoll heut nixmär, könnsema eem en paa Speckpfannekuchen inne Pfanne tun, hatter Pastor Grunwald also zu seine Huushöllerschke gesacht."

Ja, so war das also vor nun bald zwei Jahren gewesen, und man wird verstehen, daß ich mich weigerte, als heute abend Fitti Kötter zu mir sagte:

„Du, Rudi, hassema eem Zeit...?"

Dat Pinnkenspiel inne Hülseistraße

Die Wirtin hat alles im Griff, die Kellnerin spekuliert noch. Bahnt sich hier in den fünfziger Jahren eine westfälische Liebe an? Gasthof Krieter, 200 m (geschätzt) von der St. Stephanus Kirche entfernt.

Nach langen Jahren im Ausland, aber das wissen wir ja schon, saß ich „Bei August“ am Tresen; mein erstes Pils hatte ich bedächtig getrunken, und das hatte mal wieder so lecker geschmeckt, und der Schaum war so sanft an der Glaswand runtergerutscht, und gerade hatte ich zu Gerd gesagt: „Tuma no ein rein!“, da redete mich einer von der Seite an:

„Hömma, dubissto woll der Rudi vonne Hülseistraße, ne!“

„Binnich!“ sagte ich.

„Weisse no, gegen euch hamwado imma beit Pinnkenspiel gewonnen, wa!“

„Hömma, wat bisstu aintlich für einen?“ fragte ich.

„Meineh, kennze mich nimmär, - Kalla vonne Wilshorststaße, ne!“

„Mensch, Kalla“, sagte ich herzlich und erkannte ihn immer noch nicht, „du bissdat? - Dich hättichdo glatt nicht widdaerkannt!“

„Ja, dat mittie Glazze, datwaa früha lockiget Haa!“

„Hömma“, sagte ich, „waat ihr datnich? Ihr haptuns do imma die Hucke vollgehaun, wennwa am Knapp anne Geiststraße mitten Schlitten am rodeln waan?“

„Jau, datkann sein; datwaa nämmich unsan Knapp! Abba dat isset ja nicht. Kannze nimmär erinnern? Beit Pinnkenspiel hamwa euch imma mailenweit, ach, watsarich, Welten lagen zwischen de Hülseistraße unde Wilshorststraße, dammalz schonn.“

„Nee“, sagte ich, „glaubichnich!“

Und dabei nahm ich das frischgezapfte Pils, hob es dem neben mir, der sich Kalla nannte, entgegen und nickte mit dem Kopf; Kalla nickte auch, schaute aber dabei so traurig auf sein leeres Glas, daß ich sagte:

„Gerd, tu den auno ein rein!“

„Hömma“, fing Kalla wieder an, „dat musse donno wissen. Bei Buschulte anne Ahlenastraße, weisse, woder Knapp runterging inne Hülseistraße, ne, da hamwa do imma angefangn mittat Pinnkenspiel. - Hömma, wo is der Knapp aintlich apgebliem?“

„Ja“, fragte ich zurück, „wo is der Knapp aintlich?“

„Wernsewoll de Hülseistraße aufgefüllt ham, wa?“

„Nee, dann hättense bei Stizz dogäzz de Haustür in zweiten Stock am reingehn!“

„Da hasse recht! - Oda hamdiedie Ahlenastraße abgesänkt?"

„Nee, dann müßde dogäzz durn Kattoffelkella innen Kollonealwaanladen von Buschulte oda wattat gäzz is."

„Da hasse auwidda recht! - Da kannzema sehn, wa, da ändanse von ein Tach zun annern de Straßen in Heessen, unda krisse nix von mit."

Kalla hatte inzwischen sein Pils bekommen, prostete mir zu und sagte zu Gerd:

„Tu nomma zwei rein!" Und nach einer Weile sagte er:

„Dat geht nimmär!"

„Wat geht nimmär, Kalla?" fragte ich.

„Dat mittat Pinnkenspiel."

„Warum gehtat nimmär, Kalla?"

„Krisse kein Loch mär innen Asfalt."

„Jau, dattis waa!"

„Weisseno, Rudi, datwaan richtige Turniers, ne, säx Jäusta vonne Hülseistraße un säx Jäusta vonne Wilshorststraße; jeda hatte sein Pinnken bei, Ersazzpinnken au, hatte sichen Knüppel aussen Afdack geholt undann män tao!"

„Bei uns innen Afdack hatter Baua Wittkenkamp, wat meinen Onkel waa, imma sein Pfärt untagestellt, wenna von Bassen kam innen Härbst mit seine Kattoffeln un Runkeln."

„Hapta denn keine Runkeln in Gaaten gehapt?"

„Nee, da hattenwa Kappes."

Wir tranken uns zu und dösten lange Zeit vor uns hin ins Bierglas. Und Gerd ließ derweil in abgemessener Bewegung den knappen Bierstrahl in ein Glas, wischte überquellenden Schaum weg, stellte die Gläser auf den Löcherrost, wartete der nächsten Zapfrunde entgegen; seine rechte Hand ruhte auf dem Hahn.

„Wichtich waa der ärste Fitscher, ne." Kalla sagte das vor sich hin.

„Watfürn Fitscher?" fragte ich.

„Mittat Pinnken, ne, aussen Loch raus, dammalz konnze auffe Straße inne Asche en Loch buddeln, Pinnken drübba unnen Knüppel drunta, undann abba wekfitschen."

„Wennze dat Pinnken inne Mitte traafs beit Wekfitschen, dann flochdat bisna Jackenkroll."

„Die hattendo imma so schönet Stielmus im Gaaten auffe andere Seite vonne Straße, ne?"

„Jau, unsa Oma hatta imma wattavon apgekricht; un Winterküddeln, die hamwa bei Kasner aussen Gaaten geschort."

„Wat, ihr au? - Abba sachma, Winterküddel int Stielmus?"

„Wat hassdu dagegen?"

„Also, unsa Mutta hattie imma indat Maus getan! - Nee, Winterküddeln int Stielmus, dat schmeckto wie Laternpfahl ganz unten."

„Du hasse donnich alle, du weißdo gaanich, wat schmecken tut!"

Ich schwieg, ein wenig beleidigt war ich schon. Gerd schob uns nach der dritten Zapfrunde die beiden Pils rüber und malte jetzt bei Kalla zwei Striche auf den Bierdeckel, und obwohl ich beleidigt war, sagte ich zu Gerd:

„Tu unsma zwei Stoppenbärga bei!" Kalla sagte:

„Un wichtich waadat au, datte bei Jackenkroll einen vonne Mannschaft am waaten hattess, dattadat Pinnken weiterhaute inne Luft, dann hatsde schomma de halbe Miete drin."

„Abba dat Pinnken traafsse ja nie."

„Un wenndat Pinnken aum Boden am liegen kam, konnze Glück ham, dattat mittie eine vonne beidn Spizzen na vorne kuckte; dann konnze gleich schön dat Pinnken auffe Spizze treffen, dattat man nurso wektrudelte bisna Schleima."

„Wennze abba kein haatet Holz hattess, konntet au sein, ne, dattedat Pinnken anne Spizze am kaputthaun waas."

„Dat konnte gut sein."

Wir sahen uns kurz in die Augen und kippten ergriffen den Stoppenberger, spürten, wie er die Speiseröhre streichelte.

„Wennze kein Glück hattess", fuhr Kalla nach einer Weile fort, „wennze kein Glück hattess, dann lachdat Pinnken quer; ja, weisse, dann hat sich einen vonne Mannschaft anne Seite im Hücksken gesezzt, undann hasse ganz sachte dat Pinnken zu den im Hücksken hingezwirbelt, under hattann mit Schmackes dat Pinnken weitagehaun inne richtige Richtung bisna Schleima."

„Hömma, wattis aintlich aus den Pass Schleima geworden?"

„Dat weisse nicht? Der hattodie Tochta vom Wettasteiga Möllenbrink auf Radpott geheirat."

„Nee, weißinich."

„Am Gärsteinwärk lepter gäzz inson Kotten, drei Blagn hatta, glaubich."

Gerd nickte bedächtig, als Kalla ihm mit Zeigefinger und Daumen klarmachte, daß er noch zwei Pils zapfen solle. Wir schwiegen lange und schauten Gerds Zapfrunden zu. Als Gerd nach dem zweiten Zapfen mit dem Glasstab den Schaum abstreifte, sagte Kalla:

„Undann waada die Kurwe."

„Watfürne Kurwe?" fragte ich.

„Himmeldiebärge, du Dussel, die Kurwe bei Aussenfelt, da haptado neeman gewohnt."

„Jau, isjawaa, die Kurwe!"

„Wennze dat Pinnken da zu weit gefitscht hass, dann konnte dat innen Graaben landen oda innen Rabaaba von Omma Aussenfelt."

„Da hasse dann widda ein vonne Mannschaft inne Kurwe abgestellt, ne, für dattadat Pinnken en Drall gipt inne Luft."

„Dat waanich aimfach."

„Dat waanich aimfach!"

Wir prosteten uns zu und wischten uns den Möppel ab, weil da nun doch etwas viel Schaum hängengeblieben war.

„Die Omma Aussenfelt isja auschonn lange dot, wa?"

„Un watwaadiemich kiewich, wennze im Rabaaba am prorkeln waas fürdat Pinnken am widdafinn."

„Un gäzz hattenwa man grade Strecke bisna Balzuhn, so in zwei Etappen hasse dattann geschafft." sagte ich, weil ich mich an diese Strecke gut erinnern konnte.

„Ärster Schlach bisna Gudrun."

„Warum betonze datso komisch, Kalla?"

„Hömma, mittie hastudon Krösken gehapt, du ollen Schlickefänga."

„Isjagannichwaa!"

Kalla zwinkerte mit dem linken Auge, ich sagte zu Gerd:

„Gerd, stehda nichso rum, tu uns nomma zwei rein!"

Kalla und ich, wir schwiegen, leerten unsere Gläser und schoben sie Gerd hin, als dieser uns gefüllte gab; wir tranken andächtig den ersten Schluck, weil der erste Schluck eine richtige kultische Handlung ist bei uns in Westfalen; dann sagte Kalla:

„Fümf!"

„Wattis mit Fümf?"

„Fümf waa Straßenräkort."

„Watfürn Räkort?“

„Mittat Pinnken.“

„Isnichwaa, siem Schläge waadat beste vonne Ahlenastraße bisandat Russenlaga. Bölle Maus hattat gebracht.“

„Isnichwaa! Fümf waadat!“

„Siem!“

„Hömma, duhassdo Tomaten auffe Augn, duhassdo nonnimma gewußt, datta bei euch am Haus ne Kurwe hapt.“

„Sachma, wat willstu ollen Döskopp aintlich mittat blöde Pinnkenspiel?“

„Ja, kuckma, Rudi, wennze im Färnsehn am kucken biss, ne, Sportschau, Golfspieln. Wat machen die fürn waanet Gedöns mittat Golfspieln. Un dabei, Rudi, weisse, dabei hamwirdat inne Hülseistraße allet schonn gehapt!“

„Hass recht, Kalla, dat hamwa allet schonn gehapt!“

Wenn ich nur wüßte, wie der Kalla als kleiner Jaust ausgesehen hat, also, ich weiß wirklich nicht, wo ich den Kalla hinstecken soll.

Der Kattofelkäfa

Gaststätte Alt-Heessen, später Henningfeld, aber immer noch rustikal, 150 m (geschätzt) von der St. Stephanus Kirche entfernt, in den dreißiger Jahren fotografiert, man sieht es.

Nun hatten sie also auch den alten Opa Brockmöller unter die Erde gebracht; die Feuerwehrkapelle hatte am Grabe getragen „Ich hatt' einen Kameraden" gespielt, Pfarrer Grunwald hatte herzliche plattdeutsche Worte gefunden; und alle waren sie dagewesen, so viele, daß hinterher der Saal „Bei August" überquoll, wohin man zum Beerdigungskaffee eingeladen hatte. So fanden Jans Deipenbrock und ich nur noch auf Hockern am Tresen Platz.

Mit Jans Deipenbrock war ich recht langsam durch den Sundern zurückgeschlendert; denn der Jans Deipenbrock war so alt wie ich, und wir waren mal zusammen bei Lehrer Kaiser in der Klasse gewesen, als die Sache mit Alwis Geuppert passiert war, der, weil Lehrer Kaiser ihn vermöbeln wollte, auf das hohe und steile Dach des Schulhauses geklettert war, dort hatte er auf dem First gesessen und gerufen, wie seien doch alle doof. Aber das ist eine andere Geschichte.

Jedenfalls hatten Jans Deipenbrock und ich uns viel zu erzählen, weil wir uns so lange nicht gesehen hatten, und so waren wir spät dran beim Beerdigungskaffee, und Gerd war ganz wehrig, weil er kaum nachkam mit all den Bestellungen. Gerd trug diesmal nicht wie sonst immer sein kurzärmliges Oberhemd mit Hosenträgern drüber, sondern einen schwarzen Anzug, weil er mit im Trauerzug gewesen war; aber bevor noch die ersten Erdklumpen auf den Sarg gebollert waren, hatte er sein Moped gepackt und war zurück in seine Kneipe, alles herzurichten für den Ansturm nach der Beerdigung.

So saßen wir also auf den Hockern am Tresen, schön feierlich in Schwarz, und warteten darauf, daß Gerd mal Zeit hatte, ein ordentliches Pils zu zapfen.

„Dat mitteen Kaffee, dat laßman sein." hatte Jans Deipenbrock gesagt, und ich meinte auch, uns allen war der Tod des alten Opa Brockmöller so an die Nieren gegangen, daß ein Pils und ein Stoppenberger jetzt in dieser Trauer gerade das Richtige waren, und im Sinne des toten Opa Brockmöller war es sicher.

Im Saal schienen sie nun alle verköstigt zu sein, der lange Bäänt Terhorst hatte mal eben vorbeigeschaut und gesagt: „Ja, ja, der olle Brockmöller, etwaa schonnen Dier!" und hatte dabei ganz ernst gekuckt, aber ich glaube, der wollte auch bloß schnell einen Stoppenberger trinken.

Endlich kam Gerd, seine Krawatte hing schon locker:

„Sonne große Beerdigung hamwa schonn lange nimmär gehapt."

„Hass recht, Gerd, unnutu unsma ein rein!" sagte Jans Deipenbrock, und ich fügte hinzu:

„Stoppenbärga wär aunich vakährt, wa."

„Jau", sagte Jans Deipenbrock, „tuma zwei Stoppenbärga bei. Un allet auf mein Deckel, ne!"

„Wattis los, Jans, hasstu ne reiche Witwe vaführt?"

„Nee, is schonn gut, laßman, ichiptichma ein aus. Un den Stoppenbärga von den Bäänt Terhorst tuusse man au auf mein Deckel."

„Ichapdat eem schonn gesehn, auffen Friedhoff, da hasse die Meßdiena zehn Maak inne Hand gedrückt. Isdat nichen bißken viel fürdie Jäusta? Da vadirpssedo die ihre Preise!"

„Hömma, Rudi, ichap heut die Spendierhose an, isdat klaa!"

Was sollte ich da noch weiter fragen. Und: Wer viel fragt, kriegt dumme Antworten, dachte ich mir. Der Jans Deipenbrock würde schon von selbst mit der Sprache herausrücken, warum er heute eine Spendierhose anhatte. So war es auch. Gerd hatte uns eben die Pils rübergeschoben, und die Stoppenberger hatten wir zusammen mit dem langen Bäänt Terhorst schon gekippt, da sagte Jans Deipenbrock:

„Dumuß eem innen richtigen Moment ein Kattoffelkäfa ham."

„Wattis los, Jans?"

„Nee", sagte Gerd, „dat kannder Rudi aunich wissen, der waado lange nimmär da." Und dann goß er Kirschlikör in zwei Pinnchen; Trudis Drögenkamp war an den Tresen gekommen, „Hömma, Gerd, gipmichmawat Süßet für Soffie un mich!" hatte sie zu Gerd gesagt, und zu mir sagte sie jetzt:

„Meineh, Rudi, dattu auma widdada biss, du waas donnoch son ganz kleinen Eumel, alzwa dat läzzte Maa bei euch inne Waschküche am wursten waan, kannze erinnan? Der Oppa Brockmöller hattadat Schwein geschlachtet, ne, datwaado ärsma apgehaun innen Gaaten, weildat Seil kaputt waa. Da waasdu no son kleinen Eumel!" Und Trudis Drögenkamp hielt die Hand einen Meter über den Kachelboden von Gerds Kneipe.

„Isdo klaa, weißidonno, Tante Trudis, datwaadodat Jaa, alza dat Möppkenbrot nich haat gekricht hapt, datwaaman nurso am rausquellen ausse Tüchas."

„Ichlaup, du hasse nich alle, wat. Wenn ich Möppkenbrot gemacht hap, dannwaadat abba eins-aa! Ach, dattat mitteen Oppa Brockmöller auso schnell gehn mußte, nee, nee, gehmichdoeinawek!" Und Trudis Drögenkamp nahm das Tablett mit den beiden Kirschlikör und ging kopfschüttelnd in den Saal. Jans Deipenbrock prostete mir zu und sagte zu Gerd:

„Tudie beiden Kirsch au auf mein Deckel."

„Du hasset ja!" sagte Gerd, ich wurde nun doch neugierig:

„Hasse im Lotto gewonn?"

„Nee, dattis vonwegen den Kattoffelkäfa!"

„Vastehichnich."

„Dat kannstu aunich vastehn, Rudi, du waas aunich dabei." Gerd half mir nun:

„Kuckma, der Jans hatte donne Pazzelle innen Schrebagaaten Schoppenkamp, ne, da am Pättken zut Schloß hin, ne." Und Jans Deipenbrock fuhr fort:

„Un weisse, so vorn halbet Jaa, da brüllt der Jochen Derks laut: Komptma alle her, da issen Kattoffelkäfa zugange! Weisse, der Jochen Derks hatte seine Pazzelle direkt neem meine Pazzelle."

„Innen Schrebagaaten Schoppenkamp?"

„Genau!"

Wir tranken andächtig unser Pils aus und wischten uns den Mund ab, Jans Deipenbrock mit der linken Hand und ich mit der rechten Hand; ich nickte Gerd zu, und er begann, zwei frische Gläser zu zapfen, der Küster Benthe kam schnell durch die Kneipe gerannt und rief:

„Sachtma alle, diewatta seht, datwa Donnastach keine Chorprobe ham, da sintwa bei Liesken Schleima am poltan!" Und nun konnte Jans Deipenbrock weitererzählen:

„Ja, siehsse, un der Kattoffelkäfa is dann von den Jochen Derks seine Pazzelle geflüchtet auf meine Pazzelle, nur seine Laafe hatta dagelassen, die konnte nichso schnell, undie hatter Jochen Derks erwischt un man zwischen seine Stummelfinga plattgequetscht, weil der ausowatt von etepetete is mit seine Kattoffel."

„Waadennda nur einen Käfa mit seine Laafe?"

„Gäzz waada man nurno einen Käfa. - Kuckma, rief der Jochen Derks, gäzz sizzta bei Jans inne Melle. Waatema, den happich glei. Undann isder Jochen Derks üban Zaun gehuppt in meine Melle unwaa den Kattoffelkäfa am jagen, un dabei hatta rumgetrampelt wie sonne Meute Wildsäue."

„Hattadennden Kattoffelkäfa erwischt?"

„Datissetja eem! Wo issadenn? hatta imma gebrüllt, Ja, wo issadenn! Undann hatter Blaue Biermann gerufen, derwattazu kompt: Gäzz issa int Stielmus! Also, isder Jochen Derks in mein Stielmus gesprungn un fing dannda am trampeln."

„Ja, hassedennich gesacht, dattadatnich tun soll?"

„Ja, weisse, wie sollze dennson angestochnen Ochsen bremsen?"

Gerd schob uns die Pils rüber, nahm seinen Bleistift hinterm Ohr weg und wollte auf meinem Deckel die beiden Striche ziehen, aber Jans Deipenbrock nickte befehlend mit dem Kopf, so schrieb Gerd auf Jans seinem Deckel an. Wir schoben vorsichtig das Pilsglas an den Mund, damit der Feldwebel uns nicht in die Nase quoll, und schlürften genießerisch den ersten Schluck.

„Ach, wattisdat widda lecka!" sagte Jans, jetzt saß auf seiner anderen Seite der dünne Linnemann, das war der Schwager von Jans Deipenbrock, und der bestellte sich auch ein Pils, und wieder malte Gerd den Strich auf Jans seinen Deckel. Der Schwager Linnemann wollte nur von Jans Deipenbrock wissen, ob er die Baumsäge nächsten Freitag kriegen könne, „unda isdosonn Knöpsken locka, ne, kannze michdatma eem erklärn!" So erklärte Jans Deipenbrock seinem Schwager Linnemann das lockere Knöpsken, und ich fragte Gerd:

„Wattisdennu mit den Jans seinen Kattoffelkäfa?"

„Alzdat Stielmus plattwaa, hatter Blaue Biermann geschrien: Gäzz issa inne Fizzeboon! Un Klara Jüttemeier, die neeman am haaken waa, hat gesacht: Isjagaanichwaa, da, auffen Rabaaba issa. Under Jochen Derks isdann durch die Fizzeboon gepäst zuden Rabaaba, unda issa üban Buxbaum gestolpat un voll innen Rabaaba rein, kennzden Jochen ja, der mit seine zwei Zentna Lebentgewicht, dawaa abba allet zu spät, nich einen Rabaabastengel, dena nich am knicken waa."

„Undat hatter Jans Deipenbrock allet so ruhig mitangesehn, datter Jochen Derks ihn sein Gaaten umpflücht?"

„Eem nich! Der Jans Deipenbrock hat ganz ruhich gesacht: Melle kost auffen Maakt eine Maak fuffzich dat Funt, macht fuffzehn Maak, Stielmus kost dat Funt zwei Maak fuffzich, macht zweiundreißich Maak, Rabaabasaft is teua, sagenwama siem Pullen mindestens, macht vierzich Maak."

„Da hatter Jans also dat ganze Geld her?"

„Dat komptjanno bessa, die hamdann vonnen Schrebagaaten gesacht, dat legenwa zusamm, dat zahlnwa ausse Kasse, Hauptsache, datter vadammte Kattoffelkäfa dot is. Wö ärs ma einen is, hasse bald ne ganze Herde."

Jetzt hatte der dünne Linnemann auch sein Pilsglas in der Hand, und das mit dem Knöpsken hatte er auch kapiert; so hoben wir unser Glas, schauten uns ernst in die Augen, und Jans Deipenbrock sagte:

„Auf den ollen Oppa Brockmöller! Aufdat seine Seele gäzz mittie Engelkes am juckeln is!" Wir tranken im seligen Angedenken an Opa Brockmöller unsere Gläser leer und bestellten drei neue, weil der Jans Deipenbrock ja einen am ausgeben war. Gerd sagte zu Jans:

„Dat mittein Gaaten happich den Rudi schomma vaklickat, un wie waadat nu mittie Gaatenlaube?"

„Jau", sagte Jans Deipenbrock, „die Ärpsenruten waan jaman umgesäbelt, undie Tomaten waan Kätschapp, weil der dusselige Jochen Derks eem nich zum halten waa insein Brass auffen Kattofelkäfa, under Blaue Biermann waa gäzz au im Gaaten am rumkriechen; vonne Krüpas innen Borree, un vonne Radieskes inne Schwazzwurzeln. Hier issanich, waara imma am brülln. Under dusselige Jochen Derks hatman gebrüllt: Ja, wo issadenn? Un der Schlackes von Ötte Huchtkempa kompt angerannt un ruft: Allet umgraam un durchsiem!"

An der Theke versammelten sich nun immer mehr Schwarzgewandete aus dem Trauerzug; der Fahnenträger vom Kriegerverein Kläusken Runthe rief:

„Gäzz bisse schonn widda die Schtorri von deinen Kattoffelkäfa am erzähln, wa!"

„Der Rudi kenntie donnonnich, du Döskopp! Gerd, gipma alle hiern Pilsken. Un auf mein Deckel, ne!" Trudis Drögenkamp brachte auf einem Tablett die leeren Pinnchen mit zartrosa Bodensatz zurück. „Un für Trudis zwei Kirsch!" rief Jans Deipenbrock.

„Och nee", zierte Trudis Drögenkamp sich, „ich fang dann glei am singen!" nahm aber doch gerne die gefüllten Pinnchen wieder mit. Nun hoben wir alle am Tresen unsere sehr schnell gezapften Pils, Kläusken Runthe sagte rasch:

„Hömma, Gerd, kanndat deine ährliche Wirtsseele mitansehn, dattu hier am zappen bis wie auffen Schüzzenfest?"

Also. wir hoben alle unsere zu schnell gezapften Pils und sagten im Chor:

„Auf dein Spezielles, Jans!"

„Nee, nee!" rief Jans Deipenbrock, „auffen Oppa Brockmöller sein Wohl!" Und ruhig, gefühlvoll, mit einwärts gerichteten Blicken, leerten wir das Glas auf Opa Brockmöller. - „Wennze uns gäzz hier sehn könnz, Oppa, würzze gärn dabei sein, wa!" Und Jans Deipenbrock drehte sich zu mir, nachdem er die nächste Runde bestellt hatte.

„So, gäzz willich dich dattomma eem zuende erzähln. Ne, im Gaaten hamse den vadammten Kattoffelkäfa nich am Schlawittken gekricht, der Blaue Biermann hat gerufen: Kuckma, oppa inne Gaatenlaube is? Undann sintie inne Gaatenlaube gestürmt, ne, un waanda am kraamen un den Kattoffelkäfa am suchen."

„Un hamdiedeen ändlich gefunn?"

„Nee, dattisset ja eem; dann sachter Jochen Derks, der is sicha inne Rizzen vonne Holzlatten am vastecken. Under Ötte Huchtkempa, diesen Schlackes, sacht, da is sichan Nest!"

„Diesinto bescheuat! - En Kattoffelkäfa isdo keine Wanze!" sagte ich, um auch mal Gärtnerwissen loszuwerden.

„Happichdiedo au gesacht, abba die waan sowat von kiewich, datte mittie nimmär vanümftich reden konnz. Wat willze fürdie Bruchbude ham, hatmich der Blaue Biermann gefracht. Sach, wat willze dafür ham? Jau, happich gesacht, isjaman ne ganz neue Gaatenlaube aussen Neckamannkataloch, tausend Mäuse musse dafür schonn schucken, happich gesacht. Wat? Du spinns woll! hattannder Jochen Derks gerufen, hundat Maak un kein Fennich mär! - Fümfhundat Maak, happich gesacht. Zweihundatfuffzich, hatter Blaue Biermann gebrüllt, dat zahltie Schrebakasse gärne fürdatse dat Ungeziefa los is."

„Hömma, Jans, du kannzmichdo kein inne Tasche tun!" sagte ich zu Jans Deipenbrock, „die machendo wegn son blöden Kattoffelkäfa keine zweihundatfuffzich Maak locka."

„Abba ährlich, Rudi, so bekloppt waandie; konnze wirklich mein, dattie auffe ägiptische Plaagen am waaten waan. Hamse schnell den Schrebagaatenheini angerufen: Wenn hiernich bald wat passiert, kannze die ganze Ärnte dieset Jaa am Hut stecken, Heini! - Jau, hamdiedie Gaatenlaube doglatt vabrannt."

„Blooß wegen den ein Kattoffelkäfa?"

„Blooß wegen den ein Kattoffelkäfa!"

Die um uns herum versammelten Trauergäste sangen nun: „Jänsken, wir daaanken dir für diese Runde Bier!" Und es wurde recht laut und urig; die Leute hatten ihren Kaffee, den Streuselkuchen und den Platenkuchen auf und drängten nun aus dem Saal an die Theke. Man konnte kaum noch verstehen, was der andere sagte. Jans Deipenbrock brüllte mir schon fast ins Ohr:

„Jau, unnu waamein Gaaten platt, die Gaatenlaube vakokelt, kompter Aachitekt Tentrupp vorbei un sacht, hömma, Jans, ich hapdo ne geschiedene Frau, weisse, vorn Richta happichse inne Hand vasprochen, datse neem die Alemente klein Gaaten kriegen tut, ne, hömma, deine Pazzelle isdo nurno Wüste, vakauf mir deine Pazzelle, wat! - Jau, happich den Aachitekten Tentrupp gesacht, issen Wort, meine Pazzelle is deine!"

Jetzt wußte ich also endlich, woher der Jans Deipenbrock sein Geld hatte, aber später dann, am Nachmittag, als all die Trauergäste so ziemlich duhn waren, fragte ich in einer Zapfpause Gerd:

„Gerd, hömma, meinze nichau, datter Jans Deipenbrock uns ganz schön ein am vakohln is?"

„Jau", sagte Gerd, „dattissen Lüegenbüel, bei den weisse datnie so genau."

Dat Päcksken

Damen der gehobenen Hammer bürgerlichen Gesellschaft verlassen Böckers Kneipe. Dies ist ein rares Foto aus den dreißiger Jahren. In den folgenden Jahrzehnten wurde nie mehr beobachtet, daß unbegleitete Frauen in derartiger Anzahl aus Böckers Kneipe traten.

Es war einer dieser schönen ruhigen Spätsommerabende, entfernt sang ein Vogel, ich glaube, es war eine Nachtigall; mein Täubchen, was meine Frau Elfriede ist, und ich saßen friedlich unter der Pergola. Der Knöterichvorhang wucherte immer dichter von den Balken herab, und hinten am Gartenteich das Schilf verfärbte sich schon ins Bräunliche. Die Akelei wollte wohl noch hoch hinaus, bald würde es Zeit, die Palme in eine Sandkiste zu packen und im Keller vor dem Winter zu retten. Kein Lufthauch störte die letzte Tageswärme, da sagte meine Frau Elfriede:

„Rudi, weissewat, moin tuussedichma am Teich wat beweng, machsse allet schön sauba, ne, Schilf apschnein..."

„Jau, machich!"

„...undie Algen ausse Brühe fischen, ne..."

„Jau, machich!"

„...undann gräpsse den Rabaaba um! Den hatto unsa Tante Änne no geflanzt, weisse, kurz nache Währunxräform."

„Wathattenn der Raababa mitten Teich zum tun?"

„Meineh, gäzz stelldidonni so an, wennze schomma in Gaaten biss, kannze datto auno eem machen!"

„Is gut! Machich!"

Und dann beendete die Nachtigall, jedenfalls glaube ich, daß es eine Nachtigall war, ihr Liedken, und mein Frau Elfriede sagte:

„Undat Laup vonne Krüppelkiefa tuusse schön auffen Komposthaufen, datter Igel da im Winta schön ein poofen kann!"

„Wattenno allet, Täubken?"

„Nu hördomma auf am knüttan. Wennze aima im Leem wattun sollz, du faulen Sack du!"

„Täubken", sagte ich, „du hassjawiddamma so recht, un gäzz gehichma eem na August; weisse, mussichmich seelisch, - wat tuusse denn so kucken, Täubken? - mussichmich seelisch ein rein tun für dattich moin am Teich malochen tun soll!"

„Gäzz hasse ändlich widdan Grund, wa, du ollen Schluckspecht!"

„Dattisset, Täubken, dattisset!"

Und ich war froh, als ich bei Gerd am Tresen saß. Hier herrschte stiller Frieden. Dann schob Gerd mir ein Pils und einen Stoppenberger hin, und jetzt wußte ich, daß es keine Nachtigall gewesen war, sondern eine Lerche; und das Pils schmeckte so lecker, und der verdammte Gartenteich mit seinem Morast rückte in weite Ferne. Gerd fragte:

„Stimptat?"

„Wat stimpt?"

„Datse dich vorige Tage inne Ausnüchterunxzelle aingebuchtet ham?"

„Woher weißtudattenn?"

„Ja, dattundie Leute manso vazähln, ne."

„Die Leute tun viel vazähln, wennder Tach langis!"

„Da hasse auwidda recht!"

Und Gerd respektierte, daß ich über diesen traurigen Vorfall lieber schweigen wollte, zumal ich ja auch morgen den verdammten Gartenteich ausräumen mußte, und darauf wollte ich mich nun in aller Ruhe mit ein paar Pilschen und ein paar Stoppenberger seelisch drauf einstellen. Aber der Ömmes Hermjohann respektierte mein Schweigen nicht; denn er rief vom anderen Thekenende:

„Rudi, ichapdat au gehört, undu sollzau Kleinholz ausse Post gemacht..."

„Ömmes, haltichda raus, ne, ich frachdido aunich, warumme imma inne Pfanne spucken tuuss, wenndat bei euch Braatkattoffeln gipt, dattedann allet alleine fressen kannz, du vafressenen Japs, du!"

„Rudi, wer saaßdennu den ganzen Nammitach inne Gummizelle, du oda ich!"

„Ömmes, komm, haltie Klappe un trinkdich ein!" Und ich gab dem Ömmes Hermjohann ein Pils aus, damit er endlich Ruhe gab und ich mich seelisch auf den verdammten Gartenteich einstellen konnte. Ömmes Hermjohann trank genießerisch das Pils und sagte zu Gerd:

„Sachma, Gerd, weißtu aintlich, warum der Rudi die Post zerhackt hat?"

„Rudi, der Ömmes will wissen, warummedie Post..."

„Nurden Stända mittie lärn Päckskes fürzum Ankucken happich durche Luft gewirbelt!" sagte ich; die Kameraden ließen ja doch nicht locker.

„Warum hasse..."

„Unda isder inne Glaasscheim am Tresen gedonnat!"

„Datwaa teua, wa?"

„Ömmes, etwaanja nichnur die Scheim, ne, dawaa sonne Waage hinta!"

„Isdie au im Aima?"

„Undie Maschine, wosede Maaken rausmelken tun, is au kaputt!"

Jetzt schaute auch Gerd gespannt und sagte:

„Rudi, gäzzma von vorne, ne!" Seufzend erzählte ich mein kleines Mißgeschick in der Post am Marktplatz:

Ich hatte die rote Mitteilungskarte über den Schaltertresen geschoben, mein alter Kumpel Tönne Mattenbirk bediente mich:

„Tach, Tönne, gipmichma eem dat Päcksken, watse gestan am vorbeibringn waan, weisse, ich waado hintan Afdack Rasen am mähn, undat Ding tuckat man en bißken laut, happich aimfach nichdat Klingeln gehört."

„Tach, Rudi, jau, dat kannze ham." Doch dann stutzte Tönne, „nee, waatema, dattisja ne Wärtsendunk. Kannichma dein Ausweis kucken?"

„Wat willstu, Tönne?"

„Weisse, ich muß dein Ausweis ankucken."

„Warum mußtu mein Ausweis ankucken, Tönne?"

„Weil wegen dattat ne Wärtsendunk is, Rudi."

„Der Ausweis is indat Päcksken, wattich am abholn bin."

„Watattender Ausweis indat Päcksken zum suchen?"

„Weisse, Tönne, happich eingeschickt fürdat Wisum."

„Ismichau egal. Abba ohne Ausweis kannichdat Päcksken nich rausrückn." Ich zeigte Tönne meinen Führerschein Jahrgang 1958.

„Un meinen Führaschein, hier, kannze kucken."

„Nee, Rudi, sonss imma, abba gäzz mußdattein Ausweis sein, isne Wärtsendunk."

„Hömma, dann machsse eem dat Päcksken auf, undann kucksse mein Ausweis an."

„Du, dattaafichnich! Nur wenn der Adressat die Erlaupnis geem tut, danndaafichdat Päcksken aufmachn."

„Tönne, gäzz tuichdich hiermit also die Erlaupnis geem."

„Rudi, ich haptichdat doschonn gesacht, die Erlaupnis kann nurder Adressat geem."

„Binnichdo!"

„Wer sachtattenn?"

„Ich!“
„Kannze dichdenn legetemiern?“
„Hömma, ichlaup, du hasse nimmär alle auffe Latte, wa, wie soll ich mich denn legete..., watwaadat?“
„Legetemiern.“
„Sarichdo, wie sollich dattenn machn, wennder vadammte Ausweis indat Päcksken is, kannze mich datma eem vaklickan, du ollen Loßrock.“
„Hömma, gäzz werd hiernich frech, ne, sonss fliechsse hier abba raus.“
„Wennze michnich ändlich dat Päcksken gipss, dann iswattim Busch.“
„Soonich, Herr Allekötta, ich bin Beamta, unda mussich mich nich dusselich anredn lassen von so einen wie dich.“
„Waado nichso gemeint, Tönne, komm, machenwa zusamm dat olle Päcksken auf.“
Da rief einer von hinten, so ein ganz Dünner mit Stiftenkopf aus der langen Reihe, die sich inzwischen am Paketschalter angesammelt hatte:
„Blooßnich, wat meinze, wennda ne Bombe drin is!“
„Hömma!“ rief ich dem Dünnen mit dem Stiftenkopf zu, „hömma, du Schmachtlappen, du hassdowoll ne dicke Meise, wa, meinze, dattich mich Bomben inne Bude schicken laß, seh ich wollso aus, wa?“
„Jau!“ sagte der Dünne mit dem Stiftenkopf, „genauso tuusstu aussehn.“
„Kuck domma aum Absenda“, rief ein anderer, „vonwowoll dat Päcksken kompt!“
„Botschaft der russisch...“
„Na, wathappich gesacht!“ rief der Dünne mit dem Stiftenkopf.
„Hömma, mit sowat wiedich redichnich, dattatma klaa is!“ und zu Tönne sagte ich ganz versöhnlich:
„Hömma, Tönne, wir ham unsdo ärs auffet Schüzzenfest läzzten Samstach so richtich ein inne Hacken getüddelt un zusamm dat Polenmädken gesung.“
„Is klaa, Rudi, kein Vatun, undattis anständich, datte mich dein Rasenmäha leihen tuuss; - man, der tuckat abba ährlich wie Baua Kottenstett seinen Trecka.“

„Den kannze anzeigen wegen Ruhestörunk!" rief der Dünne mit dem Stiftenkopf; auf den wurde ich langsam wütend.

„Hömma!" sagte ich aber noch ganz die Ruhe selbst, „kannze nichma ändlich deine blöde Klappe halten, du Döskopp!" und zu Tönne sagte ich unverdrossen:

„Tönne, du kannsdo sicha beschwöörn, dattichdat bin, fürden dat Päcksken is, oda?"

„Weisse, Rudi, dattisne Vaordnunk, da kannze nix machn, un wennze meine Schwiegamutta sein tätss, dann hättste hier immano dein Ausweis auffen Tresen blättan müssen. Mensch, Rudi, glaupmich datto, ich kanndo aunix für."

„Du bissen fein Kumpel, gehmichdoeinawek. Ich hapdat läzzte Maa mittich dat Polenmädken geschmättat. Wir sind geschiedene Leute."

Und ich packte die rote Mitteilungskarte und den Führerschein wieder ein. - Da meldete sich der Dünne mit dem Stiftenkopf:

„Un wennda nu donne Bombe drin is?"

„Da is keine Bombe drin!"

„Kannja jeda sang."

„Hömma!" drohte ich nun und ging auf ihn zu.

„Also, ich würd nen Polizisten rufen", sagte ein älterer Herr mit Baskemütze.

„Wat willstu?"

„Angst happich keine vor Ihnen!"

„Dem sein Rasenmäher isdo auschonn beide Polizei aktenkundich!" rief eine junge hübsche Mutter im Trachtenkostüm.

„Da mussen Putz her!" tönte der kleine Jaust an ihrer hübschen Hand, und als ich nun kopfschüttelnd weggehen wollte, schrie ganz laut der Dünne mit dem Stiftenkopf:

„Halten blooß fest, dattissen Terrorist!"

Und zwei Paketkunden griffen gleich links und rechts meine Arme und drängten mich an die Wand, aber so feste, daß ich mich kaum noch bewegen konnte.

„Der Führaschein is sicha au gefälscht, wat meinze?"

„Ichapda eem dat Bild gesehn dadrauf, dattisder ganz sicha nich!"

„Gäzz holma ändlich einan Putz!"

Zum Glück kam in diesem Augenblick Pfarrer Booms mit einem Haufen von Briefen in die Post.

„Sie schickt der Himmel!“ rief ich, „könnsema eem die Rabauken hier varraten, wer ich bin.“

„Jau!“ sagte Pfarrer Booms, „türlich, dattisder Rudi Allekötter vonne Hülseistraße, der hatte, alza Meßdiena waa, imma die Reste vonnen Meßwein Numma Fümf geschort.“

„Wathappich gesacht!“ rief nun triumphierend der Dünne mit dem Stiftenkopf, und Tönne Mattenbirk fragte:

„Herr Pfarrer Booms, können Sie Ihnen ausweisen?“

Da konnten mich auch die beiden stämmigen Paketkunden nicht mehr halten...

„Unda hasse dannden Stända mittie lärn Päckskes zum Ankucken...?“ fragte Gerd.

„Jau, happich!“

„Dat kannich gut vastehn!“ sagte Ömmes Hermjohann.

Der dicke Stein von Dolbärch

Gasthof Krieter am Scheideweg nach Dolberg oder zur St. Stephanus Kirche. Das Fachwerk verspricht Gediegenheit, gegenüber spielt die DJK Fußball auf matschigem Rasen.

Die Sportschau war zu Ende, und ich sagte zu meiner Frau Elfriede:

„Seit dattiedie Schwazzwaldklinik nimmär am laufen ham, kannze dat Färnsehn do glatt vagessn. Hömma, Täubken, icheh ma eem na August, en Pilsken trinken, woll."

„Dann tu ich schomma Oropax inne Ohrn stoppen, weilze naher widda am krakeeln biss."

„Waatet ab, Täubken, noch isder Vabrecha nicht übaführt."

„Bei August" war um diese Zeit noch niemand, den ich kannte, an einem Ecktisch saß ein älteres Ehepaar, am Stuhl lehnte ein Krückstock mit vielen Blechplaketten. „Dattat sowat no gipt!" dachte ich mir. Die beiden älteren Leute kamen sicher aus Hamm, hatten trotz Regen den schönen Heessener Wald erwandert und aßen nun ein Schinkenbrot und tranken Kaffee.

„Tach, Gerd, tuma ein rein." sagte ich zu Gerd und kletterte auf einen Hocker am Tresen.

„Unnen Stoppenbärga bei, Rudi?"

„Jau, frach nichso lange!" Und dann wartete ich ab, bis Gerd schön langsam, damit es auch ja lecker wurde, mein Pils gezapft hatte; den Stoppenberger hielt ich solange mit Daumen und Zeigefinger fest, und als Gerd mir das Pils rüberschob, kippte ich schnell den Stoppenberger, damit sein Geschmack nachher beim Pils noch ein bißchen in der Kehle hing. Der frühe Abend dämelte so dahin, das ältere Ehepaar unterhielt sich leise.

„Wat giptet denn so Neuet?" fragte ich Gerd, um etwas zu sagen.

„Oppa Schlingschröder is inne Kuhle gefalln."

„In wat fürne Kuhle?"

„In die bei sich aum Kotten."

„Issa ersoffn?"

„Aintlich nich; den hamse widda rausgezogn."

„Un warum tuusse mich dat erzähln?"

„Weil datnich mitten Plästern aufhörn tut."

„Wat hattenndat Plästern mittie Kuhle von den Oppa Schlingschröder zum tun?"

„Ja, kuckma Rudi, weil dattat imma am plästern is, waa die Kuhle voll Wassa." Jetzt schwieg ich doch lieber, auch hatte der Ehemann vom Tisch her laut „Herr Ober, zahlen!" gerufen, und jetzt war klar, daß die alten Leute keine Heessener waren; daß man Gerd mit „Ober“ rief, das kam selten genug vor. Gerd kassierte ab, die alten Leute verabschiedeten sich; Gerd brachte das Geschirr in die Küche. Es dauerte lange, dann kam er zurück und lehnte sich wieder hintern Tresen.

„Wat machsse denn so?“ fragte er mich.

„Kannze ja nix machen, weil dat imma am plästern is.“

„Wem sachsse dat.“

„Kuckma, Gerd, läzztet Wochenende sarich zu mein Täubken, hömma, Täubken, wat meinze, sollwama eem nan dicken Stein na Dolbärch gehn, man bißken de Füße vatretn? Unda sacht mein Täubken, dat fängto glei widda am plästern, undann sindwa hinten inne Kleistraße, und kannze nich untastelln, ne, undann klept meine Dauawelle nurso um Kopp rum. Hasse auwidda recht, happich zu mein Täubken gesacht, un happich mich aum Kanapee gelegt unne Runde gepooft. Un wat meinze, mein Täubken hatte widdama recht; dathattat ganze Wochenende geplästert.“

„In Malorka hattataudat ganze Wochenende geplästert.“

Nachdem ich so lange Sätze geredet hatte und dabei gar nicht so recht den letzten Satz Gerds mitbekommen hatte, war mein Mund trocken, so trank ich den letzten Schluck aus dem Pilsglas und schob es Gerd hin.

„Tu nomma ein rein!“

Und dann wartete ich eine Weile und dachte nach:

„Wat hasduda eem gesacht, Gerd? Wie kompstu denn auf Malorka?“

„Du kennsto den dicken Nolte vonne Ahlenastraße, ne“

„Un oppich den dicken Nolte kennen tu.“

„Der waa eem hier.“

„Un wathatter dicke Nolte mit Malorka am Hut?“

„Ja, weisse, der is in Kegelklub Aame Schlucka.“

„Un?“

„Jau, weisse datnich, die hamdodat läzzte Wochenende ihrn Kegelausfluch na Malorka gemacht.“

„Nee, happich nix von gehört.“

„Jau, Freitachmoin hamdiesich alle Mann hoch hier vorde Tür vasammelt, mim Fahrrad, weisse.“

„Sintiedenn mim Fahrrad na Malorka?“

„Nu waatedomma, watter dicke Nolte so allet vazählt hat.“
„Wathattenn der dicke Nolte vazählt?“
Gerd konnte jetzt nicht weiterreden, weil er meinem Pils den letzten Schaumschuß geben mußte, fein säuberlich das Überquellende abstreifte, und darauf muß man sich konzentrieren, sonst schmeckt nachher das ganze Glas Pils nicht.
„Also“, fuhr Gerd fort, schob mir mein Pils rüber, „also, der dicke Nolte hat vazählt, datse mim Fahrrad ärsma na Härban hinsind.“
„Wat hamdiedenn in Härban valorn?“
„Da hattann der Kleinbus gewaatet, mitteense na Düsseldorf zun Fluchhafen hinsind.“
„Du, Gerd, dat vastehichnich, warum datter Bus nich vorde Tür von deine Kneipe am waaten waa?“
„Dat machendie imma so, weisse, Übarraschunk unso.“
„Watten Urt!“
„Jau, du sachsset. Undann hatter dicke Nolte erzählt, datse in Walst den Friddem Wieland valorn ham.“
„Warum hamdiedenn den Friddem Wieland valorn?“
„Ja, dat weiß keina so genau. Der hatta woll aimfach die falsche Kurwe genommen, undann isder wollna Münsta.“
„Wußteder Friddem Wieland dennich, dattatna Härban ging? Der isdo sonsnich so behämmat!“
„Nee, Rudi, dat weisdo imma nur der Vagnügunxwaat, wodat hingehn tut.“
„Die Aam Schlucka, sie sindo total bekloppt, wa.“
„Jau, dat kannzeman ruhig laut sang, undann hamse in Härban gewaatet un hamsich innen Dorfkruch ein reingetan, abba der Friddem Wieland, der isjawoll na Münsta, ma eem Zoo kucken, ne, dann bei Pinkus Mülla en Bierken hintade Binde kippen, ne, watteso tun kannz in Münsta, ne. Sintie eem ohne den Friddem Wieland na Düsseldorf fürdat Fluchzeuch am abfliegen.“
„Watten Teween!“
Gerd verließ nun etwas unwillig seinen Platz hinterm Tresen und ging zu einem Tisch, an den sich einige Jäuster in Lederjacken gesetzt hatten; und die waren etwas lauter als vorher das alte Ehepaar. Gerd sagte zu ihnen, sie sollten leise sein und etwas Rücksicht nehmen auf die erwachsenen Gäste; da war ich mit gemeint. Als

Gerd dann lange Zeit so hinterm Tresen gestanden hatte und für die Lederjackenjäuster Pils zapfte, sagte er recht unbeteiligt:

„Den Fluch hamdiedann ja ganz gut vatragn, ne, nur der Pit Scholtisseck von Reinenhoff, der wattie flotte Tilla Neunkirchen inne zweite Ehe hat, derhattat Fluchzeuch vollgegöbelt, ne, dathatter abba von sein Magen wek, weisse, der kanndo nonnima kaltet Bier trinken."

Ich hatte inzwischen sorgfältig mein Pilsglas geleert und schob es Gerd hin:

„Komm, seinichso, tu nomma ein rein."

„Jau", sagte Gerd und zischte den ersten Strahl in mein Glas, „undann waadat am plästern."

„Wann waadat am plästern, Gerd?"

„Am Freitachaamt, ne, alzdie Aam Schlucka in Malorka einschwebten."

„Datkanndo am Aamt man ruhich plästern."

„Jau, abba der dicke Nolte hat erzählt, dattanndat ganze nächtliche Strandfest im Wassa fiel, dattieda mittie Eingeborenen am planen waan."

Gerd beobachtete den Schaum in meinem Pilsglas, und ich überlegte mir, was mich eigentlich der Kegelausflug der Armen Schlucker anging. Und nach drei Minuten ließ Gerd den nächsten Bierstrahl ins Glas und sagte:

„Ja, undann sintie inne näxte Diskoteek, ne, unda hamdie den Frisör Lenz vamöbelt."

„Wer hatteen Lenz vamöbelt, die Aam Schlucka?"

„Nee, die Jäusta von Castrop Rauxel."

„Castrop Rauxel? Ich mein, die waan in Malorka?"

„Ja, dattisset ja eem, dat ging umne Tussi aussen Damenkegelklub Feuchte Finga von Härne."

„Gäzz vastehich nixmär."

„Hömma, Rudi, datwaa so: Inne Diskoteek in Malorka waan die Damen vonne Feuchten Finga, under Lenz kannte eine Perle widda vonne Dauawellenolümpiade in Wuppatal-Elbafeldt, vastehsse, undann waader Lenz mittie am klöhnen, ne, un Küßken auffe Backe un: Ach wie gehtet dichdennso! - Bis abba immano lecka dabei! - Wat meinze dennso, wirttatwoll nowat mittuns zwei? - Also, watte so sachs in sonnen Momment."

„Un warum hattie Perle dann den Lenz vamöbelt?"
„Diedonnich!"
„Wer denn?"
„Happich dattennich gesacht? Die Jäusta von Kegelklub Ich happen Dicken aus Castrop Rauxel; isdo klaa, dat hattedo den ganzen Tach geplästert in Malorka, ne, unda waan die Jäusta von den Kegelklub Ich happen Dicken den ganzen Tach mittie Perlen vonne Feuchten Finga zugange. Undann kompter Lenz, ne, Küßken auffe Backe vondie Tussi vonne Feuchten Finga aus Härne, ne. - Un darum hamdiedeen Lenz vakloppt."
„Der hattat au vadient, davonap!"
„Jau, vadient hatterdat imma, jau, abba dann hatteder Lenz en Loch im Kopp, undann isder Manni Kinzel mitteen Lenz inne Taxe zune Klinik gefaan en Aazt suchen."
„Hattichdat allet der dicke Nolte erzählt?"
„Der waado den ganzen Nammitach hier, weildat so am plästern is, unda hattahier den ganzen Nammitach gelaabat."
Gerd stellte vier Gläser Pils auf ein Tablett und trug es zu den Lederjackenjäustern, die sich halblaut darüber unterhielten, wer denn nun am Sonntag die Messe dienen solle, wenn der Bischof aus Münster komme, sei ja wohl eine ehrenvolle Sache, davonab. Gerd hatte noch schnell gesagt, beim Bischof könnten sie sich aber nicht den Jux erlauben, den sie sonst immer fabrizierten beim Messedienen; dann kam er wieder hinter den Tresen, wischte auf dem Löcherrost herum und sagte:
„Jau, die hatten abba aun Pech!"
„Wer hattedat Pech, Gerd?"
„Die Aam Schlucka."
„Ach ja, die waanja in Malorka."
„Der Lenz mußte dann ja seine Brille aptun, ne, wegen dat Loch im Kopp fürt Vabinden, undie Brille hatta aum Stuhl liegenlassen, un weilder Manni Kinzel so richtich schicka waa von den französischen Rotwein indat Fluchzeuch, da hatta sich insein Tran auf den Lenz seine Brille gesäzzt, unda waadie kaputt, konnze au mit Leukoplast nix machn. Jau, nu kannze vorstelln, ne, hatter dicke Nolte erzählt, den ganzen Samstach un Sonntach waader Lenz am jängeln, dattanix sehn tut; unda issanu dat ärste Maa in Malorka, un sehn tuta nix."

„Siehter Frisör Lenz denn sowatt von schlecht? Da musse ja Angst ham, wennze den an deine Kehle läßt fürt Rasiern."

„Mittie Brille siehter schonnwat, abba die Brille hattedo der Manni Kinzel plattgemacht."

„Ichap den Manni Kinzel ma erlept, alzder dulle waa, Himmeldiebärge!"

„Abba aintlich waadat mittie Brille nichso schlimm."

„Warum waadat nich so schlimm, Gerd?"

„Et waa am plästern, die Jäusta ham am Samstagmoin ma eem aussen Fensta gekuckt unglei weitagepennt."

„Hass recht, wenn dat am plästern is, siehsse sowieso nix."

„Da hamdiedat Frühstück auf Mittach vaschoom undann abba glei angefang, Isenbecker zum stemm. Datgapdatta!"

„Dattattatta gipt?"

„Datgiptatta!" Gerd nickte fachmännisch und fuhr fort:

„Jau, undabei isder Hajo Bockey vonnen Balkon gefalln."

„Un? Issa dot?"

„Nee, waa ja im ärsten Stock, un er isja aum Obakellna Alfredo vondat Hotel gefallen. En Aam hatta gebrochn."

„Der Hajo?"

„Nee! - Der Obakellna Alfredo."

Ich trank mein Pils und stellte mir vor, wie der Hajo Bockey schön langsam, weil der immer alles so langsam und gründlich macht, über das Balkongeländer mit dem Kopf zuerst auf den Oberkellner Alfredo fiel. Gerd begann, mein Glas erneut zu füllen, ich sah ihm geschlagene sieben Minuten zu; dann sagte ich zu ihm:

„Wat willze au viel tun, wenndat am plästern is."

„Undann hatter dicke Nolte no erzählt, datter Heini Drepper so sauer waa, weil die Spanier allet mit Zwiebeln am kochen sind."

„Hatterdattenn überhaups gemerkt? Die Jäusta hattendo imma ein inne Hacken."

„Dat merkter au, wenna bedudelt is wie son Kellahamsta. Deris aimfach fies für Zwiebeln. Unda isder Heini Drepper durch Malorka getigert mit sein Schmacht un hatwat ohne Zwiebeln gesucht; undabei hamsene alle Pinunsen geschort, undie olle Aambanduhr, diewatta von sein Onkel Tönne beide Kommenjon gekricht hatte."

Gerd hatte inzwischen wieder mein Glas vom Randschaum befreit rübergeschoben, und ich sah den Heini Drepper mutterseelenallein durch Mallorca wandern und was ohne Zwiebeln suchen; ich versteh das gut, denn ich bin fies für Hering; immer wenn in irgendeiner Speise was wie Hering schmecken könnte, dann wird mir schon beim Hinriechen schlecht, auch wenn überhaupt kein Hering drin ist. Und die Kameraden hatten sich pausenlos Isenbecker reingetan, ohne an den hungrigen Heini Drepper zu denken, muß man sich mal vorstellen.

„Dann waa et Aamt, undann waanse alle schicka, under Heini waa auwiddada, undann sindse widda inne Diskoteek, ja, wat solltense denn machen bei dat Sauwetta. Jau, unda hamsesich mittie Jäusta von den Kegelklub Ich happen Dicken vabrüdat, un näxten Härbst tuttattanna Castrop Rauxel gehn, Vagleichskampf."

„Undie Damen vonne Feuchten Finga?"

„Nee! - Weißichaunich, vielleicht dattie sich sonne Horde schwazzgelockte Spanier gemietet ham, gedenfalls, der dicke Nolte hat gesacht, inne Disko waandie nimmär zugange."

„Ja, wat machen so Frauen aintlich alleine auf Malorka?"

„Mussema frang!"

„Isja au egal!"

Ich trank einen Schluck und bekam mit, wie die Lederjackenjäuster knobelten, wer die Mitra vom Bischof tragen dürfe. Gerd spülte, nur so, um was zu tun, einige Gläser, die längst gespült waren; dann sagte er:

„Un am Sonntach waadat immano am plästern; da hamdiedann fürchtalich, hatter dicke Nolte erzählt, fürchtalich hamdie sich betüddelt mit son spanischen Konjak, Vatterano oda wie die Plörre heißen tut, jau, wat sollten die au sonss tun, ne, dat waado am plästern!"

„Jau, wat sollten die sonss tun."

„Jau, un mußtense ja widda aum Fluchplazz, ne, unda waader Heini Drepper nichda, weila watzu spachteln am suchen waa ohne Zwiebeln." Das konnte ich mir nun auch wieder so richtig vorstellen: Wenn man mal ordentlich Hunger hat, dann vergißt man sogar sein Heimweh. Gerd redete weiter:

„Un alze am Fluchplazz waan, da waader Fliega voll."

„Undie Aam Schlucka waan voll."

„Du sachsset; abba dann hamdie aum Puzz gehaun, jau, un vier Dünne vonne Aam Schlucka konnter Pilot gradno reinquetschen, undann hatta gesacht, datta am Aamt nomma widdakompt, dann holta die Hintabliemnen ap."

„Watten Teween!"

„Jau, under Heini Drepper waaja immanonnida, ne; sintie also widda im Hotel un ham sich widda ein reingetan; undann ham der Klaus under Werner den Heini gefunn beideen Damenkegelklub Feuchte Finga, beit Kaffeekränzken waandie zugange; undie hatten den Heini Drepper alz Maskottken eingefang."

„Gerd, gäzz erzählze abba Quatsch, wa?"

„Nee, dathatter dicke Nolte hier eem erzählt."

Ich trank mein Pils, Gerd brachte den Lederjackenjäustern Mettwürstchen mit Senf. Als er wieder hinterm Tresen stand, fragte ich ihn:

„Sinntenn die Aam Schlucka gäzz ändlich widdada?"

„Müssensedowoll, wennder dicke Nolte dat allet so erzählt. Jau, innen zweiten Fliega hamdie alle reingepaßt, abba der floch nichna Düsseldorf, der flochna Frankfurt."

„Unden Kleinbus hattense in Düsseldorf, wa?"

„Jau, abba datwaa sowieso egal, die waando alle so voll wiene Eule, faan konnta keina mär."

„Abba gäzz sintie alle widdada?"

„Gäzz sintie alle widdada. Undu kannz von Glück sang."

„Wat solldattenn, ich waado gaanich dabei."

„Ja, abba kuckma, Rudi, du wollsdo am Samstach nan dicken Stein na Dolbärch, ne."

„Da wolltich mit mein Täubken hin."

„Siehsse, ne, un warum isdat allet in Malorka so inne Hose gegangen beidie Aam Schlucka?"

„Weil dat am plästern waa."

„Siehsse, un gäzz stell dich ma vor, Rudi, du wärs nan dicken Stein na Dolbärch, undat hatjadannau geplästert wienurwat."

„Un wat solldat, Gerd?"

„Jau, da hätte dichdo, weil datso am plästern waa, datgleiche passiern könn wiedie Aam Schlucka auf Malorka!"

„Jau, Gerd, da hasse wirklich recht, vadorrinomma! Unnutu nomma ein rein!"

Die Lippeloreley

Ein Gruppenbild der bewährten Hamm-Heessener Tresenhocker der fünfziger Jahre. Hier wird gerade die Adenauer-Politik ausgetüftelt, rechts sehen wir Amtmann Schröder.

Als ich an einem ganz normalen Dienstagabend, Juni war es, und der Mätengaitling war im Vorgarten so schön am singen, „Bei August" vorbeischaute, nichts Böses ahnend, sondern immer nur das Liedchen vom Mätengaitling im Ohr, kriegte ich, als ich in die Gaststube trat, gerade noch mit, wie die Tilla Neunkirchen dem Rolli Küppers eine gewaltige Ohrfeige gab und laut in den Raum rief, so daß es auch ja alle hörten:

„Tuu blooß deine Futtfinger wek, du ollen Lustmolch!" Und dann knallte sie ihm noch eine und wandte sich mit einem Ruck zur Gangtür, die zur Kegelbahn führte; von daher drangen helle Stimmen, da wurde gejucht, da war sicher der Damenkegelklub Fleißige Lieschen zugange. Ich blieb in der Eingangstür stehen, wollte eigentlich wieder gehen, denn sowas gefällt mir nicht, solch ein Krawall, und schon gar nicht, wenn eine Frau um sich schlägt, - und besonders nicht, wenn draußen der Mätengaitling an einem Juniabend am Jubilieren ist. Rolli Küppers stand nun ganz bedröppelt am Tresen, und Gerd rief mir schnell zu:

„Aamt, Rudi, wie imma?"

Also blieb ich und sagte:

„Hömma, wattisdattann, Gerd, machsse gäzz mitte Daamringkämfe de Reepabaan Konkerrenz?"

„Ach, dattuussdu nich vastehn, Rudi, dattissen Trauaspiel, sarich dich, dattissen Trauaspiel mitteen Rolli Küppers."

Gerd sprach so laut, daß der Rolli Küppers das eigentlich gehört haben mußte, aber der lehnte schwer seine Ellenbogen auf den Tresen und brütete stumpf in sein Pilsglas hinein. Gerd schob ihm ein Pinnchen Stoppenberger rüber, Rolli sah das Pinnchen mit traurigen Augen lange an, seufzte einmal „Ach nee!", nahm den Stoppenberger spitz zwischen die Finger, schloß die Augen und kippte ihn runter, hielt seine Augen geschlossen und sagte zu sich selbst „Ach, Therese!". Und das sollte nun den ganzen Abend so weitergehen; immer wenn Rolli Küppers einen Schluck Pils nahm, seufzte er erst tief und sagte dann „Ach, Therese!", und beim Stoppenberger genauso, und dabei kam er mir vor wie weggetreten, stierte vor sich hin und kriegte überhaupt nicht mit, was Gerd mir über ihn erzählte.

„Weisse, Rudi, angefang hattatja inne Lippe."

„Wat? Inne Lippe?"

„Jau. Kuckma, du kennsto den Ditz Rinklake, ne?"

„Isdatter mittie Tättowierung aum Oberaam?"
„Nee, dattisder mittat Blumkohlöhrken, dathatterdo schonn vonne Geburt wek."
„Jau, den Ömmes kennich! Der isdo inne Knüppelmusik vonne Knappenkapelle am pfeifen, ne?"
„Jau, dattisder Ditz Rinklake."
„Datterdat kann?"
„Datterwat kann?"
„Mittat Blumkohlöhrken inne Knüppelmusik pfeifen."
„Wieso? Der pfeiftonnich mittat Blumkohlöhrken."
„Ja, abba, hörter denn übahaups mittat Blumkohlöhrken, wattaso pfeift?"
„Hömma, der hattonnon heilet Öhrken auffe annere Seite vom Kopp, du Dussel!"
Gerd wandte sich kopfschüttelnd zum Zapfhahn, so als ob das mit dem Blumenkohlohr und der Knüppelmusik so einfach sei; dabei kommt das doch darauf an, zu welcher Seite man die Pfeife hält, zur Blumenkohlohrseite oder zur Kopfseite mit dem heilen Ohr, ob man dann gut hört oder nicht; aber das war jetzt sicher schwer dem Gerd klar zu machen, und eigentlich war das auch nicht so wichtig, denn der Rolli Küppers hatte gerade wieder einen Stoppenberger getrunken und „Ach, Therese!" geseufzt. Gerd drehte bedächtig, wie es so seine Art ist, am Zapfhahn, und ich sagte ihm nun, er solle doch mal weitererzählen, was denn mit dem Rolli Küppers los sei, - und warum der von der Tilla Neunkirchen vermöbelt worden war, und warum der Gerd den Rolli Küppers nicht vor die Tür gesetzt hatte; das tat er nämlich sonst, wenn jemand in seiner Kneipe Krakeel machte.
„Hömma, Gerd, nu erzähl domma, wattat Blumkohlöhrken vonden Ditz Rinklake damit zum tun hat, dattie Tilla Neunkirchen den Rolli Küppers eine geschallat hat. Un wennze gäzz schomma am Zappen biss, tumich domma ein rein."
„Ach, Rudi!" stöhnte nun Gerd, und Rolli Küppers stöhnte fast gleichzeitig „Ach, Therese!". Gerd begann, mein Pilsglas zu füllen, und das sah im goldenen Gegenlicht vor dem blinkenden Löcherrost unterm Hahn aus wie Weihnachten, so daß ich ganz gerührt war und wartete.
„Ach, Rudi!" sagte Gerd, „dattisja allet so traurich."

„Wattis allet so traurich, Gerd?"

„Weisse, Rudi, watter Ditz Rinklake is mittat Blumkohlöhrken, ne, der isdoder Nachbaa von Rolli Küppers, ne."

„Jau, oom inne Österhege hamdie gebaut."

„Jau! - Un weil die Nachbaan alle innen gleichen Somma gebaut ham, vastehsse, machen die gedet Jaa ne Richtfestnachfeia."

Gerd zapfte gemächlich weiter, streifte etwas Schaum ab, der überquellen wollte; die Tür ging auf, und der lange Bäänt Terhorst trat ein, „Aamt, Kameraden!" rief er in den Raum und ging rüber zum Stammtisch, wo schon der Küster Benthe saß und sein tägliches Mettwürstchen mit Senf aß.

„Hömma Bäänt!" rief Gerd hinter dem langen Terhorst her, „kannze deine Blagen nichma vaklickan, dattie nich imma vonne Lippebrücke bei Dolbärch am pinkeln sind." Der lange Terhorst drehte sich rum.

„Wennse müssen. - Oda hättset lieba, dattiesich inne Buxe machen!"

„Nee, datnich, abba, weisse, Bäänt, ne, die sind imma dann vonne Brücke am runterpinkeln, wennda gerade einen drunta am herpaddeln is."

„Wer sachtattenn?"

„Der Ditz Rinklake sachtat."

„Isdatnich der mittat Blumkohlöhrken?"

„Jau, dattisder mittat Blumkohlöhrken."

„Achwat, der Ditz Rinklake sacht viel, wenn der Tach lang is."

Und unwillig quetschte sich der lange Terhorst hintern Stammtisch auf die Bank neben den Küster Benthe, hob seinen Mittelfinger, um ein Bier zu bestellen; - der lange Terhorst hob immer den Mittelfinger, weil er von klein auf Schreiner gewesen war und an der linken Hand keinen Daumen, auch keinen Zeigefinger hatte. Gerd nahm ein leeres Glas und schob es unter den Zapfhahn. Quirrlige goldene Blasen im Gegenlicht, diesen Anblick mußte man einfach genießen und außer an Weihnachten auch an den Mätengaitling denken mit seinem Liebesliedchen in Politzkis Vorgarten.

„Also!" sagte Gerd und gab mir mein gefülltes Glas, nahm den Bleistift hinterm Ohr weg und zog einen Strich neben den anderen auf meinem Bierdeckel.

„Also, Rudi, ich willet kurz machn."
„Ja, dannmen Prost, ne!"
„Prost, Rudi, also, dieset Jaa sintie alle, also alledie Nachbaan vonne Österhege, ne, alze dat zehnjährige Richtfest am feian waan, sintse mitten Gummiboot auffe Lippe gefaan. Datsintie do gäzz all am tun, ne. Von Üntropp schön langsam mittat Gummiboot runtatreim. Püllekes Bier bei un Möppkenbrot mit Schmalz un Rüümkraut, paa haate Eia, watteso brauchs aum Gummiboot, ne."
„Haate Eia?"
„Hasse wattageng?"
„Nee, aintlich nich!"
„Eem! Undann Heidiheido, singsesich ein vonne blauen Dragonas un im Frühtau zu Bärge wir ziehn fallera, kennzja!"
Das war mir auch schon aufgefallen, wenn ich mal mit unserm Spitz Fiffi an der Lippe spazierenging, samstags oder sonntags, kamen bisweilen laut singende Männer in Schlauchbooten vorbei oder Großfamilien; einmal hatten die einen Hund dabei, da war vielleicht was los, unser Fiffi und denen ihr Köter, die haben sich aber was angekläfft; die Angler am Ufer waren ganz schön sauer und schimpften, wie sich denn bei diesem Krach bloß ein Fisch an einen Köder ranschleichen könne.
„Ja, undann hatter Ditz Rinklake mittat Blumkohlöhrken vazählt, dattat schon ganz fidel un urich anfing, ne, zwei Gummiboote hattense bei, de Nachbaan vonne Österhege, ne, siem Mann hoch waanse, drei indat eine Gummiboot, der Ditz Rinklake mittat Blumkohlöhrken, der Bruno Kunzel..."
„Dattisdo der mittie schaafen Töchta, ne?"
„Jau, under Heinti Brockmann hier ausdat schiefe Häusken inne Dorfstraße."
„Dat Häusken, woder Baua Kottenstett do, alza duhn un dicke von Krieter kam, mitsein Trecka voll reingebrummt is, ne."
„Jau, un darum hatsich der Heinti Brockmann inne Österhege en neuet Haus gebaut von den Baua Kottenstett seine Vasicherung. Undann waader Frantek Olschewski indat annere Boot under Hiärm Knütterbeck."
„Den isdodie Alte mitteen Steiga Hollenhorst vonne Zeche durch, ne?"
„Nee, dattis den sein Zwillinxbruda Wilm."

„Nee, Gerd, gäzz vatuusse dich; der Wilm, der hattowat mittie Trulla vonne Trinkbude am Busch, diewat son bißken inne Kuhle tritt."

„Hömma, Rudi, du hassdo keine Ahnung, wa, gedenfallz waader Hiärm Knütterbeck indat Boot mitteen Rolli Küppers, ne, under Blaue Biermann waa audabei."

„Dattissen Flitzenfänger!"

„Wen sachsse dat."

„Undann, Gerd? - Komm, machdat nichso spannt, sach ändlich ma, warum datter Rolli Küppers so lurich is."

Ich nahm einen ersten zögernden Schluck aus dem Pilsglas, hielt es ins Gegenlicht, mein Gott, wie schön war das, da kann man mir noch so viel Sekt anbieten, auf ein echtes Isenbecker aber laß ich nichts kommen; damit bin ich groß geworden, erwachsen geworden, dem Isenbecker habe ich am Amazonasufer unter dem Kreuz des Südens nachgetrauert, wenn ich an meine Heimat an der Lippe dachte. Gerd fuhr fort:

„Kurzna Üntropp lachdat Gummiboot von Ditz Rinklake ganz tief im Wassa, under Rolli Küppers sachtno, meineh, wattuutat Boot tief im Wassa liegn, da gehtat Boot auschonn unta, ne, konntense von Glück sang, datse no schnell allet, die Bierpulln unden Doppelkorn undie Karros mit Rüümkraut am Ufa geschmissn ham."

„Sintie vorn Eisbärch gebrummt?"

„Rudi, laß den Quatsch, oda willze mich vaöhm?"

„Gerd, waa nurn klein Späßken; wie gingdat dennu weita?"

Der Küster Benthe rief Gerd an den Stammtisch, er solle mal endlich die leeren Gläser und den Senfpott abholen, und dann solle er mal fix zwei Pils zapfen und nicht nur mit mir rumlabern, ich sei schließlich nicht der einzige Gast. Und die ganze Zeit lehnte der Rolli Küppers mit seinen Ellenbogen auf dem Tresen und seufzte „Ach, Therese!" Gerd wurde richtig hektisch und wedelte nur so die Pilsgläser unter dem Zapfhahn durch, daß man es schon nicht mehr mit ansehn konnte. Rolli und ich, wir hatten zwar auch noch schnell bestellt, aber ein Pilsglas, das muß man ganz behutsam anfassen, das darf man nicht so schütteln, und das Pils darf da auch nicht so reinplätschern oder scharf reinschießen, sondern das muß ein abgemessener kräftiger Strahl werden, der die Kohlensäure durcheinanderwirbelt, aber mehr auch nicht. Und jetzt werkelte Gerd ganz wehrig herum; ja das konnte man doch wirklich nicht mitansehen.

Als endlich etwas Ruhe eingekehrt war hinterm Tresen, erzählte Gerd unterm Hantieren:

„Dathatter Ditz Rinklake vorje Woche allet erzählt, weil ja keina am wissen waa, ne, watter Rolli Küppers mitsein Stöhn hat; happicheem den Ditz Rinklake gefracht."

„Wathattenn der Ditz Rinklake so erzählt?"

„Datmitteen Boot waa so, der Bruno Kunzel, der hatte ne Büxe mit Ölsadien mit, ne, die hatta mim Messa aufgestochn, ne, unda hattama eem bißken anne Büxe vorbei indat Gummiboot gehaun, ne. Undann hatter Bruno Kunzel jaman sein Daum aufdat Loch."

„Wathatter?"

„Sein Daum aufdat Loch, ne, abba dat hielt nich dicht, ne, kam Luft durch, ja, undann sintie eem abgesoffn."

„Un warum isder Rolli so lurich?"

„Ja, nu waatedomma, Rudi", sagte Gerd und stützte sich auf seine Handballen. So lehnten sie sich man gegenüber, der Rolli Küppers auf seinen Ellenbogen, ja, und der Gerd auf seinen Handballen, und den Kopf drehte Gerd zu mir, und Rolli Küppers schaute in sein Glas.

„Da isdann der Ditz Rinklake zurück im Dorf galoppiert unhatta Uhu besorcht un Stück Gummi, ne, waan Wech vonne halbe Stunde, undie annern hamsich man die ärste Pulle Doppelkorn reingetan, ne, un laut am singen waan die schonn, alzder Ditz Rinklake von Üntropp kam mittat Flickzeuch."

Gerd schwieg, schaute vor sich hin, bis er meinte, daß nun alle neubezapften Pilsgläser den letzten, aber so wichtigen Schuß vertragen konnten, dann brachte er zwei Gläser an den Stammtisch, stellte vor dem Rolli Küppers eins ab und schob auch mir ein Glas hin. Als Gerd gewissenhaft die Striche auf die Deckel gemalt und den Bleistift hinterm Ohr verstaut hatte, sagte er:

„Undu kennzja den Ditz Rinklake, der hatte sich nämmich in Üntropp auschomma ein reingetan, abba dann kama mittat Flickzeuch, un hamsedat Boot zugepappt, un weita gingdat."

„Wie gingdattenn weita, Gerd?"

„Weissedo, ärs na Dolbärch, undattis ja schonn ganz schön am dauan, un hamse sich schomma ganz schön wat von den Doppelkorn vakasematuckelt, undann waan die Jäusta schonn schicka, alze na Dolbärch kaam."

„Gäzz vastehich datau mittat Pinkeln vondie Blagen vonne Brücke."

„Jau, dattisset ja eem, die Blagen, under Bennatz von den langen Terhorst dahintn is natürlich imma bei sowat dabei, die waaten donnur, dattan Boot kompt, undann sintie da abba ein am runtapinkeln."

„Könndie aimfach imma so pinkeln, wenndie wolln?"

„Kannzdu datnich, Rudi?"

„Watfür Fickels sintat blooß, gehmichdoeinawek."

„Ach, dattisdo nichso schlimm; wenndie so richtich ein inne Hacken ham aum Boot, dann sintiedo am mein, dattat am plästern is."

„Wathattattennu mitteen Rolli Küppers sein Stöhn zum tun?"

„Dat kompt gäzz!"

„Wird abba au Zeit!"

„Rudi, wennze meckas, fliechsse raus, klaa!"

„Klaa, Gerd, komm, seido keinen Frosch, tunomma ein rein."

Gerd brauchte diese Aufforderung eigentlich nicht, denn ich hatte mein Glas schnell geleert, dabei dem Rolli Küppers zugeprostet, aber der kriegte das nicht mit, weil er wiedermal „Ach, Therese!" stöhnte, und mein leeres Glas hatte ich Gerd entgegengestreckt. Wenn man zu Gerd: „Tunomma ein rein!" sagte, dann wurde er ganz friedlich. - Sieben Minuten vergingen nun; das kann man so genau sagen, weil bei Gerd das Pilszapfen immer genau sieben Minuten dauert, das hat er im Gefühl, dafür braucht er keine Stoppuhr. Gerd schob mir mein Pils hin und gab dem stöhnenden Rolli Küppers einen Stoppenberger; sodann sagte er:

„Gäzz komptet! - Plözzlich issichdat Nezz am Vahaken, wose die Bierpullen hintadat Gummiboot am schleppen waan durchdat Wassa, ne, also konntense nimmär hochkriegen; da hamsedann im Wassa gestochat, ne, abba waa nix."

„Watten Urt!" sagte ich und stellte mir vor, wie besorgt die Jungens gewesen sein müssen, daß sie ja ihr Bier wieder hochkriegten; die waren ja erst in Dolberg, und nach Heessen war das noch eine ziemlich lange, trockene Strecke. Daß sie das Bier zum Kühlen durch das Wasser zogen, das ging in Ordnung; wenn ich mal zum Angeln gehe, dann stelle ich auch immer ein paar Bierpullen in die Lippe. Gerd fuhr fort:

„Da sachtann der Bruno Kunzel, da musse reinspring, dat olle Prorkeln dat bringtonnix."

„Is richtich!"

„Unda rufter Rolli Küppers, - undat isnu der tragische Mommment indat Leem vonden Rolli Küppers, ne, also rufter Rolli: Ichappen Faatenschwimm! un läßt sich im Wassa falln, undat Wassa wird men so richtich schaumich, alzada am rumstrampeln is, nachne lange Weile tauchter Rolli Küppers widda auf mit ganz glaasige Augn. Hassedat Bier? fragn die Jäusta, under Rolli Küppers ismannur am flüstan: Röskes!"

„Wat?"

„Röskes."

„Röskes?"

„Röskes!"

„Dat vastehichnich!"

„Dat hamdie Jäusta im Gummiboot aunich vastann. Röskes, sachtaman un taucht widda im Wassa, un alza widda hochkompt, schrein die Jäusta: Hasse gäzz ändlich dat Bier? - Un widda sachta: Röskes. Un widda willa im Wassa tauchn, abba gäzz hamsene im Boot gezogn, hamsenen auffe Schulta gekloppt, datta ärsma ausröchelt."

„Der hatto Faatenschwimm?"

„Ja, abba dat waatjannich, under Ditz Rinklake sachdonno: Ichlaup, datta mim Kopp annen Baumstrunk geknallt is, wa, der hatto gäzz ne Meise."

„Oda dat kompt vondie vielen Pullen Doppelkorn?" warf ich ein. Gerd sagte:

„Achwat! Abba grade isder Ditz Rinklake am sagen, datter Rolli gäzz wollne Meise hat, da huppter Rolli Küppers widda im Wassa, un alza hochkompt, flüstata widda: Röskes!"

„Röskes?" fragte ich nun wieder ziemlich dumm und sah mir den Rolli Küppers an, wie er da so am Tresen lehnte und in sein Bierglas starrte und seufzte; das konnte schon gut sein, daß der sie nicht mehr alle beisammen hatte.

„Wattislos?“ erzählte Gerd weiter, jetzt kam er so richtig in Fahrt, „wattislos, Rolli? hamdie annern gebrüllt, ne, unda hatter Rolli Küppers erzählt: Ichappne Nixe am Schlawittken gehapt.“

„Ne Nixe?“

„Jau, ne Nixe!“

„Datgiptat donnich.“

„Ja, dat weisse nichso genau, dattattienich gipt. Weisse, watmeinen Onkel Jupp is in Könichswinta, am Rhein, weisse, der is öftas Nixen am kucken.“

„Hömma, Gerd, dat kannze mich donnich vorkrücken.“

„Rudi, ich sachtich, et gipt Dinge zwischen Himmel un Ärde, da kannze dich mannur deine Glubschaugn reim.“

„Nee, Gerd, gäzz redze abba Scheiß! - Nixen tuutat nich geem!“

Da seufzte der Rolli Küppers wieder „Ach, Therese!“, und Gerd nickte mit dem Kopf rüber zu Rolli Küppers:

„Derda, der Rolli, der hattie Nixe gesehn, Rudi!“

„Wattunich sachss, Gerd!“

Und wenn ich mir den Rolli Küppers so ansah, wie er da so traumverloren stand, und wenn man bedenkt: Warum soll es eigentlich keine Nixen geben, es gibt ja auch See-Elephanten. Gerd sagte:

„Undann hatter Ditz Rinklake erzählt, watter Rolli Küppers se erzählt hat, alza aussen Wassa kam: Ne Nixe! Watwaadiemich lecka! Ne Nixe! Haa wie Gold! Haa bis an Nabel, ne, un untan Nabel nixwie Heringschuppen, undann üban Nabel die beiden Röskes, undie saßen daman so prall un proppa. - Himmeldiebärge, sowat Leckaret happich nonnie gehapt, sachte der Rolli.“

„Achso! Sonne Röskes meinter.“

„Jau, Rudi, sonne Röskes meinter!“

„Un fürso richtich leckare Röskes, vadorrinomma, da kannze schomma die Bierpulln vagessen.“

„Wem sachssedat!“ meinte Gerd und lächelte den Zapfhahn an, und ich mußte mich schon scharf auf mein Pils konzentrieren, damit ich nicht zusehr zartrosa knospende Röschen unter blonden Haarsträhnen hervorlugen sah, vadammtnochmal, also ich konnte den Rolli Küppers gut verstehen, daß der total behämmert wieder aus dem Wasser auftauchte, als er dort seine Nixe getroffen hatte.

„Et kompt janno bessa, ne", sagte Gerd, „der Ditz Rinklake hattann erzählt, datter Rolli Küppers am erzähln waa, dattie Nixe ne gesacht hat, datse Therese heißen tut un dattase eines schönen Tages schomma auffe Erde widdafinn würd, wennase man blooß am widdaerkenn is. Abba hömma, hatter Rolli zudie Nixe gesacht: Wie sollich dich denn blooß widdaerkenn, wenn der Schwanz ap is,Thresken? - Kuckmichmannur genau an, hatsene gesacht un mittat Äugsken gepinxt."

„Aha, der Rolli Küppers, diesen Schlickefänga, hattse dann angekuckt, abba nich inne Äugskes, wa?"

„Dattisset! Immamannur auffe Röskes!"

„Da muß einen ja auch von varrückt wern!"

Was hatte der Rolli Küppers bloß für ein Glück, solch eine schöne Nixe im Wasser zu treffen, obwohl es ja eigentlich keine Nixen gibt, oder? - Aber davon mal abgesehen auch noch eine Nixe mit den Röschen genau an der richtigen Stelle, solch ein Glück, sowas Schönes unter Wasser zu sehen, hat unserereins nicht.

„Undat traurige Ende vom Liede!" sagte Gerd, und Rolli Küppers am Tresen kippte einen Stoppenberger und seufzte „Ach, Therese!" und weinte schon halb, „undat traurige Ende vom Liede is, datta gäzz übaall seine Nixe Thresken am suchen is."

„Kannich gut vastehn."

„Dat fing ja schonn im Gummiboot an, ne. Geden Augenblick wollta im Wassa huppn unzu sein Thresken mittie Röskes."

„Un hamdiedat Bier wennixtens hochgehievt?"

„Achwat! Andat Bier hattado keinen mär gedacht, die hatten alle Hände voll zum tun, fürdatse den Rolli festgekrallt ham, weila imma im Wassa huppen wollte."

„Undat gingso bis andat Wehr am Schloß?"

„Darauf kannze Gift neem!"

„Dattadanich vasoffn is?"

„Nu waatedomma ap, ärsma hattadann imma die Anglas gerufn: Hötma, happtanich sonne kleine schnuckelige Nixe gesehn? Abba die hamsich mannur anne Stirn getippt un dubistowoll doof gebrüllt."

„Wer glauptenn auschonn anson Tinnef."

„Ja, abba der Therro Brandhorm, diesen Knabbelkopp, derwat am angeln is, hatman gesacht: Jau, Rolli, die kennichut, die Therese, grad waaseno da. - Unda wollter Rolli widda im Wassa spring. Mittrei Mann hamsen gehalten. Therese! Therese! hattaman gebrüllt. Thresken, mein Thresken, wo bissedenn? Under Knabbelkopp von Therro Brandhorm hattann durche Hand so hohl gewispat: Hür, moin Gelübta! - Unda konntense den Rolli nimmär halten, unda issa fix im Wassa, datwaa kurz vordat Schloß."

„Un? - Iswat mitteen Rolli passiert?"

„Ja, dat weiß keinen so genau!"

Und Gerd schaute den Rolli Küppers schräg an, so als wolle er sich vergewissern, ob da nicht doch ein Dachschaden sichtbar sei. Ich sagte:

„Da waadodat Wehr."

„Jau", sagte Gerd, „datwaada, unda hattet den Rolli hingetriem, ne, undann hamse lange nixmär vom Rolli gesehn, weilse audat Gummiboot am Ufa am bring waan."

„Under Rolli?"

„Den hamdie Jäusta vonnen Kanuvaein, die watta am üüm waan, die hamden ausse Lippe gefischt."

„Er isja auno am leem."

„Jau, datsieht man."

Ich sah den Rolli Küppers da so hängen, er hörte überhaupt nicht hin, als wir laut über ihn redeten. Gerd sagte:

„Abba irgendwat muß mitteen Rolli passiert sein, alza übadat Wehr geschossn is."

„Wie meinzedat, Gerd?"

„Kuckma, Rudi, der Rolli Küppers, datwaado sonss son Stillen im Lande, so stickum waaderdo imma, un gäzz, wat meinze, gäzz, undat is wirklich painlich..."

„Wattis painlich, Gerd? - Abba tu ärs nomma ein rein."

Nun begann ich schon zu ahnen, was so peinlich war mit dem Rolli Küppers, ich sah die beiden Ohrfeigen vor mir, die ihm Tilla Neunkirchen verpaßt hatte. Gerd zapfte lange, kam dann mit dem Glas an meine Tresenecke, brachte mir auch gleich einen Stoppenberger mit, den ich noch schnell mit einem Kopfnicken bestellt hatte; den kippte ich und sagte zu Gerd:

„Gerd, ich weiß, wattu sagn willz: Gäzz isder Rolli alle anne Röskes am packen, undann schallan diene eine."

„Nee, Rudi, ganzo schlimm isdat nich: ärs tutase frang: Tilla, ich such man mein Thresken, kannichma eem deine Röskes kucken. Undie Tilla hatjamann au ganz schön Holz vorde Hütte, mein lieba Scholli. Un alzder Rolli daso am hinlinsen is, da schallat diene eine. Abba dattun nich alle; die Ulla Möllenbrink hier ausse Kleistraße, die hat mannur gesacht: Ach, Rolli, laßman die Fiesematenten sein. Un eine, dathatter Rolli Küppers selps gesacht, eine, die Ella Politzki ausse Neue Heimat, die hatteen Rolli ihre Röskes gezeicht."

„Die zeichto geden ihre Röskes."

„Wattu nich sachss, Rudi-Rudi-Rudi!"

„Wat willsstu Eumel damit sang?"

„Nix, Rudi, nix, willze non Stoppenbärga?"

„Tunich aplenken, sarich dich! - Un watwaanu mittie Röskes vonne Ella Politzki?"

„Ja, sachter Rolli, datwaan die falschen Röskes. Jau, un gäzz frachta alle, diewatta am sehn kricht, undann schallan diene eine, - oda aunich!"

Wie kann ein Mensch nur so tief sinken, dachte ich mir; da quoll aus dem Gang neben der Gaststube laut schnäbbelnd der versammelte Damenkegelklub Fleißige Lieschen, - und Rolli Küppers wurde plötzlich hellwach, stieß sich vom Tresen ab und wankte mit zappeligen Fingern dem Damenkegelklub entgegen.

Odüsseus

Gasthof „Zum Stadtwald", Hamm-Heessen, Dorfstraße, Inhaber August Walters. Man nennt diese Kneipe der Einfachheit halber und der Sympathie dem Wirt gegenüber und der herzzittrigen Jugenderinnerungen wegen „Bei August".

Wenn man an langen Winterabenden so am Tresen sitzt, dann gerät man bisweilen in Gespräche, an die man sich hinterher nur kopfschüttelnd erinnert; und man fragt sich, wer sich eigentlich solch einen Quatsch ausdenken kann, den man da gehört hat. Und dabei fangen solche Gespräche immer ganz vernünftig an.

„Rudi", sagte Gerd zu mir, „hömma, wathasdu dat Haa aintlich wie son Igel vom Kopp apstehn?"

„Weisse, Gerd", sagte ich, „wat mein Täubken is, die waa heut nammitach aum Friedhoff zugange, Buxbaum un Heidekraut auf unsa Tante Liesken ihr Grab am pflanzen un am haaken, ne."

„Wat hattennu der Buxbaum aum Grab von eua Tante Liesken mittein Strubbelkopp zum tun?"

„Ja, nu waatedomma!"

Und Gerd sagte nun nichts mehr, denn er war beschäftigt, ein Pils und einen Kirschlikör zum letzten Tisch in der Kneipenecke zu tragen; da saß Veronika Kirke mit ihrem goldenen Lockenkopf neben Otto Damberg, ihrem momentanen Freund. Und die beiden tuschelten und kicherten, und besonders Veronika Kirke kicherte wie auf einer Tonleiter, so daß man immer mal wieder hinschaun mußte; und dafür mußte ich mich auf dem Tresenhocker umdrehen; denn die beiden saßen mir im Nacken. Das ist mir sonst egal, aber ich habe es gar nicht gern, wenn ich mir mal in Ruhe ein Pils gönnen möchte, daß dann jemand dauernd in meinem Nacken kichert, selbst wenn es jetzt das leckere Lockenköpfchen Veronika Kirke war, das da kicherte. Gerd kam bedächtig hinter den Tresen zurück und schüttelte den Kopf, deutete dabei in Richtung Ecktisch; ich verstand jedoch nicht, was sein Kopfschütteln bedeuten sollte.

„Also", sagte Gerd und begann, mir ein neues Glas Pils zu zapfen, weil er festgestellt hatte, daß in meinem Glas der Schaum den Boden erreicht hatte, schneckengleich an der Glaswand herabgekrochen war; „also, Rudi, sachma, wattisdatnu mittein Strubbelkopp?"

„Gerd, weisse, ich waa inne Baadewanne am sizzen, un mein Täubken waa aum Friedhoff am haaken."

„Dathasse schonn gesacht."

„Wat?"

„Dat mitteen Friedhoff."

„Abba dat mittie Baadewanne nonnich, oda?"

„Nee, dat mittie Baadewanne nonnich."
„Eem!"
„Also, watwaadennu los inne Baadewanne?"
In diesem Moment ging die Tür auf, und der Küster Benthe kam auf seiner abendlichen Kneipenrunde „Bei August" rein. „Aamt! Spottsfreunde!" rief er und setzte sich neben mich, nickte Gerd zu; der begann eilfertig, ein Pils zu zapfen; dazu sang der Küster Benthe ganz leise: „Wie deher Hihirsch valangt nach der Quehellehe des Wahassas..." Gerd und ich setzten sofort die Antiphon fort: „...so valangt meine Seele nach Bier, o Heherr!" Das hatten wir jahrelang gesungen in der Schola von St.Stephanus, Ostern etwa, ja, Ostern war immer die Antiphon vom Hirschen dran; aber nun war ich doch etwas alt geworden für die Jünglingsschola, und in seinen geheiligten Kirchenchor ließ mich der Küster Benthe nicht, weil meine Stimme nicht mehr eindeutig auf Tenor oder Baß festzulegen war, mehr so mittendrin, dabei auch noch recht schwankend. Aber die Antiphon vom versoffenen Hirschen, die sangen wir immer noch gern, Gerd, der auch lange in der Schola gewesen war, und ich, die sangen wir auch, wenn der Küster Benthe nicht dabei war.
„Herr Benthe", sagte Gerd, „der Rudi is grad dat Döneken aus seine Baadewanne am erzähln."
„Ach nee, lassense man", sagte ich, „dattisdo nix Besonderet, abba der Gerd isnuma am frang dran."
„Rudi", sagte der Küster Benthe, „nu erzähl domma, wattenn so in deine Baadewanne los is!"
„Also, mein Täubken waa aum Friedhoff am haaken, ne."
„Gäzz hömmich blooß auf mitten Nerfen von dein blöden Friedhoff!" rief Gerd unterm Zapfen.
„Abba datwaado eem die ganze Maläse, ne, ich waa inne Baadewanne am sizzen, ne, un hatteman grade im Gesicht mit Kernseife unso, un datwaa am beißen inne Aung, vadorrinomma."
„Jau, dattut höllisch brenn!" sagte der Küster Benthe, und in meinem Nacken kicherte die Veronika Kirke; also drehte ich mich um, und das Lockenköpfchen strahlte förmlich in dem warmen Licht, das von der Wandbeleuchtung auf Veronika fiel; Otto Damberg mit seinem Bürstenhaarschnitt konnte da nicht mithalten. Ich sammelte mich wieder:

„Jau, undann happich mittie Dusche dat Haa naßgespritzt, ne, mussejaman tun, ne, fürwat bisse sons inne Baadewanne am sizzen?"

„Is klaa", sagte Gerd, „für irgentwat musseja inne Baadewanne sizzen."

„Undie Aung hattich zugepinxt fürdat Brenn vonne Kernseife."

Gerd brachte nun dem Küster Benthe sein Pils, auch mir gab er ein Pils; dann schaute er von einem zum andern, aber wir blickten beide vor uns hin, so daß Gerd schließlich bei jedem einen Strich für das Pils auf den Deckel malte; ich war mir nicht sicher, ob man einem Küster, der ja der zweitwichtigste Mann nach dem Pastor in der Kirche ist, so einfach einen ausgeben konnte, ob der dann nicht vielleicht beleidigt war; deswegen hatte ich vor mich hingeblickt, als Gerd nicht wußte, ob einer von uns nun die beiden Pils ausgegeben hatte.

„Jau", sagte ich, „undann hattichdat Haa naß, ne, un dann happich gerufen, Täubken, gipmichma eem dat Schampuu; weil ich jaman die Augn am zupinxen waa von wegen die Kernseife, ne; unda waa mein Täubken aum Friedhoff am haaken im Buxbaum un im Heidekraut, ne, waa die da zugange."

„Ja, kannze denn ohne dein Täubken nich baadn?"

„Schonn, abba wennze Kernseife inne Aung hass, dann siehsse ährlich nix!"

„Da hatter Rudi recht", sagte der Küster Benthe, „wennze Kernseife inne Aung hass, siehsse nix."

„Jau, also", fuhr ich nun fort, weil ich endlich die blöde Geschichte beenden wollte, „un happich man rumgetappt mittie Hände, bissich dat vadammte Schampuu inne Fingas hatte, ne."

Ich nahm nun, nachdem ich dem Küster Benthe zugeprostet hatte, den ersten Schluck vom frisch gezapften Pils. Und ich schmeckte den herben Schaum, und die Welt war in Ordnung; der Küster Benthe summte leise: „Halleluja!", und ich antwortete genauso leise: „Hallelujaha!"

„Un wattisnu?" fragte Gerd.

„Ja, watsollich sagen; dat wattich da inne Fingas krichte, datwaadat Hundeschampuu von unsan Fiffi."

Gerd und der Küster Benthe drehten sich nun mit einer deutlichen Körperbewegung zu mir hin und betrachteten ausgiebig meine Haarstacheln.

„Dat happich abba ärs gemerkt, alzdat Haa schonn am haatwern waa, weil ich jaman die vadammte Kernseife inne Aung am brenn hatte."

Und in meinem Nacken kicherte Veronika Kirke. Wir drehten uns um, der Küster Benthe und ich, und schauten uns das blonde Lockenköpfchen lange an, nahmen dabei gleichzeitig den zweiten Schluck aus dem Pilsglas, schmeckten mit der Zunge an den Lippen nach.

„Jesus! Wathattie für schöne Löckskes!" sagte der Küster Benthe dann.

„Abba au dat Blüsken, wattie trang tut, lecka, ne!"

„Nee, Rudi, sei ma ährlich, hasse schomma so schöne Löckskes gesehn?"

„Nee, happich nich, abba au dat Blüsken is pikobello."

„Dat sint direkt griechische Löckskes!" sagte nach einer Weile der Küster Benthe.

„Griechisch?"

„Ja, kuckma, Rudi", sagte der Küster Benthe, und wir ließen seufzend vom Anblick der schönen Veronika ab, „ichappdan Buch gelesen von den Bröker aus Vellan, der sachto glatt, datter Odüsseus in Heessen un in Dolbärch zugange waa."

„Wat sachter?"

„Datter Odüsseus in Heessen waa."

„Diesen ollen Pirat?"

„Jau, Rudi, kennzedo Odüsseus mitsein Riesen Küklops, ne."

„Unsein Täubken Penelope, ne."

„Jau, genau der."

„Under waa in Heessen zugange?"

„Sachter Bröker aus Vellan!"

Das mußte ich zuerst mal schlucken, deshalb hob ich mein Pilsglas an den Mund und nickte dem Küster Benthe zu. Und zu Gerd, der beim Wort Odysseus nähergekommen war, sagte ich:

„Komm, Gerd, tu unsma zwei Stoppenbärga."

Gerd nahm die Stoppenbergerflasche aus dem Kühlfach und füllte zwei Pinnchen, schob sie rüber. Zum Küster Benthe sagte ich:

„Hönsema, Herr Benthe, dat glaubichnich."

„Doch, der Bröker aus Vellan sachdat."

„Woher willder dattenn wissen?"
„Dathatter aus schlaue Bücha!"
„Nee, vadorrinomma, dat glaubichnich!"
„Kuckma, Rudi, watter olle Odüsseus waa, der waado beide Sirenen, dat weissedo, ne."
„Jau, dattis waa."
„Un kuckma, Rudi, wennder so aum Meer hinunher gejuckelt is, da kann datto gut sein, datter bei Rottadamm in Rhein rein is, undann issa beide Lorelei ann Felsen gebumst, waa die oom am singen un die blonden Löckskes am zwirbeln. Kanndo gut sein?"
„Wat meinstu denn, Gerd?" wandte ich mich unsicher an Gerd hinterm Tresen; sein konnte schließlich alles, wenn der Odysseus so lange Jahre unterwegs gewesen war, und Gerd sagte zögernd:
„Weisse, Rudi, wat meinen Onkel Jupp is in Könichswinta, der kennt gede Menge Nixen."
„Nee, dat mitteen Odüsseus."
„Achso, dat mitteen Odüsseus. - Ja, dat weissi aunich."
Ich nickte Gerd zu und hob Daumen und Zeigefinger der rechten Hand, jetzt hatte ich mich doch entschlossen, dem Küster Benthe ein Pils auszugeben, schon wegen dem Odysseus, der an die Lorelei gebumst war.
„Da giptet", sagte der Küster Benthe, „da giptetto gleich neem Lipporch, ne, da giptetto dat Haus Assen."
„Jau, von den Grafen, dense vaknackt ham, weila mittie Mäuse von seine Bank durche Lappen gegang is, ne."
„Dat isne annere Schtorri. Weisse, Rudi, ich willdich datma eem vaklickan. Haus Assen, sachter Bröker aus Vellan, Assen, dat isdie alte Asenburch, un ganz inne Nähe, sachter Bröker aus Vellan, da isder Runkelacker Elis Lari, un dattisdat Elüsium vonne ollen Griechen, ne."
„Elüsium?"
„Elüsium! Datwaa die ihr Paradies, wose mitte Engelkes am pussiern waan. - Abba Spaß beiseite, also vor lange Jaare, ne, sachter Bröker aus Vellan, vor ganz lange Zeit hamdama Griechen gewohnt."
„Wo?"
„In Elis Lari! Vastehsse?"
„Wenn Sie datso sang."

Und jetzt war in meinem Nacken wieder Veronika Kirke am Kichern, also drehten der Küster Benthe und ich uns wieder um.

„Kuckma, Rudi", sagte der Küster Benthe, pfiff ganz leise durch die Zähne, „kuckdichma die Löckskes an, wie sonne griechische Tempeltänzerin, wa."

„Ichappno keine gesehn."

„Machtnix, Rudi, kuckma, unwenn der Odüsseus nu schomma andie Lorelei gebumst is, ne, dann hatta sichdo gesacht, gäzz bisse schomma hier, gäzz könnze aintlich ma eem dein Onkel Herkules in Elis Lari bei Lipporch besuchen, ne, ma kucken, watta so macht, oppa wat am stemm is; un opdat dein Oppa Agamemnon no gut gehn tut, der hattedo läzzte Zeit imma so Rheuma in linken Schuoken."

„Woher wissen Sie dat aintlich mit den Oppa Agamemnon, Herr Benthe?" fragte ich. Gerd ließ mich ja ziemlich allein, hatte sich ins Zapfen vertieft, was dem Pils allerdings nur zugute kommen konnte.

„Gerd, dubisto sonss sonne Quaterkunte, sachdo auma wat."

„Ich tumich da raushaltn."

Und nun streifte Gerd ruhig, ganz ruhig den Schaum vom Glasrand des einen Pils, und dann vom Glasrand des anderen Pils, dann wieder vom Glasrand des einen Pils, obwohl da überhaupt kein Schaum mehr dran war. Dann sagte er:

„Rudi, dat hatter Bröker aus Vellan rausklamüsat, hörssedo!"

„Also", wenn nun auch der Gerd an den Bröker aus Vellan glaubte, dann mußte wohl was dran sein an dieser Geschichte, „also, dann isder Odüsseus ma eem bei Wesel inne Lippe un mitsein Kaan man weita bisna Lipporch."

„Nee!" sagte der Küster Benthe. „Ärsma hattawat zum tun gekricht mitteen Drachen vom Drachenfels, waadoda ganz nahbei, waadatto."

„Wieso dattenn?"

„Ja, kuckma, Rudi, weissedo, der Odüsseus isdoma im Strudel ummenandergetrudelt, ne, Karüptis, oda wiedat heißen tut, undawaa nich weitwek die Schülla, son ollen Seedrachen, ne, mit säx Köppe, unda hatter olle Odüsseus ganz schön wat zum tun gehappt, dattie Schülla nich alle seine Kumpels vaspachteln tut, mein lieba Scholli."

„Jau, davon happichma wat inne Schule gehört."
„Siehsse!"
Jetzt schwiegen wir, weil Gerd uns die beiden Pils hinstellte und auf meinen Deckel zwei Striche malte. Der Küster Benthe rief schnell: „Tu unsma fix zwei Stoppenbärga bei, Gerd!" Und zu mir sagte der Küster Benthe:
„Un Rudi, dat weissedo, läzztet Jaa waanwa mim Kirchenchor aum Ausfluch."
„Na Kewelaer."
„Du sachsset! Un aams dann sinwa in Dorsten anne Lippe, ne, sinwa im Hotel Zum Uhlenbruch. Unda waan die Jäusta aussen Tenor, der Jans Dröpper, der Bennatz Schürholz, under Hennes Tollken, ne, die waanda inne Baa, unwat meinze, wiedattie Baa heißen tut?"
„Weissidonnich!"
„Ja, nu raatedomma!"
„Babalu."
„Wie kompsse denn auf Babalu?"
„Ich waama inne Baa in Wanne Eickel, diewat Babalu heißen tut."
Gerd stellte uns zwei Stoppenberger hin, wir nahmen die Pinnchen schnell zwischen die Finger, und damit der Stoppenberger nicht warm wurde, nickten wir uns zu und tranken. Die Kreuze für die beiden Stoppenberger malte Gerd langsam auf den Deckel vom Küster Benthe; dabei sagte Gerd:
„Ichapman halbet Jaa in Wanne Eickel gelärnt, Hotelfachschule waada, unda kam geden Mittach dat olle Ehepaa Krukenbaum fürt Essen, ne, abba dat Kuriose waa, die beidn ham nie zusamm gegessen, ne, imma nachenander, vastehtadat?"
„Hälze uns aintlich für total bescheuat, Gerd?" fragte der Küster Benthe.
„Nee, aintlich nich, abba waatetma ap. Wennder eine vondie beidn feddich waa, ne, gingse allebeide ma kurz eem schnell auffe Tolette, ne."
„Warum dattenn?"
„Ja", sagte Gerd ganz feierlich, „dathat mich Elsken, unsa Küchenmäusken, die waada am abwaschn, ne, diehat mich dat auf stillet Ährnwort varatn: Dat olle Ehepaa Krukenbaum hatte zu-

samm nur ein Gebiß, vastehnse, Herr Benthe, nur ein Gebiß, undat gapdann der eine imma den annern fürt Essen weita, ne."

„Gerd, gäzz erzähl hier auno Scheiß, vaöhm könnwa uns au selpss."

„Dattut ihr doschonn mit euan Odüsseus."

Und es war schon seltsam, wieder, als der Name Odysseus fiel, kicherte in meinem Nacken Veronika Kirke. Wir schauten uns automatisch um, der Küster Benthe und ich. Und jetzt lehnte Veronika Kirke ihren Kopf an die Schulter von Otto Damberg, ganz schön verliebt sah das aus, und jetzt leuchteten die blonden Locken Veronikas wie ein Strahlenkranz um ihren Kopf, weil sie sich etwas vorgebeugt hatte und das Licht nun von hinten in ihr Haar sickerte.

„Ach, kuckma, dat unschuldge Engelken!" sagte der Küster Benthe. „Ach, wattisdat schön!" Und ganz verzückt schnalzte er mit Zunge und Lippen. Gerd mußte das wohl falsch verstanden haben, denn er kam sofort mit der Stoppenbergerflasche an und füllte unsere Pinnchen wieder. Nun, als der Stoppenberger so vor uns stand und uns so goldbraun und durchsichtig anblinkerte, da nahmen wir ihn bedächtig auf, und der vorherige brannte noch in der Speiseröhre, und der Küster Benthe sagte: „Wat sin mot, mot sin!" Und wir tranken uns andächtig zu; ich stimmte diesmal an: „Halleluja!" Und der Küster Benthe antwortete: „Hallelujaha!" Aber nun mußten wir unseren Gaumen wieder beruhigen und tranken schnell unsere Pils aus, gaben Gerd ein Zeichen, daß er sich mit der nächsten Runde beeilen solle, „Un auf mein Deckel!" rief ich. „Nix da, Rudi, gäzz ma auf mein Deckel!" sagte der Küster Benthe. „Abba dann gippich dat näxte Pils aus." Der Abend hatte sich also eingedudelt, das konnte noch lustig werden, zumal jetzt Otto Damberg laut für sich ein Pils und für Veronika noch einen Kirsch bestellte, und ich sah voraus, daß Veronika nun bald ständig in meinem Nacken kichern würde.

„Wat meinze, Rudi, wiedattie Baa heißen tut?" sagte da nach langer Pause der Küster Benthe, ich weiß nicht, aber mir fiel auf, daß er nun etwas schleppender sprach, die Konsonanten blieben irgendwo hängen; das Halleluja vorher, das hatte er noch astrein rausgekriegt.

„Watfürne Baa, Herr Benthe?"

„Die Baa in Dorsten anne Lippe."
„Babalu."
„Eem nich, Rudi, Kalüpso tut die heißen."
„Un wathattat mittat eine Gebiß vondie Krukenbaums in Wanne Eickel zum tun?"
„Rudi, gäzz paßdomma auf. - Kalüpso!" und der Küster Benthe wiederholte Silbe für Silbe, „Ka-lüp-so, na sachtichtat nix?"
„Nee."
„Ja, kuckma, Rudi, der Bennatz Schürholz, der waadonnich gut zurecht an den Aamt, dat Töttken, wattada in Kewelaer am essen waa, dat waane imma am hochkluckan, ne, undann waan der Jans Dröpper under Hennes Tollken mittie Schicksen zugange, under Bennatz Schürholz hatsich mim Rausschmeißa Hubert ein reingetan, ne."
Ich verstand nun bald die Zusammenhänge nicht mehr richtig, das war auch alles so schwierig geworden; Gerd war recht fix gewesen mit den zwei Pils; und da er vorhin mitgehört hatte, daß ich auch noch einen ausgeben wollte, standen schon nach wenigen Minuten zwei weitere Pils vor uns. Gerd malte erst beim Küster Benthe zwei Striche, dann bei mir. Und Gerd hatte auch das ganze Odysseus-Gespräch mitverfolgt, obwohl er hinterm Tresen gestanden hatte, als ob er schliefe, aber der paßte höllisch auf und kriegte alles mit und wußte alles und erzählte dann alles, was in Heessen geschah und geschehen sollte.
„Kalüpso!" sagte Gerd. „Kalüpso! Waadatnich eine vondie Tussis von den ollen Odüsseus?"
„Genau!" rief der Küster Benthe und stieß seinen Zeigefinger in Richtung Gerd, verfehlte dabei nur knapp ein Pilsglas. „Der olle Odüsseus, ne, der hattedo auf gede Insel en Bettken frisch übazong un eine drin am waaten."
„Un wat hattat mitteen Rausschmeißa Hubert zum tun?"
„Watta gäzz die Baa Kalüpso is, ne, datwaa im Mittelalter en Baadehaus mim gleichen Naam: Kalüpso. Da waadann die ganze Nachbaaschaft nix anne Kunte im Baadezuba am huppen."
„Samstachs tu ich au baadn."
„Siehsse, Rudi, un beidie ollen Röma, diewatta in Dorsten am träniern waan fürdat Gemezzel im Teuteburga Wald, ne, bei die ollen Röma waan die Tärmen von Dorsten au Kalüpso am heißen, ne."

„Wer sachtatten, Herr Benthe?"

„Ja, weisse, dathatter Rausschmeißa Hubert vonne Baa in Dorsten den Bennatz Schürholz vazählt."

„Woher weißdattenn son Rausschmeißa vonne Baa?"

„Ja, dattisne traurge Sache, hatter Bennatz Schürholz vazählt, also hötma zu: Der Rausschmeißa Hubert waa auma wat Besseret gewesen, ne, inne frühe Jugend waara Meßdiena im Kölna Dom, ne, undann hattan Pöstken als Nowize angenommen im Klosta Wallwabärch bei de Dominikanas, ne, unda hattadat Krösken mittie Küchenschwesta Innozenzia gehapt, weissedonno, dat kamdo in Zwischen Rhein un Wesa im Radio, Romeo un Julia im Klosta, da hamdiedatto allet brühwaam, ne, un gäzz hattan ruhigen Posten, gäzz issa Rausschmeißa inne Baa in Dorsten, gäzz issa auwat älta, ne, abba so richtich schwer wat aum Kasten."

Je mehr der Küster Benthe redete, desto hastiger trank er; und da ich ihn dabei nicht alleine lassen wollte, trank ich genauso hastig mit. Als die beiden Pils kurz nacheinander ex getrunken waren, wir Gerd ein Zeichen gegeben hatten, neue zu zapfen, sangen der Küster Benthe und ich inbrünstig die erste Strophe von „Meerstern, ich dich grüße! - Oho Maha-rihi-aha hilf..." Und die ganze Zeit kicherte in meinem Nacken Veronika Kirke, und als ich mich umdrehte, da sah ich, wie der Otto Damberg ihr den Hals kitzelte. Der Küster Benthe und ich sahen nach dem schönen Lied eine Zeitlang stumm Gerd beim Zapfen zu. „Wattisgäzz, Gerd, pennich ein dabei." sagte dann der Küster Benthe, Gerd rief: „Sonss seita imma am Meckan, datta Schüzzenfestbier kricht, wenndat zu schnell gehn tut." Nun standen die Gläser goldleuchtend vor uns, der Küster Benthe und ich, wir hielten uns mit der linken Hand am Tresen fest und prosteten uns mit erhobenen Gläsern zu, wischten mit unserer Zunge den Schaum von·den Lippen.

„Siehsse, Rudi", begann der Küster Benthe wieder, „Kalüpso datwaan Täubken von den ollen Odüsseus, undie hatte schonn imma ne Kneipe anne Lippe bei Dorsten."

„Meinzwegen."

„Undann isder Odüsseus ma eem mitsein Kaan die Lippe hochgetuckat, wollta in Dolbärch Rast machen bei seine Großtante Xantippe."

„Dolbärch, dieset Kuhkaff?"

„Jau, der Bröker aus Vellan sacht, dat Kaff Dolbärch dat hießma Tulibärch, also, datwaadat olle Tule vonne Griechen, ne, unda isja au in Dolbärch der Hermeswech, ne, Hermes, vastehsse, Rudi."

„Jau, da isdo imma sonne Perle am annonxiern im WAK, datse als Modell am waaten is im Hermeswech."

„Rudi, wattu widda im Kopp hass! Hermes, Göttaboote, klaa?"

„Klaa, Herr Benthe."

„Ungäzz paßma auf, Rudi, unda inne Lippeschleife anne alte Müüle, ne, aum Wech na Dolbärch, hatten die Jäusta vonden ollen Odüsseus en waanen Schmacht, ne, unda sinse alle Mann an Land, anne Frittenbude, un alzder Odüsseus nachkucken tut, da sintie alle Schweine, ne."

„Schweine?"

„Schweine! Rudi, du weißdo, in Heessen giptat gede Menge Schweine, ne."

„Unsare Schwattbunten hatter Oppa Brockmöller imma ein vorn Kopp gehaun beit Schlachten." Gerd stand nun bei uns und hörte interessiert zu.

„Hömma, Rudi, seittatter olle Spaading, ne, dat Zeitliche am segnen waa, sachma, wo brinxe gäzz dein Schinken hin zum Räuchan?"

„Dat machto gäzz der dicke Flocke inne Mattenbirk."

„Wat, der machtat gäzz?"

„Jau, der machtat gäzz!"

Der Küster Benthe spielte mit seinem Pilsglas und brabbelte nun etwas: „Wer waadat blooßno, wer waadat blooßno?" Gerd fragte ihn:

„Wattislos, Herr Benthe?"

„Wer waadat blooßno?"

„Wer waawat blooßno?"

„Diewattie Jäusta vonden Odüsseus in Säue vawandelt hat?"

Ich überlegte, der Name der schönen Zauberin lag mir auf der Zunge, und auch in Gerds Gesicht krauste sich Nachdenken, der Küster Benthe murmelte schon einige Buchstaben, und dann wie auf Kommando schrien wir alle drei gleichzeitig:

„Kirke!"

„Wat wollt ihr denn?" rief da Otto Damberg vom Ecktisch. Der Küster Benthe und ich, wir schoben uns schwerfällig vom Tresenhocker runter, hielten uns aneinander fest und gingen auf den Ecktisch zu. Der Küster Benthe sagte:

„Vroni, erlaupsse mane Frage?"

„Na, na, Herr Benthe, wenndat mannix Schlimmet is." antwortete kichernd Veronika Kirke.

„Sachma, Vroni, hatte eua Mutta, oda hatte eua Omma ma wat mit Schweine am Hut?"

„Nee, unsa Omma hatteman imma ne Siege innen Afdack, un paa Kannickels."

„Kein einziget Schwein inne Familie?"

„Herr Benthe, numma lanxam, nech!" rief Otto Damberg dazwischen, aber Veronika Kirke kicherte man nur.

„-schuldigung, Vroni, so waadat nich gemeint." Der Küster Benthe schwankte leicht nach vorn. „Vroni, hömmazu, tut deinen Oppa vielleicht Odüsseus heißen?"

„Nee, Herr Benthe, der tut Janek heißen."

„Wie tuter heißen, Kindken?"

„Janek."

„Wathattie Vroni gesacht, Rudi?"

„Janek."

„Wattisdattann, isdat griechisch?"

„Nee, dattis polnisch."

„Abba Kindken, du heißdo Kirke, ne. Datwaado die irre Perle, diewat den ollen Odüsseus de Äugskes vadreht hat."

„Wattis? - Wen hastu de Äugskes vadreht?" fragte Otto Damberg und schaute dabei ganz verwundert Veronika an. „Nu sachschonn! - Wer isder Lump?" Veronika Kirke mit ihrem Lockenköpfchen kicherte nur:

„Otto, die hamdo ein inne Müzze, merkssedat nich."

„Abba? - Kindken, du tuussdo Kirke heißen, ne!" wiederholte der Küster Benthe und hielt sich dabei an der Rückenlehne von Otto Dambergs Stuhl fest.

„Nee, Herr Benthe, früha, da hießenwa ma Kirowklinski. Unsan Oppa waado von Lotsch wek, derwaado Pole, ne, unfür den Naam, dawaando alle Mädkes hier, diewaando fies für den Naam, hat unsan Oppa erzählt. - Ja, undann hatta eem Kirke draus gemacht, ne!"

„Kirow...?"

„Kirowklinski!"

„Kirowklinski", sagte der Küster Benthe mit lahmer Zunge, „Kirowklinski. - Komm, Rudi, trinkenwa no ein; abba eins sarich dich, der Bröker aus Vellan, der isdo total bescheuat."

Hühnasuppe

Die Ehefrauen der westfälischen Tresenhocker versammeln sich einmal pro Woche und waschen schmutzige Wäsche; dieses einmalige Zeitdokument entstand am 23. März 1939 in Ahlen Westf., wohin man zwecks Wäschewaschen von Hamm-Heessen mit der Eisenbahn gefahren war, 11.09 Uhr Bahnsteig 1.

Also, das hatte ich ja noch nie erlebt, komme ich mal kurz eben „Bei August“ vorbei; also, eigentlich war ich ja auf dem Weg zurück von Frielick, wo ich bei Tante Martha das Stielmus geholt hatte, und als ich so bedächtig mit meinem Fahrrad am Sundernfriedhof vorbeifuhr, dachte ich mir: „Wennze gäzz na Hause kompss, dann sachtich dein Täubken donnur: Hömma, Rudi, wennze schomma dat Stielmus bringn tuuss, ne, kannzet auma eem fix schnein. Ja, undann sizzich also den ganzen Aamt inne Küche un bindat vadammte Stielmus am schnibbeln. Nee!“ dachte ich mir, „gehsse ärsma na August fürn klein Pilsken.“ So also dachte ich und ließ mich mit dem Rad den Knapp runterrollen, und dann, ohne noch einen Tritt in die Pedalen getan zu haben, fuhr ich langsam „Bei August“ vor, verstaute das Stielmus neben dem Regenschirmständer, so daß ich es immer gut im Blick haben konnte, und schob mich auf den Tresenhocker.

„Wie imma, Rudi?“ fragte Gerd.

„Wie imma, Gerd.“ sagte ich, und da bemerkte ich erst so richtig, daß der Mattis Uhlenbrink, den ich an seinem Nacken erkannt hatte, von vorne komisch aussah; er hatte seine beiden Arme von oben bis unten in Gips, und schön steif abgebogen lagen die nun wie zwei Henkel auf dem Tresen. Gerd hatte mein Pils angezapft, die Stoppenbergerflasche aus dem Kühlfach genommen, das Pinnchen genau bis zum Rand gefüllt, die zwei Millimeter über dem Strich waren eine ständige Erinnerung daran, daß wir vor langer Zeit mal Banknachbarn gewesen waren in der Klasse von Opa Schräge, und da der Opa Schräge sich damals noch mit einer Weidengerte Respekt verschaffte, waren Gerd und ich auch Leidensgenossen gewesen; sowas verbindet auf ewig. Die Weidengerte hing, das muß ich noch eben sagen, neben dem Kruzifix links hinterm Pult, und Opa Schräge schaute mit schiefgerecktem Kopf immer erst zum Kruzifix, dabei mochte er wohl ein schnelles Gebet zum Himmel schicken, bevor er die Weidengerte in die Lehrerhand nahm; dann allerdings kannte Opa Schräge keine Milde mehr; - aber davon ab, Gerd schob mir das Pinnchen mit dem Stoppenberger rüber und fragte den Mattis Uhlenbrink:

„Wattis, Mattis, willzen Schluck?“

„Ach, Gerd, dattissen Urt!“ stöhnte Mattis.

„Musse nur sang, Mattis!“

„Ja, tumichma ein!“ Gerd ergriff das Pilsglas von Mattis und hob es ihm an den Mund, Mattis knickte den Kopf wie ein Huhn nach hinten ab, und Gerd schüttete ihm Pils in den offenen Mund; dabei ging was daneben, Gerd nahm den Wischlappen vom Löcherrost und putzte Mattis einmal um den Möppel rum. Der Kopf von Mattis sank wieder auf die Brust, und er brabbelte irgendwas, was ich aber nicht verstehen konnte. Ich sagte zu Gerd:

„Tuma den Mattis aun Stoppenbärga. Dattisdo vielleichten aamet Schwein!“

Gerd füllte das Pinnchen, wurde dann aber vom Küster Benthe an den Stammtisch gerufen: „Wattis los, Gerd, isdat hiern Lazarett? Kannichma ändlich en Pilsken ham!“ Also ließ Gerd das Pinnchen vor Mattis stehen und zapfte schnell ein Pils. Mattis sah den Stoppenberger an, sah mich an, sah wieder den Stoppenberger an, sagte aber nichts. Ich begriff auch so, nahm den Stoppenberger zwischen Daumen und Zeigefinger, Mattis knickte wieder seinen Kopf zurück in den Nacken wie ein Huhn, und ich schüttete ihm den Stoppenberger in den Mund. Und dann brabbelte Mattis wieder, schniefte dabei einigemale Schnodder hoch. Das ging so weiter, Gerd gab Mattis ein Pils, und in Abständen von vier Minuten nickte Mattis mir zu, ich goß ihm dreimal schluckgerecht Pils in den Mund, dann war das Glas leer. Währenddessen schniefte Mattis; schließlich sagte er:

„Rudi, kannzmichma eem inne Hose packen?“

„Nich gärn, Mattis.“

„Ach, tudomma, da finnssen Taschentuch. Drückmichdat ma eem anne Nase.“ Ich ging zu Mattis.

„Linx!“ sagte Mattis, ich griff in die linke Hosentasche, da war aber nur ein Schlüsselbund.

„Is nix, Mattis!“

„Dann eem rechts! - Meineh, stelldich donnich so dusselich an.“ In der rechten Hosentasche fand ich dann sein Taschentuch, drückte es Mattis um die Nase herum; und der schneuzte kräftig hinein. Ich putzte Mattis zweimal um die Nase, dann steckte ich ihm das Taschentuch wieder in die rechte Hosentasche. Mattis nickte mit dem Kopf und sagte:

„Danke, Rudi!“

„Hömma, Mattis“, sagte ich, „von wat hasse denn aintlich die beidn Stukas?“

„Vonne Hühnasuppe!“

„Vonne Hühnasuppe?“

„Vonne Hühnasuppe!“

„Vastehichnich!“

„Ja, kuckma, Rudi, wat unsa Mutta is, die hattedo läzzten Sonntach son Schnuppen, ne, datse nimmär ausse Augn kucken konnte.“

„Jau, dat kennich, dann weisse nimmär, wossedein Kopp hinsteckn solls.“

„Eem, unda sacht unsa Mutta, nu machdowat, Mattis. Unnich hapmich gedacht, machsse ne schöne Hühnasuppe, dattie Olle so richtich ein am schwizzen fängt, undann kompter ganze Qualsta raus, ne.“

„Jau, Mattis, Hühnasuppe is gut. Tu ich au schlürfen, wennich Schnuppen hap.“

Es war wieder Zeit für einen Schluck Pils, Mattis hatte noch gesagt: „Paß ja auf, dattedat schöne Pils nich vakleckan tuuss!“, aber es war gar nicht so einfach mit dem Zielen, so mit weit ausgestrecktem Arm, und prompt tröpfelte es Mattis nachher aus den Mundwinkeln; ich griff über den Tresen den Wischlappen vom Löcherrost und trocknete Mattis ab. Hinter unserm Rücken am Stammtisch sangen der Küster Benthe und der lange Bäänt Terhorst „Die Palm hahast du errungen, und heherrlihich is dein Sieg...“, zwar recht leise, aber Gerd rief zum Stammtisch rüber: „Könnta man bißken ruhich sein, hier issen Schwervaläzztn!“ Da sangen der Küster Benthe und der lange Bäänt Terhorst noch leiser, und nur das „Heiliger Stefanus, - bitt für uns.“ konnte man noch verstehen.

„Un watwaadat gäzz mittie Hühnasuppe fürden Schnuppen von euea Mutta?“

„Datwaado Sonntach, ne!“

„Un?“

„Kannze kein Huhn kaufn in CO OP.“

„Un?“

„Happichmich gedacht, gehsse im Hühnastall, dat schwatte Huhn Anna, dat lechdo sowieso kaumno Eia, tuusse im Pott.“

„Un?“

„Ärsma hamdie Blagen gejängelt, Papa, unsa schwatte Anna tusse abba nich im Pott."

Jetzt waren sie am Stammtisch am Ende der ersten Strophe angekommen, der Küster Benthe ließ seinen schönen Tenor eine Terz über dem brummenden Bäänt Terhorst anschwellen, „...die Gnad des Herrn behegleiheiten." Gerd schüttelte den Kopf, aber wenn der Küster Benthe mal in Fahrt war, dann war der nicht mehr zu bremsen. Ich kippte dem Mattis derweil Pils in den aufgeklappten Mund, dann nahm ich selbst auch einen kräftigen Schluck. Mit dem Mattis Uhlenbrink hatte ich richtiges Mitleid, das muß man sich mal vorstellen, beide Arme vergipst und weit abgewinkelt, nicht mal die Hose konnte der sich alleine zumachen, und wenn ich vor einem lecker gezapften Pils sitze, dann will ich das genau in dem Moment trinken, wenn ich Lust dazu habe, und nicht immer erst einen fragen müssen: „Tuusse michma eem Pils im Mund kippen." Und wenn da mal keiner weit und breit am Tresen sitzt, oder einer, den der Mattis nicht kennt, einer aus Hamm zum Beispiel, und der Gerd hat ja auch mal was anderes zu tun; - da kann man, wenn man beide Arme gebrochen hat und in Gips, vor einem leckeren Pils sitzen und glatt verdursten. Mattis sagte:

„Ja, happich dann gewaatet, bisdattie Blagen inne Kindermesse zugange waan, un alsdie Glocken von Stefanus so schön am bimmeln waan, binnich im Hühnastall, fürdie schwatte Anna zum schlachten."

„Ichlaup, dat könntich nich."

„Wat kannstu nich?"

„Huhn schlachtn."

„Ärsma...", sagte Mattis und machte eine bedeutende Pause, „ärsma, Rudi, wennzen Huhn schlachtn willz, mussedat Huhn au ham!"

„Dattisdowoll klaa!"

„Ja, so klaa isdat auwidda nich!"

Der Küster Benthe und der lange Bäänt Terhorst waren mit dem Lied fertig, der Küster Benthe rief: „Gerd, gäzz hamwa abba schön ein geschmättat, gäzz gipse den kaputten Mattis unsein Karbolmäusken nen Stoppenbärga, fürdatse so schön am zuhörn waan." Da konnte Mattis nun natürlich nicht weitererzählen, sondern wir schauten Gerd zu, wie er mit der Flasche kam, und ich mußte mich ärgern, daß der Küster Benthe mich Karbolmäusken nannte, weil ich dem Mattis half in seiner unmöglichen Situation. Ich finde das gar nicht gut, wenn man sich über einen, der eine Macke hat, lustig macht, und schon gar nicht, wenn einer seine beiden Arme abgewinkelt hat wie der leidende Jesus; und vom Küster Benthe hatte ich erst recht nicht gedacht, daß er sich über einen armen Kranken lustig machte. Aber sicher meinte er das nicht so. Diesmal kippte Gerd den Stoppenberger in Mattis aufgeklappten Mund. Der schluckte und schmeckte mit himmelwärts gedrehten Augen dem Schnaps nach.

„Gedenfallz", sagte Mattis dann, „gedenfallz isdie schwatte Anna, alzichse am Hals packen wollte, ausse offene Tür vom Hühnastall raus auffe Deele."

„Un?"

„Auffe Runkeln saße oom drauf."

„Runkeln?"

„Jau, hamwa inne Deele, schön anne Wand un inne Ecke aufgestapelt. - Rudi, bisse schomma aum Runkelbärch rauf?"

„Nich dattich wüßte."

„Rudi, ich sachdich datteine: Kletta nie aum Runkelbärch."

„Watwaadenn mitteen Runkelbärch?"

„Dattissetja! Oom aum Runkelbärch saßdie schwatte Anna, unnich nixwie rauf, undann binnich grade nachse am grapschen, da flattattie schwatte Anna wek, unnich grapsch inne Luft. Rudi machdatma, wennze aum Runkelbärch am balanxiern biss."

„Dattis sicha schön am wackeln, wa?"

„Rudi, ich sachdich, der ganze Runkelbärch fing am rolln. - Rudi, bisse schomma mim Runkelbärch durche Deele gerollt?"

„Nee, sarich doch!"

„Dattis gut!" Jetzt schien es, als ob Mattis sich an seine Armschmerzen erinnerte, sein Faltengesicht sah ganz kummervoll drein.

„Mit Schmackes binnich anne Häckselbank geknallt."

„Dattatweh, wa?"

„Dattatweh!" - Mattis schwieg in seinen Erinnerungsschmerzen. Der Küster Benthe und der lange Bäänt Terhorst kamen an den Tresen, um zu zahlen; es war spät geworden, und noch waren einige Stationen der abendlichen Kneipenrunde vom Küster Benthe und Bäänt Terhorst nicht angesteuert, also brachen sie auf.

„Meineh, Mattis“, sagte der Küster Benthe, und das klang ehrlich bedauernd, „du hassmich abba aun Pech.“

„Dat könnse woll sang, Herr Benthe.“

„Na, Mattis, haltie Ohrn steif! Bisdie Tage!“

„Bisdie Tage!“ grüßten wir zurück. Als der Küster Benthe am Schirmständer vorbei kam, rief er:

„Gehört dat Stielmus einen?“

„Jau, dattis meinz!“ sagte ich schnell.

„Is gut, Rudi, dachte, dat hätt einen vagessn, ne, un bevor dattatann vadirpt...“ Mattis nickte mir zu, und er bekam einen Schluck Pils, und als er laut mit der Nase schniefte, zog ich ihm sein Taschentuch aus der Hosentasche und putzte ihm die Nase.

„Dann lachich da also untade Häckselbank, undie Häckselbank waa auf mich drauf am liegen.“

„Der Küster Benthe hat recht, du hass abba aun Pech!“

„Happich die Häckselbank hochgewuchtet, dabei isse gegen de Forken unde Haaken unde Schüppen gekippt.“

„Hassedat allet so am rumstehn?“

„Nee, ganz akkerat tun die anne Wand hängn. Abba die olle Häckselbank kippto dagegn, ne, kamdie Forken runtagesaust vonne Wand, unne Sense hamdie augleich mitgebracht.“

„Watten Teween!“

„Binnich also die Sense am ausweichn, ne, bleibichdo glatt mitten Schuoken annen Schleifstein häng.“

„Stellstu dich imma so dösich an?“

„Du hassgut redn, Rudi! - Komm duma untan Schleifstein am liegen. Gedenfallz isder Schleifstein auf mich am draufplumpsen, ich ziehn Kopp ein, undann waader Ellenbogen im Eima.“

„Tattatweh?“

„Dattatweh! - Vadorrinomma, du stellss wat von dumme Fragn, Rudi!“ Richtig, das war schon eine dumme Frage gewesen, und es war auch nicht der Zeitpunkt, blöde Witze zu machen, deswegen fragte ich ganz sachlich:

„Undie schwatte Anna?“

„Is in Siegenstall, datwaadan Geglucka, under olle Hippenbuk waa ansein Gatta am treten.“

„Ja, undann waasse untan Schleifstein am liegen?“

„Ellenbogen im Eima!“

„Ellenbogen im Eima!“

„Un unsa Mutta ruft ausse Gute Stube: Wann brinxemich ändlich die Hühnasuppe, Mattis?“

„Undu waasda untan Schleifstein am liegen.“

„Ich waada untan Schleifstein am liegen. Bringmichma lieban Krankenwagen, happich unsa Mutta gerufen. Meineh, wathatsen Schrecken gekricht: Dattemich blooßnich stirpss, Mattis, hatse man imma gesacht. - Unnich sachdich, Rudi, dattis gut, wennze ne Olle hass, diewat am wein is, wennze untan Schleifstein am liegen biss.“

„Hass recht, Mattis, sowat tut gut.“

„Unso happich dann am rechten Aam en Stuka gekricht. Undie Blagen sind nammitachs ummich rumgeschlichen, ne. Wat hasse dennda, Papa? Bleibtat immaso mittein Aam, Papa? Wat hasse mit unsa schwatte Anna gemacht? - Tom Düwel, die schwatte Anna, die, wennich erwischen tu, happich zudie Blagen gesacht, die passiert wat.“

„Isdo klaa, Mattis, die waado schuld an allet.“

„Aintlich nich, Rudi.“

„Wieso nicht, die saßdo oom auffe Runkeln.“

„Ja, abba, Rudi, wennze die schwatte Anna sein tätss.“

„Jau, Mattis, ich weiß, wattu sagn willz.“

„Würzze stiften gehn, ne, wennse dich im Pott tun wolln.“

„Würtich, isdo klaa, wennich die schwatte Anna seintät.“

„Also, Rudi, dann kannzedattie schwatte Anna eem nich vadenken.“

„Aintlich nich.“

„Abban Brass hassedo aufdie schwatte Anna.“

„Dattis klaa.“

Diese Gedankenführung wurde mir nun zu philosophisch, sicher, man muß immer, bevor man jemanden verurteilt, alle Argumente von allen Seiten beleuchten, jedem muß man so gerecht werden, wie möglich, ob das nun das Huhn mit dem Namen Schwarze Anna war oder der Hühnerbesitzer, der sich dusselig anstellt, wobei man allerdings fragen muß, ob die Schwarze Anna, die ja, juristisch gesehen, Besitztum des Besitzers Mattis Uhlenbrink war, das Recht hatte, eigenmächtig auf die Runkeln zu fliegen, um sich der Verfügung des Besitzers über sein Besitztum zu entziehen.

- Während ich dem Mattis den Rest des Pils in den aufgeklappten Mund goß, sagte ich zu ihm:

„Mattis, dattu ichma den Willem Rose frang."

„Wen willze wat frang?"

„Den Rechtsvadreha Rose, wiedatwaa mittie schwatte Anna."

„Wiewatwaa mittie schwatte Anna?"

„Optie dat Recht hatte, auffe Runkeln am fliegen."

Jetzt mischte sich Gerd ein, der lange in der Küche gewesen war, wo er wohl ein Schinkenbrot gegessen hatte; das tat Gerd nie in der Kneipe, weil er sich auf sein Brot immer den schönen abgehangenen Knochenschinken aus eigener Schlachtung legte, und in der Kneipe verkaufte er Schinkenbrote mit diesen wäßrigen, pappigen Fleischlappen, die sie im Supermarkt heutzutage Echt-Westfälischen-Schinken nennen. Damit seine Kundschaft nicht neidisch wurde, aß Gerd also immer seinen Knochenschinken in der Küche. Und er kaute noch, als er sagte:

„Mattis, laßdich von den Rudi nich belaban, der ticktonnich richtich, oda willze mittie schwatte Anna vorn Kadi?"

„Gedenfallz", sagte Mattis, „gedenfallz, die Blagen waan ganz wehrich: Pappa, wat willze dennu mit unsa schwatte Anna tun? - Kopp ap! Happich gesacht. Kopp ap!"

„Weilze ja aune Hühnasuppe für eua Mutta wollz."

„Dat au! - Abba, Rudi, datwaa falsch!"

„Watwaa falsch, Mattis?"

„Dattich die Blagen gesacht hap: Kopp ap!"

„Warum waadat falsch, Mattis?"

Und wieder schniefte Mattis laut seinen Schnodder in die Höhe, daß er kaum weiterreden konnte, also griff ich wieder in seine Tasche und putzte ihm die Nase, aber es blieb noch etwas Schnodder an der Backe hängen, den wischte sich nun Mattis mit schiefem Kopf an der hochgezogenen Schulter ab; da hatte ich wieder richtiges Mitleid mit ihm; und als dann Mattis rief: „Schnell, Rudi, Hand vorde Nase!" schossen Gerd und ich ihm unsere Hände vors Gesicht, und Mattis nieste kräftig hinein, der arme Kerl, man muß sich mal vorstellen, man hat einen plötzlichen Niesreiz und kriegt die Hände nicht hoch, und das alles wegen diesem Huhn, wegen dieser Schwarzen Anna.

„Warum waadat falsch, Mattis?" knüpfte ich wieder an.

„Ja, kuckma, Rudi, aams sacht unsa Mutta, diewat am färnsehn waa, Wim Thölcke, glaubich, ne, Mattis, sacht unsa Mutta, die Blagen sintso still, Mattis, gäzz bisse am rumbraken fürdat Piesacken innen Ellbogen, kannzema eem kucken, wattie Blagen am tun sint."

Wenn es im Kinderzimmer still wird, das wußte ich von meinen eigenen Kindern, ist irgendwas im Busch, da muß man als Eltern höllisch aufpassen, sonst zünden die einem die Bude überm Kopf an.

„Also, binnich die Treppe hoch, leise, un mach die Tür auf von Kindazimma, wat meinze, Rudi, flattat mich die schwatte Anna im Gesicht, Heiland, wat binnich erschrocken."

„Hatten die Blagen da vasteckt, wa?"

„Jau, Rudi, un gäzz komptet, binnich die Treppe runnagefalln mit mein Stuka, ne, waan Reflex, mitten rechten Aam wolltichmich andat Gelända festhaltn, ne."

„Ach du meine Güte!"

„Übat Gelända im Schweinepott."

„Im Schweinepott?"

„Im Schweinepott!"

„Waawat drin am kochen?"

„Et waawat drin am kochen."

„Watwaada denn drin am kochen?"

„Du kannz villeicht wat dösich frang. - Schweinefutta, wat sonss!"

„Jau, is aintlich au waa, Schweinefutta, wat sonss."

„Gäzz weisse au, Rudi, warum dattich am linken Aam aun Stuka hap."

„Düwel aok!"

Und ob es nun an der Hitze lag in Gerds Kneipe, jedenfalls dröppelte der Schnodder so richtig aus Mattis seiner Nase, er mußte auch noch mal niesen; Gerd mit seinem Wischlappen und ich mit Mattis Taschentuch, wir bekümmerten uns so eifrig um den armen Kerl, daß wir gar nicht merkten, daß der Werner Nillies in die Kneipe gekommen war, in seinem Jogginganzug, weil er für Mercedes Autos verscherbelt, und da meint er, daß er auf Draht sein muß, und so rennt er abends immer im Jogginganzug durchs Dorf; mit seinen Turnschuhen hatte er sich stickum in die Kneipe geschlichen.

„Meineh, Mattis“, sagte Werner Nillies, „wat hassdu blooß fürn Schnuppen, vadammichnomma. Weisse, watta gutfür is: Hühnasuppe musse trinken, gede Menge heiße Hühnasuppe.“

Grünholen

Böckers Gaststätte an der Dorfstraße, von Bäumen mit Sichtschutz versehen, von den Patinatürmen der St. Stephanus Kirche beschirmt; es kann kein Fluch über dieser Kneipe liegen, ganz im Gegenteil: den Tresenhockern beschert sie das reine Glück.

Eines Tages saß ich bereits am späten Nachmittag „Bei August“. Mein Täubchen war unterwegs nach Nottuln zu Tante Herminchen, die dort - in einer ehemaligen Backstube hinter der Kneipe „Tom Kiepenkiärl“ - Blaudrucke fabrizierte. „Weisse, Rudi“, hatte mein Täubchen gesagt, „ich brauchma widdan paa schöne Servetten, ne, ich faama eem na Tante Minken.“ - „Jau, dann kompsse jawoll vor moin nich widda, wa?“ - „Is klaa, Rudi, ich bleibda mannon bißken am klöhnen, ne!“ - „Du hasset gut, Täubken.“ - „Mein Gott, Rudi, gönnze michdat nich, wa? Sachma, wat happich aintlich vom Leem? Nichman bißken Klöhnen mit Tante Minken - tuunssemich gönn.“ - „Is gut, Täubken! Isja gut! Bleibdo meinzwegn ne ganze Woche wek!“ - „Ja, Rudi, dat könntichso passn, du Suupnickel, dattu geden Aamt bei August vasumpfen tuuss. Nee, moin nammitach steh ich hier widda auffe Matte, dattu klaa siehss!“

Also ging ich heute schon nachmittags zu Gerd und stellte mir einen wonniglich dahinstreichenden Tag vor, in aller Ruhe wollte ich zwei oder drei Pils trinken, - na, vielleicht auch vier, weil der Tag so lang war, - und ein paar Stoppenberger, weil man sonst das Pils so trocken runter würgen muß. Am anderen Ende des Tresens hockte der alte Natz Klünkel, den ich sonst nie „Bei August“ traf, weil ich immer später dort auftauchte, und dann war Natz Klünkel schon ein Häuschen weiter. Da kann man mal sehen: Wenn man nicht den ganzen Tag in der Kneipe sitzt, lernt man nur die Hälfte seiner Mitbürger kennen. Dem Natz Klünkel hatte ich zugeprostet, er hatte erwidernd genickt; soviel wußte ich, sehr gesprächig sollte der Natz Klünkel nicht sein. Ob das nun daran lag, daß er sein Leben lang, und das waren ja schon an die siebzig Jahre, daß er also sein Leben lang Junggeselle geblieben war, wußte ich nicht; jedenfalls sollte ich aber heute abend erfahren, warum der Natz Klünkel ein Junggeselle geblieben war. Und so stickum, wie die Leute sagten, war der Natz Klünkel gar nicht, er hat eine ganze Menge zum Erzählen gehabt.

Ich hatte gerade zu Gerd gesagt: „Tunomma zwei rein!“, da pfiff und trommelte auf einen Schlag draußen eine Knüppelmusik los, Locke, und nach der Locke spielte eine Blaskapelle „Ich schieß den Hirsch...“

„Wattis los, Gerd, hastu Silbahochzeit?“

„Nee, die kommdo grad vont Grünholen.“

„Stimptja, moin is Schüzzenfest."

Und das hatte ich gerade gesagt, da rissen einige Schützenbrüder aus der Avantgarde die Tür auf und sangen: „...den Aadla vonna Klippe Horst, die Ante auffen See..." Dabei trugen sie eine junge Birke in die Gaststube, drehten um die Tische rum einige Marschrunden, bis das Lied zuende war. Dann rief der Anführer von der Schützentruppe, der Jolla Wältermann, der Sohn vom alten Jupp Wältermann:

„Wir schmücken im Maien dein Haus, Kamerad! - So, un gäzz laßmawat in unsan Hut falln, Gerd!" Und Gerd, obwohl er sonst so kniepig war, tat einen Griff in seine Kasse und legte einen Fünfzigmarkschein in den Schützenhut, brachte auch eine Kornflasche mit und kippte jedem Schützenbruder ein Pinnchen ein. Da riefen die Schützenbrüder: „Horrido!" Und sie tranken zackig, linke Hand an der Hosennaht, rechten Arm abgewinkelt, richtig eingeübt war das, wie ein Mann den Schnaps.

„Weisse, Rudi", sagte Gerd, „dat kannich vonne Steua apsäzzen, ne, Wärbunxkosten! - dat hattowat mit altet Brauchtum zum tun son Schüzzenfest, en gemeinnüzzigen Vaein isdat." Da hatten aber die Schützenbrüder die Kneipe schon wieder verlassen, und Gerd räumte die junge Birke weg.

„Schönet Brauchtum!" sagte Natz Klünkel.

„Wat sachstu, Natz?"

„Ach, isja au egal."

„Wattis egal, Natz?"

„Rudi, ich waado auma jung, ne."

„Dat kannschon sein, Natz."

„Eem, unnich sachdich gäzz wat, wattich nonnie ein gesacht hap."

„Du machsdat abba spannt, Natz."

„Rudi, geh nie im Schüzzenvaein."

„Dat wolltich aintlich näxtet Jaa tun."

„Rudi, sei vanümftich, geh nich im Schüzzenvaein."

„Natz, du bisto au im Schüzzenvaein."

„Dattisset ja eem."

Natz und ich, wir schwiegen, weil Gerd endlich unsere Pils gezapft hatte, und da paßte man dabei auf, daß Gerd die Striche auf den richtigen Deckel machte und daß er nicht zu viele Striche machte, - aber das muß ich sagen, ich habe es nie erlebt, daß Gerd einen Strich zu viel auf einen Deckel gemalt hat, nur, da mir neulich der Rolli Küppers erzählt hatte, daß der Wirt Jüppken Schauf in Bockum Hövel ihm vorige Tage einen Strich zu viel auf den Deckel gemalt hatte, war es nun an der Zeit, aufmerksam zu werden.

„Ich waado inne Awantgaade, ne!" fuhr Natz Klünkel zu erzählen fort, als wir den ersten Schluck Pils genossen hatten. „Unda fingdatto imma mittat Grünholen an, ne, abba dattis doschonn so lange her, vorm Kriech waadat, isja au egal!" - Lange Pause, so als müsse Natz Klünkel sich besinnen.

„Wat waadennu los mittat Grünholen?"

„Jau, ne, da hamwadann im Viertel bei Petermann de Birken, allet, ne, in sein Bax gestellt, ne, unda waadie Hilde zugange alz Vakäuferin, die Hilde Tröppken. Die mussedo kenn, Rudi."

„Ich kenndodie Hilde Tröppken nich!"

„Hömma, du Dussel, dattisdo gäzz die Omma Hampe; Hilde Hampe, ne, die kennzedo, Rudi, Omma Hampe vonne Gaatenstraße."

„-türlich kennich Omma Hampe vonne Gaatenstraße."

„Jau, undatwaa frühama Hilde Tröppken, jau, un gäzz isdie auschonn anne siemzich!"

„Wie die Zeit vageht, Natz, wa?"

„Jau, Rudi! - nadenn man Prost!"

Wir tranken andächtig unser Pils, in der Ferne tönte wieder die Knüppelmusik, Locke, und dann die Blaskapelle mit dem Lied „Auf der Heide steht en kleinet Blüüümelein..." Sie standen nun bei Böcker vor der Kneipe und drehten sicher der Anneliese eine junge Birke an. Natz wischte sich den Möppel ab.

„Un mittie Hilde Tröppken, - waajan proppa Wicht, schlank wiene Tanne, also: Mittie waarich schomma wat anne Ecke am stehn, aams wennse Feieraamt hatte, ne, nich dattatten festet Kröskenwaa, nee, sowat happich dammalz nonnich gekannt, abba happichse gefracht, opse nich aams nam Grünholen eem inne Awantgaadenlaube komm will, klein Tänzken, unnen Kirschlikör vakasematuckeln, weißja, wiedat so zugehn tut inne Awantgaadenlaube, Rudi."

„Jau, happich gehört, da soll richtich wat am jucken sein inne Awantgaadenlaube."

„Abba der Wech bis dahin, Rudi, der Wech bis dahin!"

„Wattis mitteen Wech bis dahin?"

„Ja, kuckma, Rudi, überall wossedat Grün am hinbring biss, krissen Schnaps eingekippt, hiern Stoppenbärga, daan Doppelkorn, undaan Tiefgekühlten, ne. Un eine fürchtaliche Wirkung ham die Süßen; undat mussedichma vorstelln, ohne richtge Untalage, weilze keine Zeit hass zum Spachteln, wennze dat Grün am vateiln biss."

„Dat musse durchstehn könn alz Schüzzenbruda!"

„Dat musse durchstehn könn, Rudi! - Abba dat gehtichwat inne Knochen, sarich dich! - Da bisse voll wiene Eule, wennze aams nach des Tages Müh und Last inne Awantgaadenlaube ankompss."

„Undann kam die Hilde Tröppken?"

„Woher weißdudattenn, Rudi?"

„Die hastudo eingeladn gehapt."

„Richtich, Rudi, abba wat hälze dennso von Stoppenbärga?"

„Och, happich aintlich nix gegen."

„Gerd, tu unsma eem zwei Stoppenbärga!"

Gerd war heute etwas wehrig, denn so am Spätnachmittag hatte er außer Natz Klünkel kaum einen Gast, und da kramte er dann immer rum und tat hier und dort was, so richtig konzentriert zapfte er das Pils nicht, dann schleppte er scheppernde Kisten mit Coca Cola, - muß man sich mal vorstellen, mit Coca Cola -, durch die Gegend, dann räumte er die Stühle um und fing am fegen.

„Gerd, nu laßdomma dat Braken, du machss einen ja ganz ramdösich. Dat isdo schlimm, wennze inne Kneipe biss un mit ankucken muß, wie da einen wild am malochen is; da schmecktichdo dat Pils nimmär!"

„Rudi, wann sollich dattenn sonss machen, kannzmich dattma eem vaklickan? Ich bin eem keinen Beamten, derwatt um vier sein Bleistift ausse Finga falln lassen tut undann hoch mim Hintan aum Sofa poofen!"

„Gerd, rechtich ap, tu uns ändlich die Stoppenbärga!"

„Isdo waa!" rief Gerd noch.

„Wattis waa, Gerd?" fragte der Küster Benthe, der gerade eingetreten war.

„Wat machen Sie denn so früh hier, Herr Benthe?"

„Ach, Gerd, meine Lotte, ne, die is am puzzen, dattis nich zum Aushalten, überall trittsse in Wassaeima."

„Eem!“ sagte Natz.
„Wat heißt eem, Natz?“ fragte der Küster Benthe.
„Dat müssense ma den Gerd frang.“
„Wattis los, Gerd?“
„Ach, ihr könntmich do alle maa!“

Und nun schwieg Gerd, da machten wir uns Zeichen, ihn nicht weiter aufzuregen, denn er konnte es fertig bringen, uns rauszuschmeißen, das Recht dazu hatte er laut Bürgerlichem Gesetzbuch. Und eigentlich wollte der Natz Klünkel ja von seiner Hilde erzählen, die nun Oma Hampe hieß. Der Küster Benthe hatte sich an den Stammtisch gesetzt; Gerd brachte ihm ein Mettwürstchen mit Senf. Ich sagte:

„Hilde Tröppken!“ Natz nahm den Faden auf:

„Dat Ende vom Liede: Ich waa voll wiene Eule, hapda auffe Bank inne Awantgaadenlaube gepennt, under Melle Metfessel hat die Hilden Kirschlikör spendiert, der Sausack, un hatse auno na Hause gebracht.“

„Waader dennich schicka?“

„Datwaan ganz fiesen Kumpel, ne, bleibtado extra nüchtan, datta die Schicksen vonne Besoffenen Kirschlikör eintrichtan kann.“

„So ein müßta aussen Vaein schmeißen.“

„Hamwa au!“

„So, undann hattie Hilde Tröppken den Hampe geheiratet, wa. - Un gäzz isse Hilde Hampe am heißen.“

„Nee, Rudi, so schnell isson Schüzzenfest janonnich vorbei, ne.“

„Da hasse auwidda recht.“

„Näxten Tach moins binnich mim Rädscher schnell na Petermann, ne, Blümkes inne Hand, Reseda aus unsan Vorgaaten, ne: Ach, dattut michja so leid wegen gestan aamt, Hildeken, kompsse heutnammitach anne Vogelstange? - Ja, unda wollze aunichso sein, sachtse: Ma kucken!“

„Un kamse anne Vogelstange?“

„Sie kam!“

„Ja, dann waado allet in Butta.“

„Meinztu! - Kuckma, Rudi, da waado der Theo Drockel, der hattedo schonn dat ganze Jaa gesacht, datta ma gärn Schüzzenkönich wern will, un schomma Mäuse auffe hohe Kante, allet.“

„Un wathattat mittie Hilde Tröppken zum tun?“

„Waatedomma, der Theo Drockel, der isdo sowat von schwach auffe Augen, der tuto aus drei Meta nichma seine eigene Mutta erkenn. Hassema den seine dicken Spekuliereisens gesehn?"
„Nee, ich kennden Theo Drockel do gaanich!"
„Kannze aunich. - Der is nämmich in Hamm vorde Straßenbaan gelaufen."
„Waarer dot?"
„Nee, abba die Scheim vonne Straßenbaan mußta zahln."
Gerd hörte uns zu, sah auch mal zum Stammtisch rüber, wo der Küster Benthe immer noch an seinem Mettwürstchen aß, dabei fuchtelte der Küster Benthe wild mit der linken Hand in der Luft herum, als ob er einen Choral am Dirigieren wäre. Ich nickte Gerd zu, wir sprachen ja nicht mehr miteinander; deshalb nickte Gerd zurück und begann, zwei Pils zu zapfen; und nun nickte Natz Klünkel Gerd zu, die beiden sprachen ja auch nicht miteinander, und Gerd nickte zurück und kam mit der Stoppenbergerflasche, füllte uns die Pinnchen. Wir hoben die Pinnchen, richteten ein Vergeltsgott zum Himmel, und der Stoppenberger wärmte uns auf, eigentlich, wenn ich es so recht bedenke, im Alter braucht man nur ab und zu einen Stoppenberger, und Leib und Seele sind glücklich.
„Der Theo Drockel, ne!" Natz hatte sich wohl vorgenommen, mir seine ganze Jugend zu erzählen, aber dies konnte, wenn das so weiterging, Wochen dauern. „Der Theo Drockel, der wolltedo so gärn Schüzzenkönich wern."
„Dattisdo au ne große Ehre, wa!"
„Jau, abba nu waader sowat von blind, ne, also hamwa, alza mitteen Püster aum Vogel am zielen waa, hamwane gesacht, da oom issa, Theo, nich da unten, da hatta schomma na oom geballat, abba mim Rücken zude Vogelstange. - So, hamwa gesacht, datwaa schomma knapp vorbei, Theo, gäzz drehsse dichma um, un gäzz zielsse na oom, Theo, ja, schonn bessa, abba drückma lieba nich ap, da stehter Pastor Harling, na oom, Theo, na oom, hamwa gesacht, nee, nich auffe Bierbude, un ärs mussedich umdrehn. - Ja, wat sollich sagen, so hatta sich schomma lanxam an den Vogel rangeballat, ne."
„Wat hattattenn mittie Hilde Tröppken zum tun?"
„Ja, waatedomma! - Also hamwa uns, der Jupp Dahlbusch unnich neem den Theo postiert un auf den vadammten Vogel gebal-

lat, un wennwat runtakam, ne, hamwa den Theo gesacht, siehsse, gäzz hassewat getroffn, nu machma wacka weita inne selbe Richtung, un Theo, imma schön na oom, nich vagessn, Theo, imma schön na oom!"

„Wat hattattenn mittie Hil...?"

„Eem, ne, wäärndattich neem den Theo am ballan waa, hatter Fritz Weißhoff, diesen Japs, hatterdo glatt mein Hildken inne Bierbude geschleppt, ja undann hattasen Kirschlikör spendiert, ne, undann hattase auno na Hause geschleppt."

„Datwaado schofelich!"

„Klaa, waadat schofelich! Wäärnd die Kamraden de Ehre vonnen Schüzzenvaein hochhalten tun, ne, den Theo zum Könich ballan, ne, machta sich anne Bräute vonne Kamraden ran."

„So ein müßta aussen Vaein schmeißen."

„Hamwa au."

„Undat waadann der Grund, dattie Hilde gäzz Omma Hampe heißen tut."

„Nee, Rudi, dat Schüzzenfest waaja nonnich zuende, ne."

Gerd brachte uns die Pils, malte bei mir zwei Striche, wir sagten nichts, Gerd mußte schon anfangen zu reden, er hatte ja schließlich auch angefangen zu schweigen; und richtig, nun hielt Gerd sein Schweigen nicht mehr durch und fragte:

„Na, seita immano beit Grünholen?"

„Gerd, du biss uns am auspieniern, wa?"

„Ihr seito bekloppt!"

„Wennze dat nomma sachss, ne, sezzich kein Fuß mär in deine Kneipe, Gerd!"

„Ja, haudo ap, gehdo na Krotokschinski inne Kalte Heimat, wat meinze, watteda fürn Dröppelbier kriss."

„Hass recht, Gerd!" sagte Natz.

„Dann sachma den Rudi, datta seine Klappe halten soll."

„Rudi, du sollss deine Klappe halten!"

„Isgut, Natz!"

Wir nahmen den ersten Schluck vom neuen Pils; das Seelenheil wurde vollkommen, Natz sagte:

„Kuckma, Rudi, nu waado der Theo Drockel Schüzzenkönich, ne, hatta uns, weilwane beit Ballan geholfen ham, im Hofstaat rein, ne. Also, ich raus mim Rädscher na Frielick, wose, die Hilde, am wohnen waa, ne; Blümkes bei, Reseda aus unsan Vorgaaten; Tutmich abba sowat von leid, Hildeken, abba wattis, willze im Hofstaat? - Gärne, Natz, wennze michen neuet Kleid kaufen tuuss."

„Datwaa teua, wa?"

„Unwo krisse dat samstachs her!"

„Wo hasse dattenn hergekricht?"

„Rudi, sachsse dat aunich die Omma Hampe?"

„Ährnwort, Natz!"

„Weisse, die Omma Hampe, die hatto immano Pfeffa im Hintan, wenndie kiewich wird."

„Ich sach kein Ton, Natz."

„Ausse Gaaderobe vonne Waldbühne, ne, watter August Funke is, der hatmich dat Kleid besorcht, Kostüm vonne Jungfrau von Orleanx, elegant sarich dich, hattese an, die Johanna, alzese am schröggeln waan aum Scheitahaufn."

„Dattattie Hilde nich gemärkt hat."

„Dathattie Hilde nich gemärkt."

„Prost, Natz!"

„Prost, Rudi! - Ach, watwaadat schön, Sonntach moin aum Maaktplazz, Antreten vonnen Hofstaat, Vorbeimaasch vonne Kamraden, Kaisa Willem Lied, ach, watwaan wirn lecka Pärken, ich in mein Kött, neem mich die Jungfrau von Orleanx. Happichse gefracht, opse mich heiraten will."

„Unwat hatse gesacht."

„Ja!"

„Ja?"

„Ja!"

„Natz, sachma, - eh, - un warum tutie gäzz Omma Hampe heißen un warum nich Omma Klünkel?"

„Ja, Rudi, dat Schüzzenfest waado nonnich zuende, ne."

Nun hatte der Küster Benthe sein Mettwürstchen auf und auch wohl zugehört, denn er sang mit seiner schönen Stimme ganz laut „So nimm denn meine Hände unhap mich liep." Dann erhob er das Glas und prostete Natz und mir zu.

„Kuckma, Rudi, aams waan groſša Könichsball, ne, unwie et der Deubel will, isdie Lisbeth Politzki inne Sektbaa am bedien, ne."

„Isdat die Omma Politzki vonne Neue Heimat, diewattie Mutta is vondie Ella Politzki?"

„Jau, die isdat. - Undat waamichen Fega, sarich dich!"
„Die Ella is au son Fega!"
„Rote Pfannen aum Dach!"
„Ganz die Ella!"
„Undat Kleidken so tief ausgeschnittn, dattede Kniescheim sehn konnz."
„Du kennztich abba ganz schön wat aus, Natz! - Fürdatten ollen Öhm vörde Müer biss."
„Laßmann, Rudi, ich waa auma jung."
„Unwat hattie Liesbeth Politzki mittie Kniescheim im Ausschnitt zum tun mittie Hilde Tröppken?"
„Ja, dattisset ja eem; wenn mich die Lisbeth mittat linke Äugsken am pinxen waa, konntichse nich widdastehn, happichsen Gläsken Sekt apgekauft. - Unnich sachdich, Rudi, die Lisbeth waa den ganzen Aamt am pinxen."
„Gäzz wird mich allet klaa, Natz! - Wen haptadenn gäzz aussen Vaein geschmissen?"
„Den Bernhaad Gräsing, düssen Lump, weil datta sich an meine Hilde, also an meine Valopte vagriffn hat, undattis unta uns Schüzzenbrüda dat schlimmste Vagehn, dattet gipt, dathatwat mit Diebstaal zum tun."
„Abba, Natz, dat Schüzzenfest waado nonnich zuende!"
„Gäzz weißtu schonn mär alz ich, wa?"
„Natz, ich erzählma weita, wa!"
„Tuman! - Nee, Gerd, tudu unsma zwei Pils zappen."
Auch der Küster Benthe verlangte nach Bier, ansonsten dirigierte er wieder einen stummen Choral; seltsam, wenn der lange Bäänt Terhorst nicht bei ihm war, dann wußte der Küster Benthe nie, was er schwadronieren sollte, und dann fuchtelte er mit den Armen in der Luft herum. Ich sagte zu Natz Klünkel:
„Natz, am näxten Moin bisse mittein Rädscher nache Bäckerei Petermann gefaan."
„Richtich!"
„Blümkes bei."
„Richtich!"
„Reseda aus euan Vorgaaten."
„Richtich!"
„Unwat hatse gesacht, alzese zude Nachfeia am Aamt eingeladen hass?"

„Natz, hatse gesacht, dattis abba gäzz der läzzte Vasuch mituns beide! - Watwaa ichdich glücklich!"

Der Küster Benthe hatte wieder mitgehört und stimmte laut an: „Glühücklich is, wer vagißt, dat donnix zum ändan is." Natz sagte:

„Gerd, gipteen Küster blooß kein Pils mär."

„Un warum tutie Hilde Tröppken gäzz Omma Hampe heißen?"

„Weilse den Briefträga Hampe geheirat hat."

„Un warum hatse den Briefträga Hampe geheirat?"

„Dat kam so!"

Der Küster Benthe wollte wieder singen, aber Natz und Gerd und ich räusperten uns so laut, daß der Küster Benthe seine erhobenen Arme auf die Tischplatte sinken ließ und ausschnaufte.

„Die Hilde, die waado so gärne Polka mit Anfassen am tanzen, ne, siehsse woll, da kümpa, lange Schritte nümpa..." fing nun Natz Klünkel mit dünner Stimme an zu singen; das war natürlich für den Küster Benthe eine Herausforderung, er fiel sofort laut ein „siehsse woll da kümpa schonn, der vasoffne Schwiegasohn!" Der Küster Benthe schob sich hinterm Stammtisch her und tanzte singend einige Polkaschritte durch Gerds Kneipe.

„Gerd, gipteen Küster aukein Senf mär!" sagte ich. Natz hörte auf zu singen, der Küster Benthe sank wieder auf seine Eckbank.

„Die Hilde waa eem wild auf Polka!"

„Dat hasse schonn gesacht!"

„Jau, undann happich aum Brettaboon mitten Schuoken Tiptip gemacht, muß woll zu doll gewesen sein, brach der Boon durch, mein Fuß inne Splitta, Knöchel im Eima; dat Rote Kreuz, hatte ändlich mane große Aufgabe."

„Un inne Zwischenzeit hattie Hilde weitagetanzt, wa?"

„Weildie eem so wild waa auf Polka."

„Un gäzz laßmich ma raaten, mit wense am tanzen waa."

„Erraaten!"

„Darum tutie gäzz Omma Hampe heißen!"

Natz und ich, wir waren froh, daß wir gemeinsam diese Geschichte zuende gebracht hatten, nun mußte ich nur noch den Natz Klünkel etwas sanft bereden, daß er in der Erinnerung nicht so traurig wurde; auch half jetzt gut ein Stoppenberger. Und weil der Küster Benthe ganz brav auf seiner Eckbank saß, gab Gerd ihm einen aus. Das muß man sich mal vorstellen, ich habe in meiner frühen Jugend zusammen mit Gerd die Schulbank gedrückt, uns hat Opa Schräge am gleichen Tag vermöbelt, aber Gerd hat mir in seiner Kneipe noch nie einen ausgegeben; sicher, zwei Millimeter mehr im Pinnchen bei jedem Stoppenberger läppern sich auch zusammen, aber so richtig offiziell ein Getränk auf Kosten des Hauses hatte Gerd mir noch nie zelebriert. Da muß man eben Küster sein. Also:

„Natz, hömma, dattisdo nun schonn lange her, wa."

„Jau, so anne fuffzich Jaa."

„Ja, Natz, wie waadattenn im näxten Jaa? Hasse dennich ne neue Perle aufgegabelt?"

„Happich schonn, die Anna Diekmann ausse Geist."

„Un warum hasse dienich geheirat?"

„Rudi, etwaa widda Schüzzenfest!"

„Vastehe!"

„Un gäzz tutie Anna Diekmann eem Omma Grund heißen."

„Undat näxte Jaa waa widda Schüzzenfest."

„Du sachsset, Rudi."

„Abba, Natz, du waasdo jung, die Perlen hamdichdo sichawat angehimmelt?"

„Dattisdo woll klaa! Abba, Rudi, wat willze machen, wenn gedet Jaa Schüzzenfest is?"

„Jau, Natz, dat kannich gut vastehn!"

Eigentlich tat der Natz Klünkel mir doch ein bißchen leid, daß er unter diesen Umständen lebenslanger Junggeselle geworden war, allerdings mußte man ihn auch bewundern, daß er das alte Brauchtum des westfälischen Schützenfestes höher achtete als ein Eheglück. Ich wollte ihm diese Bewunderung ausdrücken, als Natz sagte:

„Weisse, Rudi, so schlimm isdat auwidda nich. Wennze dich dat heute ma so bekucken tuuss: Da hasse eine Frau, ne, unda giptat gede Menge Italjenas, die hier auffe Maloche sind, gede Menge; undie sinto sowat von schaaf hinta unsare blonden Mädkes her. Rudi, wennze gäzz in diese Zeiten ne Frau hass, ne, da mussedo höllisch aufpassen auffe Italjenas. - Nee, dat wär donnix für mich."

„Ja, Natz, wennze dat soo sehn tuuss." sagte ich.

Wirt und Wirtin prosten den links postierten Tresenhockern zu. Es muß sich um Neujahr 1958 handeln, dem einzigen Tag im Jahr, an dem ein westfälischer Wirt seinen eigenen Schnaps trinkt.

Daß ich nicht so häufig bei Anneliese mein Pils trank, lag am Pils, - nicht, daß Anneliese kein Pils zapfen konnte, nein, im Gegenteil, Anneliese war genauso akkurat wie Gerd, wenn es um Pils ging, davon ab. Aber es ist eben der Geschmack des Pils, und da wird man groß mit Isenbecker, also von klein auf hat man diesen unverwechselbaren, herben Hauch auf der Zunge; da können sie noch so viel Reklame machen, schöne Frauen mit einem Glas Königs Pilsener vor dem Ausschnitt oder die Wickülerjungs als Musketiere verkleidet, ach gehmichdocheinerweg, ich bleibe nun mal bei meinem Stammpils, und Anneliese nahm mir das nicht übel, sagte: „Wat den een sien Uhl, is den annern sien Nachtigall!“ Und wenn ich mal bei Anneliese vorbeischaute, dann war es sicher nicht wegen dem Pils, - eher schon wegen Anneliese; so fragte sie denn auch:

„Wattis, Rudi, hattich der Gerd Lokalvabot gegeem?“

„Ach, Anneliese! - Der Gerd ismich inne läzzte Zeit sowat von komisch. Ich willnich grad sang, datta bescheuat is, abba der hatto nimmär alle Kannickel im Stall.“

„Wattu nich sachss.“

„Ach, Anneliese, Anneliese! - Abba tumichma eem ein rein.“

„Unnen Stoppenbärga bei, Rudi?“

„Du sachsset, Anneliese!“

Am Stammtisch war es sehr laut, da brüllten sich einige vielleicht was in die Ohren, daß man es wirklich nicht mitanhören konnte, und aus dem Gästezimmer nebenan scholl lauter Gesang: „Wir vakaufn unsa Omma ihr klein Häusken...“, und ich begann mich nach der Ruhe „Bei August“ zu sehnen, wo bestenfalls der Küster Benthe mit seiner schönen Stimme seine Kirchenlieder sang. Anneliese bemerkte, daß ich unruhig wurde, und sagte:

„Dattisnich geden Aamt son Krakeel hier, Rudi, unglei hamdie ihre Omma ihren Gebuttstach zuende gefeiat, undann werndie Jäusta vonnen Stammtisch au ruhich, waatema ap!“

Nun denn, auf einige Minuten sollte es mir nicht ankommen, und in die Kneipe von Gerd wollte ich nun wirklich nicht, wenn ich bedachte, was da seit einigen Wochen am Tresen los war. Vom Stammtisch rief jemand:

„Rudi, datmandich aumawidda sehn tut! Wer son seltenen Gast is, muß ein ausgeem!“

„Ichip euch Bonzen donnix aus!“

Das ärgerte mich, da saßen um den Tisch der Zahnarzt Stolze, der Notar Schulte, der Bauunternehmer Bockschuster und der Autofritze Nollkes in Trainingsanzügen und wollten einen auf lau trinken, muß man sich mal vorstellen, der Zahnarzt Stolze zum Beispiel machte doch jedes Jahr mindestens seine fünfhunderttausend Märker Reingewinn, und die anderen sahen auch nicht gerade aus wie Asoziale. Und mich armen Beamten um eine Runde anhauen! - Anneliese sagte:

„Rudi, machdich dadonnix draus! Hier, hasse dein Pilsken!"

„Unwo isder Stoppenbärga?"

„Meineh, den happich glatt vagessen."

„Dattisset, Anneliese, dattisset!"

„Wattisset, Rudi?"

„Nix, Anneliese! Laßman!"

Anneliese zuckte beleidigt mit der Schulter und wandte sich ab, und ich ärgerte mich jetzt, daß ich Anneliese verärgert hatte, und bloß, weil mich die Stammtischbrüder so dumm angemacht hatten, also heute wollte mir wohl der Abend durch die Lappen gehen. Auf dem Tresen sah ich eine Vase mit dunkelroten Moosröschen. Kurz entschlossen nahm ich ein Röschen und ging auf Anneliese zu, blickte ihr fromm in die schönen Augen und reichte ihr das Röschen, Anneliese lächelte und machte einen Knicks.

„Kuckma, watter Rudi umdie Anneliese am schaawenzeln is!" rief der Bauunternehmer Bockschuster.

„Nur kein Neid, ihr Penna!" sagte ich. Anneliese flüsterte mir zu:

„Rudi, achnu laßdiedo! - Du, weisse, Rudi, wattich glaum tu: Datsint ganz aame Schweine!"

„Wer issen aamet Schwein?"

„Nichso laut, Rudi! Jau, der Zahnaazt Stolze under Notaa under Müermann un besonnas der Autofrizze!"

„Wattis, Anneliese? Datsolln aame Schweine sein? Die ham Geld wie Heu!"

„Sachdat nich, Rudi! Mich tundie leid!"

„Vastehichnich, Anneliese!"

„Paßma auf, Rudi, wat glei los is, wenn neeman die Vawantschaft von Omma Störtenbrink am aufbrechen fängt."

Es dauerte wirklich nicht mehr lange, bis man nebenan die Stühle rückte, und dann geleiteten zwei kräftige Jäuster die schwankende Oma Störtenbrink durch die Gaststube nach draußen, und ein ganz schön angeheiterter Verein folgte und sang: „Unsa Omma fährt im Hühnastall Motooorrad..." Stinchen Störtenbrink sagte zu Anneliese: „Ach, Anneliese, watwaadatten schönen Gebuttstach, ach, watwaadat schön, dat unsa Omma datno erleem konnte! Nur, weisse, Anneliese, dat mitteen Lax, dat hasse gut gemeint, undat ganze Büffett, pikobello! Abba weisse, unsa Oma ismich sowat von fies für Lax, kannzese mit jaagen." Und Anneliese nickte und geleitete den Geburtstagsverein bis vor die Tür. Als sie zurückkam, hielt der Autofritze Nollkes sie frech am Rock fest und sagte:

„Hömma, Anneliese, happich da grad Lax gehört?"

„Jau, duhass Lax gehört!"

„Sachma, Anneliesken, wat machsse denn gäzz aintlich mitteen Lax?"

„Jau, wat machich gäzz aintlich mitteen Lax?"

„Ich weißwat!" rief der Notar Schulte. „Kuckma, Anneliese, wir hamdo den ganzen Aamt gepöhlt, ne! Wat meinze, wat fürn Schmacht wir ham!" Und der Bauunternehmer Bockschuster sagte:

„Unwo dat Büffett doschonn bezahlt is, ne."

„Nurn kleinet Bütterken voll!" stöhnte der Zahnarzt Stolze wie am Verhungern.

„Meinzwegen, ihr ollen Laumänner!" sagte Anneliese seufzend. Die vier sprangen auf und stürmten das verlassene kalte Büfett von Oma Störtenbrinks Geburtstag.

„Siehsse, Rudi, so isdat geden Aamt, wenn irgentwowat vom Büffett am liegen bleiben tut, dann fang die am betteln."

„Komisch, wa? - hamdiedo gaanich nötich!"

„Weißdut, Rudi?"

„Ja, wennze michso frang tuuss!"

„Kuckma, Rudi, dat geht nu schonnen ganzet Jaa so, wenndie wowat abstaum könn, dann tunsedat!"

„Ach, undu meinz..."

„Ja, Rudi, meinze, datter Bockschuster vielleicht länx - pleite is, wa?"

„Ja, wenndu datso sachss!"

„Under Stolze..."

„Jau, Anneliese, vonden Zahnaazt Stolze hörssedo schlimme Schtorris, datta ein die Sprizze inne Backe haut, datte wochenlang Maulsperre hass; da kannze donnimmär hingehn, wa!"

„Under Nollkes solldie Leute nurno Schrott andrehn!"

„Happich immaschonn gesacht. - Under Notaa, man weißet jannich! - Abba die Leute sagen datman..."

„Jau, happich au gehört! - Wenndat stimpt!"

„Mein lieba Scholli, wenndat stimpt!"

In diesem Moment kamen die vier Bankrotteure vom kalten Büfett zurück, kauten noch heftig; der ehemalige Bauunternehmer Bockschuster trug ein Brötchen mit Lachs vor sich her und gab es mir; eine versöhnliche Geste. Und wenn ich mir nun die Gestalten mit anderen Augen ansah, Anneliese hatte sie mir geöffnet: Abgerissene Trainingsanzüge der Mode des vorherigen Jahrzehnts, verhärmte, faltig durchgrabene Sorgengesichter, zittrige Finger und männlich herber Schweißgeruch, man hatte ihnen offenbar das Duschwasser abgesperrt, weil sie die Rechnung nicht mehr bezahlen konnten. Ich sagte:

„Komm, Anneliese, giptie Jäusta en Pilsken, dat kannze donnich mit ankucken, wiedie vom Fleische fallen tun."

„Rudi!" sagte der Autofritze Nollkes mit Tränen in den Augen. „Du bissen wirklichen Kumpel, bistu!" Und alle vier hieben auf meinen Schultern herum; mein Gott, in was für eine Kaschemme war ich geraten, und nur deswegen, weil bei Gerd auf dem Tresen seit Wochen der Maulwurf Nepomuk herumturnte. Das muß ich schnell eben erzählen; also das fing alle ganz harmlos an. Der Wilm Straathoff ausse Mattenbirk hockte am Tresen „Bei August", so vor sechs Wochen war das, und ich hatte etwas mit ihm geklöhnt „Wie gehtettich denn so? - Wat machen de Blagen? - Frau und Vieh gesund?" Was man einen so fragt, den man nicht allzu oft sieht. Und der Wilm Straathoff hatte mich auch nach meinen Kindern gefragt, nach meinem Täubchen; mit meinem Täubchen war er zusammen zur Schule gegangen, in die Klasse von Fräulein Hesselmann, und sowas verbindet. Dann gab Wilm einen aus, und dann gab ich einen aus; und dann bestellte Wilm Straathoff ein Mettbrötchen, aber er aß es nicht auf, sondern pickte sich mit spitzen Fingern Fleischstückchen vom Brötchen und schob die Stückchen vorsichtig in seine Westentasche, eins nach dem anderen, und dabei murmelte er: „Dattis lecka, wat, Nepomuk!" Nun kann einer ja mit seinem Mettbrötchen machen, was er will, er kann es auch ruhig mit nach Hause nehmen, aber die Einzelteile nacheinander in die Westentasche zu schieben, das war schon recht merkwürdig und konnte auch nichts mit überhöhtem Alkoholspiegel zu tun haben, denn Wilm Straathoff hatte erst vier Striche und zwei Kreuze auf seinem Deckel.

„Sachma, Wilm“, fragte ich ihn nun, „wat bisse da aintlich am tun?“

„Ich tu mein Nepomuk watzu fressn geem.“

„Aha!“

„Gäzz happich den Nepomuk ändlich so weit, datwa zusamm inne Kneipe gehn könn.“

„Aha!“

Gerd war nun auch näher gekommen, auch ihm war die seltsame Verwendung des Mettbrötchens aufgefallen, er sagte zu Wilm ganz ruhig:

„Wilm, ich willja nich deine Intimsfääre tangieren...“ verblüfft schaute ich Gerd an, der nickte mir zu und sagte: „Der Pastor Grunwald hatmich gesacht: Gerd, tumawat gegen die ordinäären Töne in deine Kneipe! - Eem, un gäzz isset so weit, ap heute sintwa hochdeutsch am reden, dattatma klaa is! - Also, Wilm, wattisnu, warum bisse mein fein Mett inne Westentasche am stoppen, du Fickel?“

„Datter Nepomuk auni leem muß wieson Hund.“

„Aha!“

Gerd und ich schauten uns etwas ratlos an, dann fragte Gerd in ernstem Ton:

„Wer is Nepomuk?“

„Mein Wannerup.“

„Dein Wannerup?“

„Mein Wannerup!“

Gerd sah mich an. ich sah Gerd an. - „Slo den Wannerup daot, Jaust!“ hatte meine Oma gerufen, wenn wir stinkende Petroleumlappen in die Maulwurfshügel stopften, um die Maulwürfe aus unserm Kartoffelbeet zu verjagen. Gerd sagte:

„Zeig domma dein Wannerup!“

„Nepomuk, Schäzzken, ja, wo bisse denn, Schäzzken?“ lockte Wilm Straathoff, und nochmal: „Ei, ei, ei, ja, wo issadenn, ei, ei, mein klein Mäusken!“ Und dann, ganz vorsichtig, schob sich eine zartgraue Schnauze aus dem Anzug, und ein spitzer Kopf mit zugekniffenen Augen folgte.

„Dattis meinen kleinen Wannerup Nepomuk!" sagte Wilm Straathoff stolz, Gerd und ich, wir linsten neugierig und andächtig hin. Gerd schüttelte den Kopf:

„Wattet nich allet gipt!"

„So!" sagte Wilm Straathoff, „Nepomuk, gäzz mach abba widda schön heia!" Aber der Maulwurf Nepomuk dachte nicht daran, in die Westentasche zu verschwinden, er schhnupperte lustig, schob sich weiter aus Wilms Anzug, und hupp, ein kurzer Satz, und er saß auf dem Tresen, ruderte noch etwas mit seinen Grabschpfoten, wedelte mit seiner Schnauze, die Augen allerdings ließ er zugekniffen.

„Dat aame Schwein hatto Tomaten auffe Augn, ne, der siehto kaum wat, abban ganz fein Näsken tuta ham, meinen kleinen Nepomuk, du-du-du!" Und dabei stupste Wilm dem Maulwurf auf die Schnauze; der schreckte gar nicht mal zurück, sondern schob sich mit seinen Stummelfüßen über den Tresen, bis zum Rand an Gerds Löcherrost unterm Zapfhahn, und wieder zitterte seine Schnupperschnauze.

„Der hat Durst!" sagte Gerd, dafür hatte er aufgrund langjähriger Berufserfahrung einen Blick. „Gipdeen domma watzum saufen, dat Mett waa nämmich ganz schön schaaf!" Und Gerd goß etwas Wasser auf einen Unterteller und schob es dem Maulwurf hin; der schnupperte kurz am Wasser, kehrte dann aber an den Tresenrand zurück und drehte seinen Kopf mit den zugekniffenen Augen Richtung Zapfhahn.

„Weisse wat, Wilm? Der hatten Brand auf Bier!"

„Du spinnstowoll, meinen Nepomuk säufto kein Bier."

„Hassedatma vasucht?"

„Gerd, dat solldo keinen Suupkopp wern wie sein Herrken. Ne, Nepomuk, du stehss mär auf Milch, wat?"

Aber der Maulwurf Nepomuk stemmte sich immer mehr über den Tresenrand dem Zapfhahn entgegen. Gerd nahm den Unterteller, schüttet das Wasser in den Löcherrost und zapfte dem Maulwurf Nepomuk etwas Bier. Und Nepomuks Nase witterte rasch die Quelle, er strampelte sich zum Unterteller und fing an zu schlabbern. Und im Nu war der Unterteller leer.

„Siehsse!" sagte Gerd.

„Sowat!" sagte Wilm. „Gäzz is abba genuch, Nepomuk, sonss fänxe glei am sing, gäzz abba ap inne Heia!" Und er griff den Maulwurf Nepomuk und schob ihn in seine Westentasche.

„Sowat!" sagte ich nun und schüttelte den Kopf. Gerd hatte mir inzwischen ein Pils gezapft; das stellte er mir hin; was der Maulwurf konnte, konnte ich auch; und da ich doch etwas durcheinander war, bestellte ich mir einen Stoppenberger dazu, um einen klaren Kopf zu bekommen. Und dem Wilm Straathoff gab ich auch einen aus.

„Sachma, Wilm, wie kompsse denn anson Wannerup?"

„Ach, Rudi", sagte Wilm, „dattisne lange Geschichte!"

„Erzähldomma! - Prost, Wilm!"

„Prost, Rudi!" Wilm und ich, wir nahmen den ersten Schluck des frischgezapften Pils, und wir konnten allzu gut den Maulwurf Nepomuk verstehen, - Heiland, was schmeckte uns das Pils wieder lecker.

„Kuckma, Rudi", sagte Wilm Straathoff, „lässtet Jaa, ne, waarichdo bei uns innen Gaaten ne Pumpe am boorn, ne."

„Ne Pumpe?"

„Jau, weisse, ich waadat leid, ne, Gaaten gießen, Autowaschen, ne, brauchsse gede Menge Wassa, undattut wat int Geld gehn, ne!"

„Du sachsset!"

„Eem, happich den Friedel Rump beigeholt mitsein Dreibein un seine Boormaschine, ne, un sein Schwaga Päule, ja, un happichen Kasten Isenbecker bei, un waanwa innen Gaaten am boorn, ne, wolltich ja au Wassa ham fürdie Waschmaschine, allet, dat kannze ja anschließen, ne."

„Du, dat musse michma genau vaklickan, wiedat gehn tut."

„Ganz aimfach, ne, abba datmittie Waschmaschine, dat hatto gäzz allet kein Wärt mär, ne, wolltich unsa Mutta manne Freude machen, abba is nixmär!"

„Wieso is nixmär, Wilm?"

„Weil, unsa Mutta unnich leem in Scheidunk seit ein Monat, un darum is nixmär mittie Waschmaschine."

„Warum dattenn?"

„Wegen den Nepomuk, ne!"

Ich wollte nicht weiter fragen, dachte aber an die dummen Witze, in denen die Ehefrau sagt: „Entweder die Pythonschlange verläßt das Bett oder ich!", da sagte Wilm Straathoff:

„Jau, hat unsa Mutta man gesacht: Entweda der Nepomuk oda ich! - Waane schwere Entscheidunk, ne, dat kannich dich flüstan, Rudi, abba da musse durch."

„Da musse durch!"

Wilm sann vor sich hin. Der Küster Benthe am Stammtisch war hellhörig geworden:

„Wat haptada? En Wannerup?"

„Jau, Herr Benthe, abba der is grad am pennen!"

„Wenna widda wach is, rufta mich abba!"

Wilm blieb ruhig, ihm saß die Scheidung von seiner Frau offenbar schwer in den Knochen, und dabei hatte er doch nur im Garten das Loch für eine Wasserpumpe bohren wollen, damit die Wasserrechnungen nicht so hoch wurden und seine Frau sich mit dem Eingesparten mal eine Brosche oder ein goldenes Halskettchen kaufen konnte. Und nun sowas.

„Weisse, Rudi, die waanso am boorn, der Friedel under Päule, drei Meta, kein Wassa, fümf Meta, kein Wassa, siem Meta un kein Wassa, jau, undann happich non Kasten Isenbecker angeschleppt, ne, acht Meta, - un plözzlich sprizztuns dat Wassa nurso umme Ohrn, ne, aus siem, acht Löcha im Gaaten sprizztat Wassa, under Friedel under Päule, die waanwat am juchen un am rumhopsen; gäzz hamwane Quelle, juppheidi!"

„Ja, Wilm, isdo gut, wennze ne Quelle am sprudeln hass."

„Quelle waa gut, kein Vatun, hamwa au fix en Pülleken Korn aufgemacht."

„Ja, Wilm, unwat bisse so dein Kopp am wiegn?"

„Rudi, hättstu gedacht, dattsichnu mein ganzet Leem ändan tät?"

„Wegen die Pumpe?"

„Nee, Rudi; ich hatteman grad mein dritten Korn inne Kehle, da sehich wat Schwattet durchen Gaaten krabbeln, hin un her un her un hin, ne, binnichet auffe Färsen, ne, flüchtet dat Schwatte bei uns inne Küche, ne, unsa Mutta, sarich dich, fängt am schrein: Wilm machwat, da isne Ratte zugange!"

„Hassese geschnappt, Wilm?"

„Nee, Rudi, nee!"

Und Wilm tippte an seine Westentasche; das muß der Maulwurf Nepomuk als Aufforderung verstanden haben, er schob seinen Kopf vor, witterte, ob die Luft rein war und huppte auf den Tresen, und da watschelte er zuerst wieder hin und her, sehen konnte er ja nichts, weil er seine Augen zukniff, aber dann schnupperte er sich ganz zielstrebig auf den Zapfhahn zu, weit bog er sich über den Tresenrand, dann stürzte er kopfüber ab, aber direkt in ein halb gefülltes Pilsglas, das Gerd da abgestellt hatte, weil die sieben Minuten für den letzten Schuß Pils noch nicht um waren. Wild war der Maulwurf Nepomuk am strampeln, aber auch am schlabbern, das hörte man deutlich. Gerd griff nun beherzt zu und zog den Maulwurf an seinen Hinterbeinen aus dem Glas.

„Wattis dattenn!“ rief der Küster Benthe, „watsolldenn die Sauerei, Gerd? - Meinze, mich graust vor gaanix?“

„Den Nepomuk happich heut moin no gebaadet, Herr Benthe, dreckich isder nich, undat Pils tutatto aunix.“

„Abba, hötma, Jungs, ichapwat gegen Wannerups in Pils.“

„Der isdo süüß!“ sagte Gerd, hielt den zappelnden Maulwurf Nepomuk vor sein Gesicht und sah ihn sich genau an; dann nahm er den Wischlappen vom Löcherrost und trocknete ihn vorsichtig ab.

„Un watfürn weichet Fell der hat!“

„Warum tuter aintlich Nepomuk heißen?“ fragte der Küster Benthe nun, und auch er lächelte das schwarze Dierken an, das sich ganz zutraulich in Gerds Wischlappen schmiegte.

„Wegen dat viele Wassa in sein Bau, fürdatta am flüchten waa!“

Wilm nahm nun den Maulwurf Nepomuk wieder an sich, aber ich hatte den Eindruck, der Nepomuk wäre viel lieber im sanft nach Bier riechenden Wischlappen liegen geblieben, so mußte er wohl oder übel wieder zurück in Wilms Westentasche.

„Tu man weita heia machen, Mäusken, fein heia, heia!“ Und dann fing der Wilm Straathoff auch noch leise an zu singen, der Küster Benthe war natürlich sofort dabei, ganz zart sangen beide: „Abba Heitschibumbeitschi bum bum...“ Und Gerd, und das war nun das lang erwartete Wunder, und wem hatten wir dieses Wunder zu verdanken, dem Maulwurf Nepomuk, also Gerd sagte:

„Komm, ichippeuch ein aus auf den Nepomuk!“

Während der Maulwurf Nepomuk wohl so leise einduselte, schauten wir alle Gerd zu, wie er die Aquavitflasche zeremoniell aus dem Kühlschrank nahm, - Aquavit genehmigte ich mir sonst nur zu ganz hohen kirchlichen Feiertagen -, und die langstieligen Pinnchen füllte, die an der Glaswand beschlugen, so kalt war der Schnaps, und wie Öl glitt er uns durch die Speiseröhre. Nun denn, ein Stoppenberger tuts auch, aber jeder möchte ja mal zur Hautevolee gehören.

„Ja, Wilm", sagte ich, „wie waadattennu mit eua Mutta?"

„Achso, jau, ne, inne Bude waadat schwatte Ding nich zum finn. Allet apgesucht, nix! Aams dann, ne, hattenwa dat Boorloch ma richtich begossen mit Pils un Stoppenbärga, ne, aams gehich im Bett, ne, un wat meinze, watta so richtich kuschelich, ne, wieson klein Bäbie aum Koppkissn am liegen is un am poofen? - Wat meinze, Rudi?"

„Der Nepomuk!"

„Richtich! Der Wannerup, unda waara nu am poofen, un neeman im Bett waa unsa Mutta am poofen, happichse mich beide angekuckt, ne, un happich mich zwischen unsa Mutta unden Wannerup gelecht, ne, datsene nich kaputtquetschen tut, wennse am wälzen is, ne."

„Nee, Wilm, alletwat recht is, ich weißnich, en Wannerup im Bett, ach gehmichdoeinawek."

„Ach, Rudi, dattis Ansichtssache wie allet im Leem."

Der Küster Benthe nickte bedeutungsvoll, und auch Gerd nickte, da war ich nun wohl scheints der einzige, der etwas gegen Maulwürfe im Bett hatte.

„Jau", sagte Wilm Straathoff, „so waadat, ja, ja", und nun machte er eine lange Pause, „un vor ein Monat waadann Scheidunk, ne!"

Wir tranken unser Pils aus, und der Küster Benthe gab die nächste Runde. Was sollte man nun auch Kommentare abgeben. Scheidung ist Scheidung, ergründe einer die menschliche Seele. Nur Gerd hatte einen versonnenen Blick, ein fast überirdisches Lächeln zierte sein Antlitz, um hochdeutsch zu reden, was Gerd uns abverlangt hatte. Und dann sagte Wilm:

„So, gäzz müssenwa abba beide na Hause, der Nepomuk unnich, ne!"

Das muß der Maulwurf Nepomuk gehört haben, denn schwupp, so schnell, wie wir es ihm gar nicht zugetraut hatten, sprang er dem Wilm Straathoff aus der Westentasche und auf den Tresen. Wilm lachte noch:

„Komm, Nepomuk, wir gehn teita, du-du-du!" Aber der Maulwurf Nepomuk wollte nicht, er hatte sich nahe an die Tresenkante vorm Zapfhahn hingesetzt; als Wilm nach ihm griff, ließ er sich vom Tresen runterfallen auf den Löcherrost, und von dort verkroch er sich zwischen die umgestülpten Pilsgläser; immer wenn Wilm zupackte, hoppelte er in die nächste Lücke, und Gerd sah alldem mit einem engelhaften Lächeln zu und tat nichts.

„Kompsse gäzz ändlich, Nepomuk!" Wilm wurde ernst: „Vadorrinomma! Wennze nich ändlich kompss, kompsse im Käfich!"

„Nee, nee, Wilm, soo nich!" riefen der Küster Benthe und Gerd zusammen. „Auch son Dierken hatten Recht auf Freiheit!"

„Ihr seito bekloppt!" rief Wilm, und dann lockte er wieder: „Put-put-put, mein Mäusken, Nepomuk, Schäzzken, komm bei Papa!"

„Du siehssdo, Wilm, dat Schäzzken willnich bei Papa", sagte Gerd, „ich machdichen Vorschlach, Wilm, lassendo aimfach hier inne Kneipe, ichippen Mett un Pils, happich ja genuch von, un moin kompsse un holzen widda ap: Abba nur, wat mein Sie, Herr Benthe, abba nur, wenna freiwillich mitgehn tut, klaa!"

„Freiwillich, Wilm, ne, freiwillich!" Der Küster Benthe drohte sogar mit dem Finger in Richtung Wilm Straathoff. In diesem Moment trat Gerds Frau in die Kneipe und schrie:

„Meineh, Männe, wattisdattenn? - Haumich blooß die Ratte kaputt!"

Ja, und so ging das nun weiter, erzählte ich Anneliese, jeden Abend, wenn ich „Bei August" vorbeikam, war dort das Gezanke im Gange, der Wilm wollte unbedingt seinen Maulwurf wiederhaben, jeden Abend wurde Gerd von seiner Frau vor die Alternative gestellt: Ich oder der Maulwurf! Und Gerd hielt schützend seine Hände über den Maulwurf und bestand darauf, der Maulwurf solle selbst entscheiden, mit wem er nun zusammenleben wolle. Bis jetzt hatte er sich noch nicht entschieden. Und der Küster Benthe paßte als Unparteiischer auf, daß dem Tier keine Gewalt angetan wurde. Ich sagte zu Anneliese:

„Hättstu zu ein Wirt Vatraun, woson Wannerup inne Pilsgläser am turn is?"

„Nee, Rudi, vastehich gut, datte nimmär na Gerd gehn tuuss, ährlich!"

Die Stammtischbrüder waren nochmal zum kalten Büfett gegangen und kehrten wiederum kauend zurück, der Notar Schulte hielt ein Schälchen mit Obstsalat in der Hand, sagte zu Anneliese:

„Dattis fürden Hermann, der soll aunich leem wieson Hund!"

Anneliese rief lockend:

„Hermännken, ja, wo bissedenn, komm, gipt lecka Äppelkes un Nüskes!"

Und zwischen umgestülpten Pilsgläsern zwängte sich ein richtig fetter Hamster auf den Löcherrost und machte sich schmatzend über den Obstsalat her.

Wörterbuch der Hamm-Heessener Umgangssprache

Das sind sie: Der Affons, der Rudi, der Natz, der Bäänt, der Fitti, der Rolli, alle Mann hoch im Klassenverband 1947, katholische Volksschule 1 Hamm-Heessen; wir kennen sie aus den Dönekens auf den vorherigen Seiten. Sie sprechen die Sprache, die wir lexikalisch auf den nächsten Seiten erfassen wollen, und sie sprechen sie mit Inbrunst.

Bei einem Wörterbuch der Umgangssprache ist nie der zeitliche Anfang oder ein zeitliches Ende des Wortbestandes festzulegen. Während diese Wörtersammlung ausgedruckt wird, sind bereits wieder manche Neuschöpfungen auf den Straßen Hamm-Heessens üblich; und so manches Wort, welches wir in den fünfziger Jahren benutzten, ist kaum noch jemandem in Erinnerung. Auch die Begrenzung des Wörterbestand auf einen engen Raum um Hamm herum an der Schnittstelle zwischen Ruhrgebiet und Münsterland hilft nicht weiter, diese Schnittstelle läuft ohnehin die gesamte Lippe entlang; und wenn nun jemand aus Gelsenkirchen bei uns zu Besuch ist, bringt er uns ein schönes unbekanntes Wort von dort mit, welches wir gleich am nächsten Abend auf der Kegelbahn selbstverständlich als unser eigenes ertönen lassen. Also, unsere Umgangssprache besteht nicht, sondern entsteht ständig.

So ist unsere Wörtersammlung unvollständig, vielleicht bei Drucklegung schon veraltert, nicht auf der Höhe der Zeit, aber was sich so nach dem Krieg bei uns sprachlich tat, und wenn Begriffe noch so kurzlebig aktuell waren, haben wir versucht aufzulisten. Und dabei habe ich Fragebögen in Heessen eingesetzt, immermal wieder lange Stunden beim Friseur gesessen und zugehört, wie die Jungs so ihre Erlebnisse erzählen und über das Leben philosophieren; am Tresen habe ich zig Bierdeckel vollgepinnt, was die lauten Zecher so alles laberten, und wenn der Alkohol die Zunge löst, wird der Westfale direkt wortschöpferisch. Und so fort... Viele Heessener Freunde haben mir also geholfen, zusammenzutragen, was bei uns anders klingt als in Münster oder in Köln.

Und dabei wurde deutlich, wie viel Plattdeutsches noch in uns lebt, obwohl kaum noch jemand von uns aktiv platt spricht. Das hat mich selbst verwundert, deswegen habe ich den plattdeutschen Wortbestand und eindeutige nur leicht modernisierte plattdeutsche Wendungen mit *ndd (niederdeutsch)* gekennzeichnet, um anzudeuten, wie stark eben dieses Plattdeutsche noch in unserer Ruhrgebiet-Münsterland-Randzone verhaftet ist. Dazu wird der Lehnwortbestand, wo es sinnvoll erscheint, aus den jeweiligen Herkunftssprachen abgeleitet. Die vielen Mischformen zwischen Plattdeutsch und Ruhrgebietsdeutsch oder die Entwicklungen vom Plattdeutschen zum Ruhrgebietsdeutsch werden nicht gesondert gekennzeichnet; sie sind nun mal unsere Umgangssprache zusammen mit den recht bedeutsamen Resten des Plattdeutschen.

Rat habe ich mir geholt bei verschiedenen Autoren und in Wörterbuchern:

Born, Walter: Kleine Sprachlehre des Münsterländer Platt, Münster, 1978

Born, Walter: Kleines Wörterbuch des Münsterländer Platt, Münster, 1979

Grimm, Jacob und Wilhelm: Deutsches Wörterbuch, München 1984

Koch, Wilhelm Herbert: Kumpel Anton, Düsseldorf 1966

Küpper, Heinz: Illustriertes Lexikon der deutschen Umgangssprache, Stuttgart 1982

Rink, Thomas: Das Ruhrgebiet Schimpfwörterbuch, Nidderau, 1992

Roppertz, Maria: Sunnenschien un Grummelschuer, Hamm 1984

Roppertz, Maria: Braut för de Siäll, Hamm 1987

Sprick, Claus: Hömma! Sprache im Ruhrgebiet, Straelen, 1989

Eine besondere Hilfe war dabei natürlich das Wörterbuch des Ruhrgebietsdeutsch von Claus Sprick. Manches, was ich aufgezeichnet hatte, fand ich bei ihm wieder, aber auch das ist interessant, manches sprechen wir in Hamm-Heessen anders, als es Claus Sprick verzeichnet. Und gerade wegen dieser Unterscheidung war es wichtig, immer wieder das Büchlein von Claus Sprick zu konsultieren.

A

Aap, *ndd*, Affe, auch gebraucht für einen albernen Menschen

Aapenkiärl, auch **Aapenköster**, *ndd*, ein unernster Mensch, der mit seinem Blödsinn andere nervt

Aaperie, Aaperigge, *ndd*, Blödsinn, Faxen, Albernheit. *Gäzz laßto ändlich die Aaperie sein, sonss kompsse zu spät inne Ucht.*

aapig, *ndd*, affig, modisch ungewohnt für den Westfalen, somit angeberisch

abbrechen, sich einen abbrechen, sich bemühen, *Kuckma, unsa klein doof Jänsken, watta sich ein am abbrechen ist mittie Schulla.*

abfahren, auf jemanden (etwas), begeistert sein für jemanden (etwas)

abfüllen, sich oder einen anderen betrunken machen

abgedreht, verrückt

absahnen, so richtig verdienen, manchmal auch mit unlauteren Mitteln

abschminken, eine Sache aufgeben müssen, auf etwas verzichten müssen, *Dat neue Moppet, dat kannzedich abba apschminken, schuck ärsma für die kaputte Telefonzelle, diewatte in dein Tran plattgemacht hass.*

abschnallen, verblüfft sein

abseilen, sich abseilen, verschwinden

abstauben, einen unerhofften Gewinn erzielen, kann auch ein Mädchen sein

abstrippeln, oder *ndd* **avstrieppen**, Beeren von der Rispe streifen, Kohlstrünke putzen und zerschneiden. *Bäänt, gäzz strippel domma eem dat Stielmus ab, datwa ändlich wat im Pott kriegn.*

abziehen, übers Ohr hauen

achilen, schnell essen, richtig reinhauen, durch das Rotwelsch verbreitet, aus dem Jiddischen: *acheln* herkommend

achottachott, Ausruf der Angst, des Schmerzes, aber auch des Mitleids, *Achottachott, wattis unsa Omma widda am jängeln, weil datse de Finga nimmär am gradekriegn is wegen dat olle Rheuma.*

achter de Hiäge, *ndd*, **Hej wett achter de Hiäge schmieten**, er wird hinter die Hecke geschmissen. So sprach man noch in den fünfziger Jahren recht respektlos vom Begräbnis eines Selbstmörders, der in früheren Zeiten nicht auf dem katholischen Friedhofsteil beerdigt werden durfte, sondern auf einem besonderen Teil für nicht kirchlich gebundene Tote.

Ächtern, *ndd*, 1. Gesäß, 2. als adverbiale Bestimmung: hinten

achtkantig, Verstärkung einer Rausschmißdrohung, *Wennze nich ändlich deine Klappe hälz, dann fliechsse hier abba achtkantich raus, du Ömmes!*

Acker, vom Acker runter, vom Acker bringen, etwas beenden

Äcktschen, jugendlicher Ausdruck für: Umtriebig sein, aus dem Englischen *action*, eigentlich die Übernahme dieses Wortes

Afdack, *ndd*, Schuppen, an Hauswand angelehnt. *Hol domma eem Holz aussen Afdack für zum Feuer anmachen.*

affengeil, Steigerung von geil, ganz besondere Klasse, jugendlich flotter Ausdruck

Affons, Alfons

Ahle, *ndd*, Jauche

Ahlfatt, *ndd*, Jauchefaß

Ahlkump, *ndd*, Jauchegrube

Ahlschepper, *ndd*, Schöpfeimer mit langem Stiel, um eine Jauchegrube zu leeren

alle, zuende, *Ej, Jupp, dat Färnsehn is alle, hör auf zum pennen, geh im Bett.*

alle haben, sie nicht mehr alle haben, verrückt sein, *Hömma, du hasse dowoll nimmär alle, wa, kippter ein do glatt sein Dröppelbier auffe Buxe.*

alle machen, jemanden umbringen, *Den langen Ötte vonne Mattenbierk, weisse, den machich alle, wenndermich nomma mitte Fletsche auf unsan Fiffi schießen tut.*

Alli, Alliken, kleiner Hund, aber auch ganz allgemein für: Kleiner

Alsche, Alte, Ehefrau

alt aussehen, 1. jugendlicher Ausdruck für: es geht einem schlecht, man ist mit irgendeinem Problem nicht fertig geworden, *Ötte, ich sachdichwat, wennze von den Tünnes da eine geschallat kriss, dann siehsse alt aus.* 2. total betrunken sein und sich entsprechend fühlen hinterher

Alte, der Alte, Vater, Großvater, *Kompsse na Hause, isdich der Alte am bölken, da gehsse dogleiwidda rückwärts raus.*

Alte, die Alte, Freundin, Frau, gar nicht mal abwertend gemeint, *Watmeine Alte ist, ne, Möppkenbrot tuutie machen, da kannze nurno mitte Ohrn schlackan.*

Alwis, *ndd*, Alois

Amischickse, abwertende Bezeichnung für ein deutsches Mädchen, welches in der Nachkriegszeit im Austausch gegen Nylonstrümpfe mit einem amerikanischen Besatzungssoldaten ging, abwertend besonders, wenn dieser Soldat schwarzhäutig war. *Hömma, wat willze aintlich, die Amischickse da annen Tresen, die kannze do glatt vagessen, die gehto üban Teich mit ihrn Bimbo.*

Amischlitten, amerikanisches Importauto der Nachkriegszeit, meist sehr viel Chrom und Gedöns dran. Eigentlich konnten sich nur Schwarzhändler in den späten vierziger Jahren und Lumpensammler in den fünfziger Jahren einen Amischlitten leisten.

anbaggern, anmachen, *Ej, du Ömmes, bagger meine Alte nich an.*

anbölken, *ndd*, jemanden laut anschreien, *Der Pastor Töttkes, der hatmich villeicht den klein Bennatz, den Meßdiener wat angebölkt, nur weilane den Meßwein auffe Pfoten gekleckat hat.*

anbösseln, ein Mädchen, eine Frau schwängern

andackeln, langsam herbeikommen

Änne, *ndd*, Anna

antörnen, 1. sich an ein Mädchen heranmachen, 2. auch ganz allgemein: sich an jemanden heranmachen, 3. sich zu etwas aufrappeln, sich stimulieren, auch: sich mit Alkohol Mut antrinken. *Kuckdich den Rolli Küppers an, wie der die Tussi wat am antörn is, wie son vahindaten Weltmeister.*

antüttern, sich einen antüttern, sich betrinken

aok so!, *ndd*, dir (Euch) auch, Antwort auf den Abschiedsgruß: guttgoan

Aolen, *ndd*, Ahlen

ap, wenn etwas ab ist; das Wort **ap** kann dekliniert werden. *Kuckma, watter Heini fix am schwimm is, undabei hattern appen Aam.*

Apfel, einen am Apfel haben, verrückt sein, dummes Zeug reden

Apparillo, Gegenstand, italienische Wortverformung. *Wat hasse dennda fürn komischen Apparillo inne Hand fürt Zwiebelschnein, kannzmich datma verzähln?*

Appeltate, *ndd*, Apfelkuchen

Arsch voll, jemanden verhauen, verprügeln, *Hömma, wennze nich au-gen-blick-lich Leine ziehn tuuss, du ollen Segers, dann krisse abban Aasch voll.*

Arschbombe, auch **Bombe**, Sprung mit dem Gesäß zuerst ins Wasser, beliebt bei Jungen, um Mädchen in der Badeanstalt naß zu spritzen

Ärwtensupp, *ndd*, Erbsensuppe, bis in die heutige Zeit das beliebteste Heessener und westfälische Essen an Samstagen; in der Fastenzeit ohne, sonst mit Räucherendchen. (Die Erbsensuppe konnte auch durch die Frittenentartung der letzten Jahrzehnte nicht ersetzt werden. Und selbst türkische Gastarbeiter sieht man in Heimgärten emsig Erbsen anbauen.)

Asche, Geld, jugendlich flotter Ausdruck

Askebiärg, *ndd*, Ascheberg

Ast, auf den Ast nehmen; etwas auf sich nehmen, z.B. auf die Schulter nehmen. *Da packt der August 'sichen Sack Runkeln auffen Ast unwill im Keller, wat meinze, istda die Treppe im Aima, kollerta runta, brichtsich beide Beine, undat allet fürson Sack Runkeln.*

asten, sich schwer anstrengen müssen, keuchend laufen, schwer etwas tragen, *Wennze mitteen ollen Bollawagn durche Muttke muß, bisse dich abba ganz schön wat am asten.*

astrein, schwer in Ordung, auf Sachen und Personen bezogen

ätzend, jugendlicher Ausdruck für aufdringlich, unangenehm

aufkröppen, sich aufkröppen, sich gewaltig aufregen, mehr scheinen als sein, *Kuckma, watter Heini sich am aufkröppen is wegen seine mickrigen Fitzeboon!*

August, Clown, Spaßmacher

ausflippen, durchdrehen, verrückt werden

ausklamüsern, sich etwas ausdenken

ausrasten, durchdrehen, die Übersicht verlieren. *Wenn Borussia Doatmund ein vakimmelt, dann* *rastet der Jupp aus, dann päster durche Gegend wie sonne gesengte Sau.*

Avantgarde, junge Schützenbrüder, die noch in gewisser Weise und in Anlehnung an den militärischen Ursprung der Schützenvereine Westfalens paramilitärisch ausgebildet werden zum Marschieren und Gewehrhalten. Ansonsten jedoch besteht der größte Teil ihrer Ausbildung in Standfestigkeitsübungen beim gemeinschaftlichen Akoholkonsum. In der Art, wie die Mitglieder einer Avantgarde Mädchen als Damenflor behandeln, erinnert ihr Verhalten an Corpsstudenten. Der Ausdruck Avantgarde wurde wörtlich aus dem Französischen übernommen, wird aber buchstäblich deutsch ausgesprochen.

Avantgardenlaube, kleines, mit Birkengrün (siehe „Grünholen") geschmücktes Zelt, in dem die Avantgarde während eines Schützenfestes ausdauernd säuft. *Ulla, kompsse inne Avangaadenlaube, n Kirsch trinken? - Ja, ich bin donnich bekloppt, da sehich do hintaher ganz alt aus!*

B

Bäänt, *ndd,* Bernhard

Babbel, 1. jemand, der sehr viel redet, 2. Mund, *Wennze nich ändlich stille biss, krisse ein vorn Babbel.*

Bäcker, ein Maikäfer mit einem Grauschimmer auf dem Nackenpanzer

Backmann, Stein, Ziegelstein

Baddean, Kinderabkürzung für Badeanstalt, *Rudi, gehsse mit inne Baddean, Mädkes döppen?*

Bählämmken, Kindersprache für kleines Schaf, Lamm, *Kuckma, Fränzken, dat kleine Bählämmken, ach wattat süüß is.*

baldowern, ausbaldowern, herausbekommen, Rotwelsch, aus dem Jiddischen: *baal* = Mann, *dowor* = Sache, Wort

Balg, 1. Rücken, Leib des Menschen, eigentlich Tierhaut, 2. Kind, *Wennzen Stall voll Blagen hass, hasse ganz schön wat Malessen aum Balg.*

Balken, Dachboden im Haus oder im Schuppen, *Meineh, auffen Balken, da sindmich die Ratten wat am wetzen, da kannze donnich pennen bei son Krach.*

Bällchen, regionaler Ausdruck für Frikadelle, aber es gibt auch Bällchen aus Kartoffelpürree, *Komm, Tante Ida, nu tu donnon Bällken essen, dattuuto widda so lecka schmecken.*

Ballermann, 1. Pistole, 2. neuerdings: Ballermann 6: Ausdruck für einen Strandpromenadenabschnitt (Balneario) auf Mallorca, berüchtigt wegen der deutschen Männerkegelklubs, die sich dort einen ballern, sich - was solln sie auch anders dort tun? - besaufen und die Mitglieder von deutschen Damenkegelklubs anmachen. Solcherart betätigte sich einst der Heessener Kegelklub

„Aame Schlucka“; die schrecklichen Folgen wollen wir hier nicht erwähnen.

ballern, 1. schießen, 2. den Fußball kräftig durch die Gegend treten, 3. Darmwinde entlassen, 4. aber auch: sich einen ballern, sich betrinken, aus dem Polnischen: *balova'c, - Weisse, wenn die Jäusta am Vattatach mitten Kremser durche Gegend am juckeln sind, dann ballan diesich so richtich ein anne Mütze, bisdatse voll sind wiene Eule.*

Bandoneon, Akkordeon

Bangebux, Bangebüx, Angsthase, Feigling, *Wattunsan kleinen Rudi is, dattismich villeicht ne Bangebuxe, kuckma, widder vor Krukenkamp seinen Fiffi am abhaun is.*

Baokum-Hüewel, *ndd*, Bockum-Hövel, die Jungen Hamm-Heessens verbalhornten dies ordinärerweise in: *Bock mich höflich!*

Bär, der Bär ist los! 1. Randale ist im Gange, es gibt eine richtige schöne Klopperei, 2. **Den Bären tanzen lassen (den Bären im Karton tanzen lassen)**, sich total betrinken und dabei lustig sein, *Der Bär, der Bär, der rennt dahinten her, ich wollt ihn grade packen, da fing er an zu ...lachen, ich wollt ihn grade kriegen, da fing er an zu ...fliegen.*

Basel, Baselkopp, *ndd*, ungeschickter Mensch, der überall aneckt, *Du ollen Basel, du, kannze nich aufpassen auffen Buxbaum, datte im Rabaaba fälls.*

baselig, *ndd*, ungeschickt, vergeßlich

basen; *ndd*, schnell laufen

Batzen, Oberschenkel, *Meineh, wattutmich meinen linken Batzen widda weh!*

Bauchfletscher, Baucher, ein verunglückter Kopfsprung ins Wasser, bei dem man auf dem Bauch landet

Bäuerken machen, Kindersprache für Aufstoßen nach dem Essen

Bauklötze staunen, sich verwundern

Baum, es brennt der Baum, er ist total alkoholisiert

Bause, dicke große Tasse

Bax, *ndd*, kleiner Anbau, früher Backstube

beeumeln, jemanden reinlegen, siehe auch *eumeln*

bedröppelt, traurig, mißgelaunt, *Watter dröge Jupp widda bedröppelt am kucken is, nur weildat Bierauto inne Birk gekippt is.*

bedröselt sein, betrunken sein

Beeke, *nhd*, Bach, *Hänsken, gehsse mit anne Beeke, Pöggskes fangen?*

Beeken, *ndd*, Plumsklo der Nachkriegszeit. *Gipmichma eem die GLOCKE* (weitverbreitete Oelder Tageszeitung), *ich mußma eem auffen Beeken.*

bei, ersetzt oft die Präposition „zu“, *Fränzken, nu mach schonn, komm bei Omma!*

bekrabbeln, wieder gesund werden, wieder vergnügt werden, *Dat hätsse donnich gedacht, wa, datsich unsa Omma widda bekrabbelt, die waado man richtich drannen Löffel abgeben.*

Bello, 1. großer Gegenstand, 2. jugendlicher Ausdruck für männliches Geschlechtsorgan

Bennatz, Bennätzken, *ndd*, Bernhard

beömmeln, sich selbst reinlegen, *Hömma, du kannzmichma, beömmeln kannichmich selba.*

besemmelt, total verrückt

bestußt, dumm, verrückt

Besucherritze, die Trennritze - falls vorhanden - in einem Ehebett; in der Nachkriegszeit hatte man wegen der allgemeinen Wohnungsnot kaum eine Möglichkeit, einen Besucher in der Wohnung übernachten zu lassen, man sagte: *Hömma, kannz bei uns auffe Besucherritze schlafen, wennze kompss, wa.*

besumsen, sich besumsen, sich betrinken

betuppen, jemanden betrügen, in der Schule mogeln, wahrscheinlich aus dem Französischen: *duper* = täuschen

Biäküm, *ndd*, Beckum

bichten, *ndd*, beichten (Seine sexualmoralische Anleitung in der Katholischen Kirche der Nach kriegszeit erhielt der Westfale mit dem Spruch: *Wattu fröe mochtess bichten, datsinn nu dine Pflichten!*)

bienig, schlecht zu sprechen

Bier bleifrei, jugendlicher Ausdruck für alkoholfreies Bier

Biersuppe, Grundlage ist helles Bier, die Suppe wird mit Rosinen und Sago angereichert

biestern, *ndd*, in die Irre gehen, *Meineh, seit unsan Ötte mim Kopp vorde Scheune geknallt ist, isdermich mannurno inne Kämpe am biestern.*

Bimbo, jugendlicher Ausdruck für Neger, *Kuckma, der Bimbo da, mittie fein Neilons tuuta de Schicksen abschleppen.*

bimsen, 1. schlagen, 2. sexuelle Betätigung

Binsen, in die Binsen (gehen), kaputt gehen, *Den Staubsauger, den kannze vagessn, der is inne Binsen.*

Birne, sich einen inne Birne ballern, sich betrinken

birnig sein, blöd sein

Bisdietage, *ndd*, Auf Wiedersehn (Der legendäre Heessener Wirt August Walters sagte leutselig zum Abschied: „Auf Wiese gehn!"; nur wenn die Gäste dabei waren, sich vollaufen zu lassen, konnte er böse werden; die Schluckspechte schmiß er grußlos raus; diese torkelten dann nach Hennigfelds Kneipe ein Häusken weiter.)

bisse, bist du

Blage, *ndd*, Kind, wohl beeinflußt vom Wort *plagen* oder Wortumstellung *Wechselbalg*. - *Mitte Blagen hasse abba aune Last, wa, bisdatte die im Bett gescheucht hass.*

Blauer, ein in Heessen gebräuchliches Wort für einen Rothaarigen, eine etwas eigenartige unlogische Wortschöpfung, aber was soll man machen.

Blaumann, blauer Arbeitsanzug, blaue Latzhose, *Am Blaumann erkennzen Fachmann.*

Bleimann, kindlicher Ausdruck für Bleistift

blöderig, *ndd*, blutig

Blödsch, *ndd*, blutige Schramme,

auch Beule

blöken, laut rufen, brüllen

Blubberwasser, Sprudel, Mineralwasser

Bock, übern Bock ziehen, jemanden reinlegen

Bohnenkaffee, auch **Böhnchen**, im Gegensatz zum „Muckefuck" der Nachkriegszeit ein Kaffee aus „richtigen" Bohnen (Den gab es aber nur sonntags oder wenn während der Woche überraschend Besuch kam; der Bohnenkaffee wurde dann in der Guten Stube getrunken.) *Bei Tante Matta, da krisse sonntachs immer son lecka Böhnchen.*

bölken, schreien, brüllen

Böllemann, 1. Schreckgespenst für kleine Kinder, *Wennze nich aatich biss, dann komptich abba der Böllemann!* 2. Nasendreck

Bollen, *ndd*, 1. Schenkel von Tier und Mensch, Bein, 2. Gesäß, *Kinder, die nich wollen, kriegn wat auffe Bollen.*

Bollerwagen, Handwagen mit vier eisenbeschlagenen Holzrädern, bewährtes Transportmittel der Nachkriegszeit

Böllerwasser, Sprudel aller Art mit viel Kohlensäure, *Nee, vondat olle Böllerwassa krissedichdo Läuse im Bauch, datkannzedich inne Haare schmiern.*

bolzen, Fußball spielen

Bolzen, *ndd*, etwas abwertender Ausdruck für Katze, besonders Kater, *Watter Bolzen da widda hintade Mäuse her durche Fitzeboon am päsen is.*

Bolzen, auf den Bolzen kommen, endlich etwas verstehen, ein Rätsel lösen

Bömmel, Wollkugel an Mütze oder Tischdecken und Möbelbezügen

Boms, Bömsken, *ndd*, Bonbon

bor!, lauter, langgedehnter Ausruf des jähen Erstaunens, *Bor! Wattismichdatten Kawenzmann!* Wenn an das **bor!** ein **ej!** angehängt wird, weist das den Sprecher als zugezogenen knochenharten Ruhrgebietler und neuerdings auch als Manta-Fahrer aus.

Borree, Lauch, aus dem Französischen: *poireau*

Bottich, auffen Bottich müssen, auf die Toilette müssen

Brackmann, großer Gegenstand, Stein, *Ötte, holmichman Brackmann fürden ollen Wannerupp kaputthaun.*

braken, *ndd*, etwas unmotiviert hin und her laufen, aber auch schnell laufen, *Ker, gäzz hömmichdomma auf mittat Braken inne Bude, da wirsse ja ganz tüddelich von.*

bräsig, *ndd*, ungehalten, ärgerlich

Brassel, *ndd*, Unglück, viel zu tun, *Watter Affons is, der hatten ganz schön Brassel mittie vieln Blagen.*

Braß, Zorn, Wut, *Wat happichmich auf den Natz en Braß, für datter ein imma bein Doppelkopp betuppen tuut.*

Brathering, In der Nachkriegszeit wurde freitags in Heessen und im übrigen Westfalen in 90% der Haushalte Hering gebraten, einmal weil der Katholik von alters her freitags Fisch aß, dann weil der Brathering als Fleischersatz für die ganze Woche herhalten mußte. Da die meisten Haushalte nur über eine einzige Bratpfanne verfügten, hing der Bratheringsduft nicht nur das gesamte Wochenende über im Haus, auch schmeckte alles, was während der Woche gebraten wurde, Kartoffeln, Pfannkuchen, Spiegeleier mehr oder weniger stark nach Brathering.

Bratze, *ndd*, Schorf einer verheilenden Wunde, *Gäzz höddoma ändlich auf anne Bratze am knibbeln!*

Braut, jugendlicher Ausdruck für tolles Mädchen, *Heiliga Vata, siehdich ma die Braut da an, Löckskes wie sonne griechische Tempeltänzerin!*

Brechmann, ein sehr stämmiger starker Mann, *Kuckdichma den Tons Linnebank an, diesen Brechmann, der hepdo sein Tille mim kleinen Finga.*

breit sein, betrunken sein

Bremsklotz, jugendlicher Ausdruck für Frikadelle, *Ecka, nu seido nichso etepetete mitte Fingers, schieb domma son Bremsklotz rüba.*

brettern, 1. schnell und rücksichtslos fahren, 2. mächtig einen trinken

Brikett, einen Brikett auflegen, sich beeilen, *Ej, Willi, lechman Brikett auf, et is schonn halb fümf.*

Brillenheini, westfälische Übersetzung von Brillenschlange. Da der Brillenträger unter uns Kindern als unfähig angesehen wurde, entscheidende Leistungen im Leben wie „ordentlich Fußballspielen" und „sich verkloppen" zu bringen, wurde er wegen dieser Verkümmerung gehänselt, wo es sinnvoll erschien, zum Beispiel wenn er, statt Fußball spielen zu können, die meisten Sammelbildchen mit Fußballspielern des Ruhrgebiets aufweisen konnte. Wenn Kaplan Montag vom Freiherr vom Stein Gymnasium Hamm uns Brillenträger während der Religionsstunde aufforderte: „Nimm die Brille ab!", dann wußten wir rechtzeitig, daß wir eine geschallert bekamen. Bei Nicht-Brillenträgern schlug Kaplan Montag in erzieherischer Absicht unvermittelt zu; in seiner Jugend hatte Kaplan Montag dem Boxclub Dortmund angehört.

Brillenschlange, siehe Brillenheini

Brocken, *ndd*, 1. Kleidungsstücke, 2. auch andere Gegenstände, *Laßdonni imma deine Brocken aum Boden liegn, ker, dattuut ja hier aussehn wie beide Zigeunas!*

Brötchen, kindlicher Ausdruck für weibliches Geschlechtsorgan

Bröüm, *ndd*, Bräutigam

Brummfitz, *ndd*, Brummkreisel

Bubi, jugendlicher Ausdruck für Freund eines Mädchen, *Gäzz hattie Ulla ihrn Bubi ändlich auso weit, dattase mitnan Kurhaus schwoofen mitneem tuut.*

Bude, 1. abwertender Ausdruck für Haus, 2. Kiosk, *Fitsch ma eem anne Bude, holzemich en Pülleken Korn unnen paa Zaretten.*

bügeln, sexuelle Betätigung

Buhei, **Bohei**, *ndd*, Krach, Beschwerden, Sich-Aufregen, zusammengesetzt aus den Ausrufen *Buh* und *Hei, Meineh, nu mach donnich son Buhei wegen dat kaputte Schapp*

Bulle, in Westfalen wertneutrale, fast zärtliche Bezeichnung für einen Polizisten

Bullenkloster, Bergmannsheim, in dem unverheiratete Bergleute untergebracht sind, allgemein auch für Lehrlingsheim

Bullentee, jugendlicher Ausdruck für Gulaschsuppe

Buschen, *ndd*, zusammengebundenes Reisig, zum Beispiel als Uferbefestigung bei Bächen und Teichen verwendet

Bütte, Dose, Blechgefäß

Butter, **Bütterken**, Butterbrot, *Mamma, gäzz gipmich domma ändlich en Bütterken mit Schmalz un Rüümkraut.* Redewendung: **Butter beidie Fische tun** = zur Sache kommen

Butterblume, Hahnenfuß, auf den herrlichen westfälischen Juniwiesen zu großen Sträußen gepflückt (Zur Fronleichnamsprozession schmückten manche Heessener Frauen ihre Altäre nur mit Butterblumen, zum Beispiel Frollein Terhardt in der Dorfstraße; einen Goldglanz schufen sie so um ihre Heiligenfiguren herum.)

Buukpiene, **Buukkniepen**, *ndd*, Bauchschmerzen, aber nicht so ganz schlimm

Buxbaum, buschartiges Kraut, Einfriedung von Gartenbeeten und Gräbern, westfälischer Palmblätterersatz am Palmsonntag

Buxe, Büxe, *ndd*, Hose, *Jänsken, wathassemich fürne schöne weiße Buxe an, gäzz sezztich abba bloofsnich inne Wiese, ne.*

C

Castrop Rauxel, lateinische Übersetzung von *Wanne Eickel*

checken, etwas verstehen, begreifen, aus dem Englischen *to check* = Einhalt gebieten, ermahnen

Chicago scharf, Würfelspiel

claro, jugendlicher Ausdruck für klar, abgemacht, italienisierte Form

clean, jugendlicher Ausdruck für sauber, Übernahme aus dem Englischen

Cola bleifrei, jugendlicher Ausdruck für Diät-Cola

cool, jugendlicher Ausdruck für lässig, abgebrüht, Übernahme aus dem Englischen

Currytempel, jugendlicher Ausdruck für einen Schnellimbiß an der Ecke, in dem offenbar eine besonders leckere Currywurst angeboten wird, *Wennze Schmacht ham tuuss, gehsse im Currytempel un tuuss- dich n Würstken rein, dattis Sache und schmeckt lecka.*

D

daal, *ndd*, unten, hinunter, *Komm, nu steh nichso rum, set di daal!*

dämeln, dumm tun, sich unbeholfen anstellen, *Nu dämelmich donnich so rum, glei isdat Schüzzenfest zuende, ker!*

Dämlack, ein dummer Mensch. Das deutsche Wort *dämeln* ist mit einer polnischen Endung -*ack* versehen.

Dän, Dänken, *ndd*, kleines Mädchen

Dassel, *ndd*, Kopf, **einen auffen Dassel kriegen**, gemaßregelt werden, geschlagen werden

dattatta, daß das da, *Weisse, ich waddonnonie inne Beckumer Bärge, ne; dattatta so schön is!*

Daumenbreite, Maßeinheit, hat aber mit unsrem metrischen System wenig zu tun, ist sehr individuell zu verstehen

davonab, davon mal abgesehen, *Natürlich schmecktat Töttken indat Alten Forsthaus lecka, davonap, abba wennzedich den weiten Wech durche Walachei bedenken tuuss, da hättsse do lieba glei anne Frittenbude eima Weiß-Rot spachteln könn.*

Deele, Tenne

Deez, *ndd*, Kopf

Detlef, allgemein für Schwuler

Dicke Milch, Sauermilch

Dicke Pulle, Flasche Sekt, Champagner, *Hömma, Ötte, wennze ändlich den Lappen* (Führerschein) *hass, gipsse abba ne Dicke Pulle aus, wa!*

Dicke Suppe, Suppe aus Hülsenfrüchten (Erbsen, Bohnen)

Dicken, liebevolle Anrede für einen korpulenten Herren (man beachte den als Akkusativ getarnten Nominativ), *Ej, Dicken, sachma, wat brinxedennso für Funde auffe Matte, wa.*

Dicker Vater, ach du Dicker Vater, Ausruf der Verwunderung, *Ach, du dicken Vatta, gäzz hatt unsan Oppa doglattnon Krösken.*

Dicker, in der Keglersprache eine Kegelnachbildung aus massivem Messing, die derjenige bekommt, welcher an einem Kegelabend die wenigsten Punkte macht, *Horrido, der Willem nimpt schon widdan Dicken mitna Hause.*

Dickes Ei, ach du Dickes Ei! Ausruf der höchsten Verwunderung, *Ach, du Dickes Ei, kuckma, unsa dicke Tante Matta is Minni am tragen.*

Dier, dat aame Dier kriegen, *ndd*, Sorgen bekommen, Sorgen haben

Dierken, *ndd*, 1. Tierchen, 2. kleines Kind, 3. kleines liebenswertes Mädchen

diesen hier, begleitender Ausdruck zu einer Handbewegung, die z.B. Stehlen bedeutet, *Kuckma, wieder Häbbet innen Konsum so stickum diesen hier am machen is unsich Fluppen untan Nagel reißen tuut.*

Dilldopp, *ndd*, mit der Hand gedrehter Kreisel

Dingens, irgendeine Sache, eine Begebenheit, ein Mensch, *Höm-*

ma, kennstu den Dingens, den, na, hömma, den mitte Speckplautze, der mittie Dingens, na, wie heißtiedonno, mittie Ulla Sawatzki n Krösken hat.

Ditz, *ndd*, Dietrich

Dödel, Dummkopf, aus dem süddeutschen Raum übernommen

Dömpers, *ndd*, aus rohen Kartoffel geschnittene dünne Streifen, in der Pfanne gebraten. (Wenn man sie mit Pommes frites vergleicht, ist es für den Westfalen überhaupts keine Frage, was besser schmecken tut.)

Döneken, auch **Döntjes**, *ndd*, eine kleine wahre, meist aber unwahre lustige Geschichte

Donnerlüttchen! Dunnerlüttchen!, *ndd*, Ausruf der Verwunderung und der Überraschung

doof, dumm, dösig

Doofmann, Doowen, Schimpfwort, dummer Mensch. In der Nachkriegszeit das gebräuchlichste Wort für jeden, mit dem man nicht klar kam, auch wenn er gar nicht doof war. *Doowen, gipmichma eem den Backmann da. Ach gäzz läßta sich dat Ding aunoch auffe Mauken falln, he, du Doowen, du!*

Dopp, Döppken, *ndd*, kleines Kind

doppelt gemoppelt, westfälischer Verstärkung von doppelt

döppen, *ndd*, 1. Erbsen aus den Schoten pulen, 2. jemanden untertauchen, *Wennzemich nomma döppen tuuss, fitschich dich abba eine!*

Döppen, *ndd*, Augen, *Mensch, machdo deine Döppen auf, wennze aum Trottoa am Stolpern kompss.*

dösen, *ndd*, vor sich hinträumen

dösig, *ndd*, dumm, tranig, *Wat stehsseda widda dösig rum, tu wat!*

Dösken, Plural: **Döskes**, *ndd*, alle kleinen Schalen und runden Behälter, die aus Holz oder Plastik sind (im Gegensatz zum Pöttken aus Blech oder Keramik)

Döskopp, *ndd*, Schimpfwort, aber durchaus auch liebevoll gemeint unter Eheleuten, *Ollen Döskopp, gäzz komm ändlich bei Mamma im Bett.*

Döspaddel, *ndd*, dummer Mensch

dötschen, anschlagen, etwas leicht kaputtmachen, *Dat angedötschte Stücksken Platenkuchen, dat kannze abba selba essn.*

Dötz, Dötzken, *ndd*, kleines Kind

down, jugendlicher Ausdruck für total fertig, Übernahme aus dem Englischen

drauf an können, versichert sein, *Hömma, ichipdich ein aus, wennze michdat Moppät ma eem repariern tuuss, ährlich, ichipdich ein aus, kannze drauf an.*

Driete, *ndd*, 1. Dreck, Schmutz, 2. Fäkalien

drietendicke, *ndd*, total betrunken

Drietsack, *ndd*, Drecksack

dröge, *ndd*, trocken, ein nicht sehr unterhaltsamer Mensch, *Hassema den drögen Jupp seine Trulla angekuckt, die isdo son bißken inne Kuhle am treten, wa.*

drömeln, *ndd*, langsam sein, auf sich warten lassen. *Gäzz isder Jupp widda am drömeln, ja da* *kriessedo die Pimpernellen.*

Dröppelbier, ein schlecht gezapftes, schales Bier, einer der beleidigendsten Vorfürfe für einen echten westfälischen Wirt, *Hömma, du Sausack, dat Dröppelbier kannze dich abba inne Haare schmiern! In deine Scheißkneipe sezzich kein Fuß mähr.* (Normalerweise traf dieser Vorwurf jedoch in der Nachkriegszeit nur einen Wirt, der als Flüchtling zugezogen war und einfach nicht die langjährige Ausbildung eines westfälischen Wirts genossen hatte; solch ein Wirt bediente in Heessen im „Scharfen Eck", nomen est omen.)

dröppeln, 1. tropfen, 2. leichter Regen, *Jüppken, deine Nase is am dröppeln , ja, merxe dattennich.*

Drubbel, ein Haufen Menschen

druck sein, *ndd*, sehr beschäftig sein mit einer Sache, einen Termin einhalten müssen, *Wat meinze, die Gesellen von den Schreiner Bullmann, wa, wennse druck sind un den ollen Vogel fürt Schüzzenfest zusammenbasteln tuun, wa, dann sintie abba sowat von schnell, da kennze die gaanich widda!.*

Drüke, *ndd*, Gertrud, in die Literatur eingegangen durch den Roman von Augustin Wibbelt „Drüke Möhne"

duhne, *ndd*, betrunken

dull, *ndd*, toll, verrückt

dulle sein, *ndd*, betrunken sein

Dulle, *ndd*, Herz-Zehn beim Doppelkopfspiel

Dummdödel, Dummkopf, Blödmann

Dünnpfiff, Durchfall

Durchgemüse, ein Eintopf, in den die westfälische Hausfrau alles verfügbare Gemüse, auch Gemüsereste vom Vortag, vermengt mit Kartoffeln, dazu Speck oder ein Räucherendchen. *Hömma, wat hamdenn die Dömpers indat Duchgemüse zum suchen?*

Dusel, Glück

düsen, jugendlicher Ausdruck für schnell fahren, schnell rennen, allgemein: schnell etwas tun (Im Gegenteil zu H.B. aus dem Kegelklub Aame Schlucka, der machte immer alles ganz korrekt, ganz gediegen, aber eben auch etwas langsam. Der ist ja mal, also das haben mir die Aam Schlucka erzählt, also genau weiß man das ja nicht, der ist mal ganz langsam vom Balkon gefallen, wie in Zeitlupe, aber das ist eine andere Geschichte.)

Dussel, tolpatschiger, umher- tapsender Mensch, liebevolles Schimpfwort

Dusseldier, verstärktes liebevolles Schimpfwort, *Heini, wir danken dir, duhu Dusseldier!* (Lauter Gesang - Melodie: Heil dir dem Siegerkranz, *(klau, watte klauen kannz)* - von Kegelbrüdern, wenn einer am Kegelabend einen ausgibt, zum Beispiel, wenn er eine Pumpe (siehe „Pumpe") geworfen hat oder wenn seine Frau endlich ein Kind bekommen hat, wovon der Kegelbruder von seinem Hausarzt womöglich auf der Kegelbahn informiert wird.)

Düwel, *ndd*, Teufel

echt, wirklich, kräftige Bestätigung eines Sachverhaltes, der von anderen in Zweifel gezogen wird, *Der Kalla, der hat echt ein anne Waffel, sonss würter donnich umme Huushöllerschke von den Pastor Klünkelkamp rumscharwenzeln, dat gehtonnich!*

E

Ecka, Erika

Eckbauer, Kegelfigur, der äußere Kegel

Eff-Eff, aus dem Eff-Eff, etwas gelernt haben, etwas im Schlaf können. Die Herkunft dieser Verdoppelung *f.f.* ist unklar. Entweder aus der Kaufmannsprache des 17. Jh. eine Abkürzung für *feinfein* oder die musikalische Abkürzung *fortissimo* oder aus dem griechischen *P*, dessen Striche man nach oben über den Querstrich hinaus verlängert, im Mittelalter ein Hiweis auf die Sammlungen altrömischen Privatrechts. *Dat Möppkenbrotschmiergeln, dat kann Omma Außenfeld abba ausm Eff-Eff.*

egal ist achtundachtzig, Wendung, mit der man auf die abwiegelnde Wendung *Dattisdowoll egal, wa!* antwortet.

Ehrenrunde drehen, Schülersprache für Sitzenbleiben

ehrlich, Anhängsel als Bestätigung einer Aussage. *Abba der Natz is wirklich aussen fümften Stocke gefallen, auffe Garage, un is nix passiert, ehrlich.*

ehsse, eh du, *Ehsse na Omma Erna gehss, tuusse dich abba de Nase puzzen, Ettaken!"*

Eierberg, Bordell

eiern, schräg, unegal laufen, kann auf Maschinen, Räder und Menschen angewandt werden, *Kuckma, widder Kalla durch Kneipe eiert.*

Eigenheimer, im Garten angebauter Tabak der Nachkriegszeit, auf dem Balken, dem Dachboden getrocknet, auf dem westfälischen Küchentisch mit dem Brotmesser zu Krüllschnitt zerschnibbelt, unverwechselbar das modrige Aroma

Eimer, auffen Eimer gehn, auf die Toilette gehen

Eins, zwei, drei, Abzählvers, *Eins, zwei, drei, vier Eckenstein, alles muß verstecken sein, hinter mir, vorder mir, neben mir gildet nich.*

Eins, zwei, drei, Abzählvers, *Eins, zwei, drei, vier, fünf, sechs, sieben, eine alte Frau kocht Rüben, eine alte Frau kocht Speck, und du biss weck.*

Eisklaut, *ndd*, ein Kreiseltyp früherer Zeiten, eine konisch zugeschnittene Holzkugel, um die eine Schnur gewickelt wurde. Man schmiß den Eisklaut weg und hielt das Ende der Schnur in der Hand; so begann der Eisklaut dann zu trieseln.

ej, he du da, sehr häufiger Beginn einer Anrede von Westfale zu Westfale (Mit „ej" verhindert man ein zu direktes, somit unhöfliches Anquatschen.) *Ej, kannzmichma eem sagen, wodat hier nu Dolbärg zun Hermeswech gehn tuut!*

Elch, mich knutscht ein Elch, jugendlicher Ausdruck der Verwunderung

Elwer, Elfmeter, *Drei Ecken ein Elwer!* Wenn zwei Straßenmannschaften auf ein Tor spielten, wäre die eckenschießende Mannschaft benachteiligt gewesen, weil ein Spieler die Ecke treten mußte; dann hatte die andere Mannschaft einen Spieler mehr vor dem gemeinsamen Tor, deshalb einigte man sich darauf, statt drei Ecken einen Elfmeter zu schießen.

Endchen, Mettwurst, mit Vorliebe zu Grünkohl gereicht

Enne menne miste, Abzählvers, *Enne menne miste, rappelt inne Kiste, enne menne muh, raus bistu. - Raus bistu no langenich, sachmir ärs, wie alt du biss. - Zwölf! - Zwölf isnoch kein langer, langer Satz, sachmir ärs, wer isdein allerliebster Schatz.*

Enne menne ule, Abzählvers, *Enne menne ule, wir haben keine Schule. Warum denn nich, warum denn nich? Der Lehrer hatten Kind gekricht! - Wie soll es heißen? - Kalla! - Kalla hat im Bett geschissen, grade aufs Paradekissen, Mutter hats gesehn, und du kannz gehn.*

Erste Sahne, sehr gut, Spitze, Sonderklasse, *Dat läzzte Spiel auf Schalke war Erste Sahne.*

Eschek, beleidigendes Wort für Türke, es muß jedoch nicht sein, daß derjenige, der dieses Wort gebraucht, weiß, daß es beleidigend ist. Aus dem Türkischen: *esek* = Esel

Esel, Fahrrad

etepetete, sich zierend, vornehm, übertrieben vorsichtig, aus dem Niederdeutschen *öde* = überfein, dann noch humorvoll verdoppelt. *Meineh, Tante Trudis, nu seidonnich so etepetete mittat Töttken.*

ette, etteken, die da, Ausdruck für „sie“, für ein Mädchen, *Ette isma widda am Spiegel zugange mitte Löckskes!*

Eule, voll wiene Eule, zu wiene Eule, total betrunken sein, *Kuckma, watter olle Jans da inne Ucht inne Bank am hängen is, voll wiene Eule; dat kompt vonden Groch, dense sich in Altasheim imma untan Weihnachtsbaum heimlich am vakasematuckeln sind*

Eumel, 1. dicker, langer Gegenstand, 2. auch männliches Geschlechtsorgan, komm wohl aus der Seglersprache *eumeln* = sich der Flaute und dem Augenblickswind überlassen, nichts tun, vielleicht aus dem Englischen *on the oil* = auf dem Bummel

eumeln, 1. rumhängen, nichts tun, 2. sexuelle Betätigung

Experte, genau das Gegenteil von einem, *Mensch, Jupp, du bissmich villeichten Experten, wa, kuckdich datma an, wie die Waschmaschine am eiern is.*

F

faken, *ndd*, oft
falsch rum gewickelt, verrückt
Fännand, *ndd*, Ferdinand
feddich, fertig, *Komm, Gerd, machma ein feddich!* (In diesem Fall ist Gerd ein Gastwirt und erhält den Auftrag, ein Bier zu zapfen.)
Feeling, jugendlicher Ausdruck für Gefühl, Übernahme aus dem Englischen
Feger, abwertender Ausdruck für ein fragwürdiges Mädchen, *Die Ulla, diewattie roten Pfann aum Dach hat, dattismich son richtigen Feger, ja vadorrinomma.*
Feige, jugendlicher Ausdruck für weibliches Geschlechtsorgan
Feldwebel, Schaum auf Pils und Bier
Fenster, weg vom Fenster sein, 1. aus einer Gemeinschaft, aus einem Geschäft ausgeschlossen sein, 2 verstorben, *Der olle Oppa Straat- hoff, gäzz issa ändlich au wek vom Fenster.* (Als es noch keinen Fernseher gab, legten sich alte Leute, Knappschaftsrenter, Witwen an schönen Tagen ein Kissen auf die Fensterbank, stützten sich mit ihren Ellenbogen darauf und beobachteten stundenlang, was so auf der Straße vor sich ging, hielten ein kleines Pröhlken und wußten so, was in der weiten Welt passierte; starben sie, waren sie weg vom Fenster.)
Ferdi, Ferdinand
Fiärken, *ndd*, Ferkel
Fickel, Schmutzfink, Dreckbär, Nebenform von *Ferkel*
fickerig, ein nervöser, zappeliger Mensch
Fienchen, *ndd*, Josefine
fies für sein, sich vor etwas scheuen, ekeln, *Ach gehmichdoeinawek, wat binnichmich do fies für dat chinesische Essen mitte toten Hunde!*
fieseln, 1. etwas ganz genau hinkriegen, 2. leicht aber beständig regnen. *Wenn dat so den ganzen Tach am fieseln is, da hasse do keine Lust für im Gaaten, abba ährlich.*
Fiesematenten, Umstände, krumme Sachen, aus dem Französischen: *Visité ma tante* wahrscheinlich. Mit solchen Ausflüchten (Tante besuchen) beschwichtigten die Soldaten Napoleons westfälische Mütter, wenn sie mit deren Töchtern in die Büsche wollten. *Hej, du Ömmes, dat sarich dich abba, machmich blooß mittie Ulla keine Fiesematenten.*
Fieser Möppel, ein gemeiner, hinterlistiger Mensch, *meineh, wat bistumich fürn fiesen Möppel, schorsse die klein Blagen dat Möppkenbrot aussen Tonnek.*
Fiffi, kleiner Hund allgemein
Fillu, durchtriebener Mensch, aus dem Französischen: *filou* = Gauner. *Der Tons Störtenbrink, diesen Fillu, wa, keine Kunte inne Buxe, abba angeem wie zehn nackte Negas.*
finito, Schluß, aus; Übernahme

aus dem Italienischen *finito*

Fissel, Fussel, Haarreste, Flaum, z.B. auf dem Teppich

fisseln, leicht regnen

fitschen, 1. etwas wegschleudern, 2. schnell laufen, 3. schlagen, *Ecka, fitsch ma eem im Kabäusken, dat Eingemachte holn.*

Fitti, Friedrich

Fittich, Arm, *Hassen laam Fittich, wa?*

Fitzebohnen, *ndd*, Stangenbohnen

Fitzken, *ndd*, Stückchen von etwas, *Ker, dat Fitzken Panhas, dat kannzedo wollno essen, oda.*

fix und foxi, jugendlicher Ausdruck für total fertig, übernommen von den beiden bekannten Comicfiguren

Fizzemännken, *ndd*, ein ganz kleiner Mensch, den man in einer Zigarettenschachtel als Einzimmerwohnung unterbringen kann

Flabes, ein nicht ernst zu nehmender Mensch, der immer sehr klug tut, aber von nichts eine Ahnung hat, kommt von *Flabbe* = Gesicht, im Mitteldeutschen eigentlich: die herabhängende Unterlippe

Flachmann, flache Schnapsflasche, die gut in die Westentasche paßt, ein Bergmann nimmt ihn bisweilen mit in den Pütt (Von Hauer Eugen Stalevski aus Werne wurde berichtet, daß er seine Kaffeeflasche immer mit Schnaps gefüllt hatte, weil solch eine Kaffeeflasche weniger auffiel untertage als ein Flachmann.)

Flappe, Ausdruck für ein weinerliches Gesicht. Das Wort *Flabbe* = Gesicht ist auch hier die Vorlage. *Mensch, ziehnich sonne Flappe, die Perle da ausse Kalte Heimat, die kannzdo vagessn, dattisdon richtigen Wanderpokal.*

Flatschen, großer Fleck

Flattermann, 1. Brathähnchen, 2. neuerdings auch Engel, (Man denkt besonders an die riesigen Schutzengel, die auf religiösen Bildchen hinter einem Kind wandeln, das über eine schwankende Brücke geht. Frollein Hesselmann, eine verehrte Lehrerin der fünfziger Jahre, besorgte solche Bildchen in der Wallfahrtskirche von Werl als Anerkennung für gute Leistungen in der Schule. Ein Engelbildchen bekam man für zehn goldene Fleißkärtchen und ein goldenes Kärtchen für zehn rote Kärtchen. Zu Zeiten von Frollein Hesselmann hätte jedoch niemand gewagt, von einem Engel als Flattermann zu reden.)

fläzen, sich hinfläzen, sich ganz lässig hinsetzen oder hinlegen

Fleppen, Papiere, Arbeitsunterlagen, eventuell von *Flabbe* = Gesicht = Siegel- oder Münzbild. *Gäzz, wodeen Jupp Krukenkamp seine Klitsche inne Binsen is, hasse au deine Fleppen gekricht, wa?*

Fletge, herunterhängendes Augenlid

Fletsche, 1. Katapult, mit dem man Steine, Eicheln und Drahtkrampen verschießen kann, (Ungeratene Kinder der Hülseistraße, z.B. der Bölle, der Affons, der Paß, der Günna, der

Heinti und der Effi, schossen damit in den fünfziger Jahren die Straßenlampen, einfache 100 Watt Birnen, aus.) 2. Ball irgendeiner Art, mit dem man Fußball spielen konnte

Fletscher, Sturz allgemein, besonders oft auf den Sturz vom oder mit dem Fahrrad angewandt, *Hassen den Jola Wältermann gesehn, wiedern Fletscher mit sein Rädscher gemacht hat?*

Flittken, *ndd*, Flügel

Flitzebogen, Pfeil und Bogen, Kinderwaffen bei Auseinandersetzungen zwischen den Indianerstämmen der benachbarten Straßenzüge, den Apatschen vom Roggenkamp, den Komantschen vonne Hülseistraße. In Friedenszeiten erlegte man Spatzen und Ratten damit (Flitzebögen dienten ebenfalls zum Zerschießen der Straßenbeleuchtung).

Flitzenfänger, ein umtriebiger Mensch, Hans Dampf in allen Gassen, wenn auch etwas erfolglos. *Der Tönne, dattisdo son richtigen Flitzenfänger, wa, abba allens wat recht ist, en tofften Kumpel.*

Flöhe, Geld, *Wennze keine Flöhe hass, kannze dat deutsche Wirtschaftswunder man glatt vagessn.*

Flohbeißen, *Angenehmes Flohbeißen!* war ein beliebter Gute-Nacht-Gruß der Heessener Jugend

Flohkiste, jugendlicher Ausdruck für Bett, *Komm, Etta, schmeiß dich inne Flohkiste un fang am poofen.*

Flöte, ein unbeholfener, aber auch leichtsinniger Mensch, jemand, der nichts ernst nimmt, gut gemeintes Schimpfwort. *Ej du Flöte, gäzz hasse dein Schlips schon widda inne Gulaschsuppe am hängen.*

flöten gehn, etwas verlieren, verschwinden

Flügge, *ndd*, ein Mädchen, welches viel unterwegs ist, besonders abends mit den Jungens an der Ecke steht

Fluppe, Zigarette, *Schuckma ne Fluppe rüba!*

fluppen, gut und schnell gelingen, *Kuckma, wiedat mittat Stielmusstrippel bei den Bäänt fluppt.*

Fressalien, Speisen allgemein, besonders auch Proviant, den man auf Ausflügen mitnimmt

Fresse, abwertender Ausdruck für Gesicht. *Wennze nomma mein Täubken anpacken tuuss, krisse ein inne Fresse!*

Friddem, Friedhelm

friemeln, umständlich etwas herstellen, etwas Kompliziertes hinbasteln, *Meineh, wat bissedich da widda am friemeln, mit deine Stummelfingas krissedo dat Nippelken nich durche Öse.*

Friesennerz, neuerlicher Ausdruck für eine gelbe Öljacke, wenn auch die Westfalen mit der Seefahrt (außer auf der Möhnetalsperre) nicht viel am Hut haben.

friggen, *ndd*, heiraten

Friggerigge, *ndd*, Hochzeit, wird aber nicht mehr häufig gebraucht

fringsen, klauen, nach dem Kölner Kardinal Frings, der nach dem Krieg den Kohlenklau entlang der Bahnlinie Ruhrgebiet nach Westen kirchlich absegnete, als bibelkonform bezeichnete und mit einer Generalabsolution versah

Fritten, jugendlicher Ausdruck für Pommes frites, so gesprochen wie geschrieben

Frittenbude, Schnellimbiß alle fünfhundert Meter an der Straße, nicht wegzudenken zum Beispiel von der Heessener Straße. Es gibt dort aber nicht nur Fritten, sondern alles, was an Schnellimbißköstlichkeiten wie Currywurst oder Backhähnchen auf dem deutschen Markt ist, *Fitschma eem anne Frittenbude, Kalla, besorchma n halben Flattamann.*

Frittenschmiede, jugendlicher Aus- druck für Frittenbude

Frollein, Lehrerin. In früheren Zeiten blieben die Lehrerinnen unverheiratet und trugen zum schwar- zen langen Rock eine weiße Bluse, siehe Frollein Hesselmann.

Frosch, nun sei doch keinen Frosch, stell dich doch nicht so an, sei doch nicht so ängstlich

Frulüer, auch **Frulüede**, *ndd*, Frauen, *Biätte en Frulüedebollen int Bedde as en heiten Stein.*

Fuffi, Fünfzig-Mark-Schein, *Hier hassen Fuffi, abba gäzz her mittie Plünnen.*

Fummel, leichtes, bisweilen auch durchsichtiges Kleidungsstück, *Wathasse widda fürn Fummel an, willze na Pöttken Banse einen schwoofen, wa, Ecka?*

fummeln, 1. allgemein: an jemandem oder an etwas herummachen, 2. speziell: ein Mädchen betatschen, 3. beim Fußballspielen versuchen, um die Gegenspieler herumzukommen, meist ohne Erfolg, *Mensch, Jupp, wennze weita so am fummeln biss, dann könnwan ganzen Tach hier rumpöhlen, undat gipt nien Tor.*

Fünfe, *Nimmdich ärsma Fümwe!* , Pause machen

für umsonst, gratis, *Wennze ma eem anne Karre mit anpacken tuss, kannze nachher für umsonst ne Runde mitjuckeln.*

für, 1. diese Präposition kann mit vielen anderen Präpositionen gekoppelt werden, *Hömmö, du bisto villzu dösich für auffe Penne!* 2. wird oft anstelle der Präposition „zu" gebraucht: *Anton, sachtä Cervinski für mich.* (Anfang von W.H.Kochs Kolummnen: Kumpel Anton und Cervinski)

Furchenmolli, kleiner Hund, ängstlich, aber er kläfft wie wild. *Wennze euan Furchenmolli ma richtich schaaf ankucks, dann fitschter do untam Sofa.*

Furzknoten, 1. freches kleines Kind, 2. kleinwüchsiger, aber aufmüpfiger Mann

fuschen, abschreiben in der Schule, mogeln, *Herr Krukenkämper, die Klassenarbeit könnsesich spaan, ich fusch sowieso!*

Fuschzettel, Mogelzettel

Füße, wat anne Füßen haben, etwas besitzen, z.B. viel Geld haben, *Wennzen Schüzzenkönig spielen willz, musse abba ganz schön wat anne Füße ham.*

Fußnägel, da krempeln sich ein ja die Fußnägel um, das ist ja schlimm, das ist ja sowas von verdreht, das ist ja nicht zum Anhören, das kann man ja nicht mitansehn.

futsch, weg, verloren

futschikato, italienische Verformung von „futsch"

Futt, 1. Gesäß, eigentlich weibliches Geschlechtsorgan, 2. sehr abwertend für Mädchen

futterig sein, ungeduldig sein

Futtfinger, schmutzige Finger, *Gäzz geh ändlich mitteine Futtfingas aussen Essen, du ollen Sausack!*

Futtkamadonna, eine Frau mit einem etwas breiten Gesäß

Fuzzi, ein kleiner merkwürdiger Mensch, der eine Macke hat, so genannt nach einem Westernhelden der fünfziger Jahre

G

Gänsefutter, Eintopf aus weißen Bohnen, Stangenbohnen, Möhren und Kartoffeln, oft wird ein Schinkenknochen darin verkocht, falls nicht vorhanden, tut es auch Speck; aber in welchem westfälischen Haushalt sollte kein Schinkenknochen verfügbar sein.

Gänseköppen, Wettbewerb eines Schützenvereins in der Winterzeit. Eine voher getötete Gans wird in einen Korb in Augenhöhe aufgehängt, mit verbundenen Augen versuchen nun ein Schützenbruder oder eine Schützendame mit einem scharfen Säbel den Hals der Gans durchzuschlagen. Wer es schafft, ist Gänsekönig. Das ist eine blutige Angelegenheit, bisweilen schlägt sich der Schützenbruder auch ins eigene Bein oder verletzt Kameraden. Ein Arzt sollte tunlichst immer zugegen sein.

gau, *ndd*, schnell, *Gäzz men gau dat Möppkenbrot vadrückt undann nix wie ap inne Heia*

gebacken, dat krisse nich gebacken, das bekommst du so nicht hin, das klappt nicht, *Weisse, wennze wie son Pütrologen laban willz, ne, dann musse au in Doatmund wohn, sonss krisse dat nich gebacken.*

Geburtshelfer, Flaschenöffner

gediegen, merkwürdig, seltsam, *Dat ismich do gediegen, datter Affons nimmär mittie Ulla am gehn is.*

Gedöns, 1. allerlei unordentliche Gegenstände, Kram, unnötiges Getue, 2. Gekröse

geel, geil, gelb, überreif

gehmichdoeinawek, abweisender Ausruf, wird grundsätzlich als ein einziges Wort so schnell gesprochen, wie es der Westfale kann, also so schnell nun auch wieder nicht, aber meist mit einem weinerlichen Unterton versehen.

gehsse, gehst du

geiern, laut lachen, *Alzder Reinhold Lenz da mim Kopp zuärst üban Lenker n Fletscher gemacht hat, meineh, wat hamwir uns ein gegeiert.*

geigen, sexuelle Betätigung

geil, 1. scharf auf Sex, 2. Ausdruck der Bewunderung: Klasse, Spitze

Geist, auf den Geist gehen, jemanden verrückt machen mit seiner peniblen Art, seiner Pfennigfuchserei, seiner Rechthaberei

geplättet, jugendlicher Ausdruck für fertig sein, verwundert sein

Gequetschte, Pfennigbeträge, *Dattuut zwei Maak kostn unnen paa Gequetschte!*

geschenkt!, Ausruf, wenn man bedeuten will, daß alles Weitere, was gesagt werden soll, überflüssig ist

Gesocks, schlechte Menschen, Gauner, Asoziale, Zigeuner, also immer die anderen, nie man selbst. Das Wort kommt wohl von *Socke*, galt für Leute, die kein ledernes Schuhwerk trugen. *Mittat Gesocks von hintade Bahn, da wollnwa nix zum tuun ham, dat sind allet Zigeunas und Kommenisten.*

Gesöff, abwertender Ausdruck für jedes beliebige Getränk, auf Bier nur selten angewandt, denn der Westfale weiß, wo er ordentliches Bier herbekommt.

Gesülze, süßliches, anbaggerndes Gelaber eines Mannes um eine Frau, aber warum eigentlich nicht

Gewöhnlicher, ein ganz normaler Korn, *Komm, Gerd, gipmichma eem Gewöhnlichen!*

gilpen, *ndd*, zwitschern. Ein Spatz z.B gilpt besondern nervtötend

Glasbausteine gerahmt, eine Brille mit enorm dicken Gläsern, jugendlich phantasievoller Ausdruck, bisweilen im Hinblick auf den Schreiber dieser Zeilen gebraucht.

gnadderich, *ndd*, unzufrieden, bissig

Gnaosterpinn, *ndd*, Geizhals

Gniesepriem, *ndd*, Geizkragen, ein mißtrauischer Mensch

gnöcheln , *ndd*, lächeln

göbeln, sich übergeben, *Wat musse auch soviel Panhas verdrücken, Heini, gäzz hasset, gäzz musse göbeln.*

Gosse, Vertiefung neben der Kegelbahn. Wenn die Kugel hineinrollt, wirft man eine Pumpe (siehe „Pumpe“) und muß einen Tacken (siehe „Tacken“), bei den Kegelklubs der Oberen Zehntausend Westfalens, also Mercedeshändler, Bauunternehmer und Ärzte, auch mehr, in die Kegelkasse zahlen.

Graf Koks, Umschreibung eines Angebers, *Watter Heini Klockenkamp is, der giptichwat an wie Graf Koks vonne Gasanstalt.*

Graote Baonen, *ndd*, Eintopf aus braunen Bohnen und Kartoffeln, im Hochdeutschen auch Pferdebohnen genannt

gräsig, *ndd*, knurrig, grantig

gratifuzzifilieren, gratulieren, jugendlich flotter Ausdruck. *Fuzzi*, der Westernheld, stand bei dieser Wortschöpfung Pate.

Grieben, ausgelassener Speck, Zusatz im Griebenschmalz

Griffel, Finger, *Mensch, tu deine dreckigen Griffel aussen Wackelpudding*

Grufti, 1. jugendlicher Ausdruck für einen alten, scheintoten Menschen, 2. Bezeichnung für eine Modeerscheinung der achtziger Jahre: Junge Leute trugen schwarze Kleidung, schminkten sich das Gesicht weiß, die Lippen schwarz, lebten in schwarz drappierten Zimmern und suchten nachts den Friedhof auf.

Grummeln, *ndd*, 1. leises Donnern, 2. als Verb auch: leise vor sich hin meckern

Grünholen, Brauch beim Schützenfest: Junge Birkenäste werden zum Verzieren der Hausfronten von den Schützenbrüdern gegen Entgeld oder Schnaps verteilt; das Entgeld wird in der Avantgardenlaube in Schnaps umgesetzt und vertrunken (sic!). Bisweilen überstehen Schützenbrüder das Grünholen nicht, legen sich im Wald zum Nickerchen und werden die ganze Nacht über von besorgten Angehörigen gesucht und dann morgens als vermißt gemeldet.

Gummiadler, zähes Hähnchen, *Hömma, aufden Gummiadler da vonne Frittenbude, da kannze ne ganze Horde Soldaten ne Woche draufrumkaun lassen.*

Günna, Günter

Gunsdagg, *ndd*, Mittwoch

Gute Stube, Wohnzimmer, in welchem nur an Sonn- und Feiertagen der Ofen geheizt und wo mit dem feinem Geschirr (Hochzeitsgeschenk) gegessen wird, in der ein Besuch empfangen wird und in der früher ein Verstorbener aufgebahrt wurde

Gütsel, *ndd*, Gütersloh

Guttgoan!, *ndd*, mach(t)s gut, auf Wiedersehn (Dieser plattdeutsche Gruß hat sich auch bei Leuten eingebürgert, die als Flüchtlinge nach dem Krieg von drüben kamen.) Die Antwort ist: **Aok so!**

H

Haare, in die Haare schmieren, auf etwas verzichten, was jemand einem anderen geben will, *Hömma, dat Stielmus, dattisdo total vasalzen, dat kannze dir abba inne Haare schmiern.*

Häbbet, Herbert

Hacken, ein inne Hacken haben, betrunken sein, *Meineh, watatter olle Ulenkamp widda ein inne Hacken, un zuhause de Blagen sintam Jängeln, weilse nix zun Spachteln ham.*

Hackereis, Eine Eier-Mehlmasse, kleingehackt, so daß sie aussieht wie Reis, als Füllmaterial für Milchsuppen und Gemüsesuppen

Häckselpättken, *ndd*, Häckselstreuen vom Haus der Braut (des Bräutigams) zu einem verflossenen Verehrer (einer verflossenen Verehrerin), wird schon in Goethes „Faust I" erwähnt, Szene:

Gretchen am Brunnen: „Das Kränzlein reißen die Buben ihr, und Häckerling streuen wir vor die Tür!“ (Daß Goethe dabei an Hamm-Heessen dachte, hat Eckermann vermutet, es ist aber nicht mit letzter Gewißheit nachzuweisen.)

Hafkesbieck, *ndd*, Havixbeck

Halbes Pferd, jugendlicher Ausdruck für ein halbes Pfund Gehacktes mit Zwiebeln

Halfgeduorschkener, *ndd*, plattdeutsche Wendung für das Wort Halbstarker

Halligalli, einen drauf machen mit Getöse

Hammer, 1. Dachdeckerspruch: *Am Arsch da hängter Hammer von hunnertachtzich Pfund, und unten issen Stiel, under is kugelrund.* 2. männliches Geschlechtsorgan

Hämmut, Helmut

hamwa, haben wir

hängen bleiben, Schülersprache für Sitzenbleiben

Hängen im Schacht, schlimmer Ausgang irgendeiner Begebenheit, eines Unternehmens, einer Sache, aus der Bergmannssprache, *Wenndie Jäusta von FC Eintracht weita so inne Gegend rumpöhlen, dann is abba bald Hängen im Schacht.*

Hänsel und Gretel, violette Frühjahrsblumen (Glockenblumen)

happy, jugendlicher Ausdruck für glücklich, Übernahme aus dem Englischen

Hast, *ndd*, Rauchfleisch vom Rind

hattatta, hat das da... geregnet, *Waasse am Samstach auf Schalke, hattatta geplästert?*

Haubitze, voll wiene Haubitze, total betrunken sein

Haue, Schläge bekommen, *Wennze nich ändlich den Teller aufessen tuuss, krisse Haue.*

Haumichblau, mit dieser Wendung zog man kleine verängstige Kinder auf, *Fränzken, gehma eem inne Appoteeke, kaufdich fürn Tacken Haumichblau.*

Hebamme, Flaschenöffner

Heia, Bett, *Gehsse gäzz ändlich inne Heia oda mussichdich mittet Stochereisen komm!*

Heiermann, 1. Geldschein, 2. auch Fünf-Mark-Stück, 3. Schimpfwort für jemanden, der etwas falsch gemacht hat

Heijo, Heinz Josef

Heiliger Vater, erstaunter, empörter Ausdruck, aus der Katholischen Kirche entlehnt, *Heiliga Vata, kannze nimma ändlich aufhörn am nörgeln üba dat Färnsehprogramm, die Schwazzwaldklink isdo wirklich eins-a!*

Heini, 1. Heinrich, 2. auch Schimpfwort: *Son blöden Heini!*

Heinti, Heinz

Heißer Stein, Bettwärmeinrichtung. In Ermanglung von Wärmflaschen, von ordentlich geheizten Schlafzimmern nahm man früher einen in Tücher gewickelten Ziegelstein, noch besser einen großen Kiesel aus Granit mit ins Bett, den man vorher im Backofen erhitzt hatte.

helleweg, Verstärkung eines Attributs, *Kuckma, watter Kalla helle-*

wek begeistat von sein neuet Moppät is.

Hempels, bei Hempels unterm Sofa, Ausdruck für extreme Unordnung und Unsauberkeit, *Dattut bei euch aussehn wie bei Hempels untan Sofa.*

Hengel, Griff an einer Tasche, an einer Kanne, *Warum kannze au-nich aufpassn, du Döskopp, gäzz isder Hengel vonne Tasse ap.*

Henkelmann, emailiertes Eßgeschirr, welches der Bergmann mit in den Pütt nimmt

Hennes, Johannes

Heringstipp, eingelegter Hering, eines der zehn Lieblingsgerichte des Westfalen, zergeht dem Westfalen auf der Zunge wie Schlagsahne, wird mit Pellkartoffeln garniert (Eingefleischte Heringsstippfans behaupten, er schmecke am besten, wenn der Hering schon leicht in Verwesung übergehe.)

herummurksen, versuchen, etwas zu reparieren, ohne Ahnung von der Sache zu haben. *An den Ötte waanse beide Opperazzion abba gannz schön ein am rummurksen; gäzz hatta de Quanten falschrum eingehänkt, gehmichdoeinawek.*

Heu, Geld

Heuwägelchen, laß ärs man Heuwägelchen vorbei, sagt man zu einem Stotterer, wenn er allzu heftig hängen bleibt

Hiärm, *ndd*, 1. Hermann, 2. Herbern (Ortsname)

Himmel und Erde, Eintopf aus Kartoffeln und Äpfeln, süß-sauer, gehört aber nicht zu den zehn Lieblingsgerichten des Westfalen

Himmeldiebärge, Ausruf der Verwunderung und des Ärgers, *Himmeldiebärge, Rudi, watbisdu ollen Suopnickel widda schicka!*

hinkeln, Kinderspiel, bei dem man auf einem Bein hüpft und ein Klötzchen durch verschiedene Kästchen schießt, wobei das Klötzchen nicht auf einer Linie liegen bleiben darf. Beliebt war in Heessen das Spiel: Himmel und Hölle.

Hinkelstein, Holzstück, das beim Hinkeln gebraucht wird

hinknickern, jugendlicher Ausdruck beim Fußballspielen, eine Vorlage geben, die nicht ankommt

Hippe, *ndd*, 1. Ziege, 2. auch abwertender Ausdruck für Mädchen

Hippenbuk, *ndd*, Ziegenbock

Hirni, jemand, der etwas absonderlich denkt

Hobel, jugendlicher Ausdruck für Motorrad oder Auto

höddomma, nun hör doch mal

höh! Fragepartikel, *Höh, wattis dattan, hasse schonn widda de Buxe kaputt, wat spielsse au imma innen Stacheldraht?*

Holschken, auch **Holschen**, *ndd*, Holzschuhe

Holt vörde Düör, *ndd*, einen mächtigen Busen haben

Hölzken, vom Hölzken aufs Stöcksken kommen, sich in allzuviel Einzelheiten verlieren, eine Geschichte immer weiter spinnen

hömma, hör mal

hörssema, hörst du mal

Hose, tote Hose, es spielt sich nichts mehr ab

Hosenstall, Hosenschlitz

Hotte, Horst

Hottemax, kindlicher Ausdruck für Pferd, auch Schaukelpferd

hotten, tanzen, vom englischen *hot* = heiß

Hucht, *ndd*, Haufen, Staude

Hucke, *ndd*, 1. **die Hucke voll kriegen**, jemanden verprügeln, 2. **sich die Hucke vollsaufen**, sich betrinken

Huckel, kleine Erhebung

huckelig, uneben, *Wattis, aufdiese huckelige Wiese wollta pöhlen, ihr haptse donnich alle.*

Hücksken, *ndd*, auf den Fersen sitzen, in der Hucke, *Gäzz sitztada im Hücksken vord Mäuseloch un is am rumprorkeln.*

Huddel, *Is allet Huddel!*, Blödsinn, das ist alles Blödsinn

Hugo, Zigarette, eigentlich eine erkaltete, schlecht riechende Zigarette, eine Wortverdrehung aus dem Französischen: *hautgout*, einer Bezeichnung für Wildgeschmack (von leicht verwestem Wild), **flotter Hugo**, Durchfall

Hühner, nicht mehr alle Hühner im Stall haben, verrückt sein

Hüsken, *ndd*, Plumpsklo

Hussa, hussa, hussassa, o Dunnerkiel! Trinkspruch der Schützenbrüder, besonders beliebt, wenn man scharfe Sachen runtergekippt hat, weil man dann das *Hussa* so richtig aus dem gereizten Schlund zischen kann.

Hustekuchen, Ausdruck für eine nichtige Sache, *Hömma, dat Gelaber vonne sechs Richtige im Lotto, dattisdowoll Hustekuchen, wa.*

I

I-Männchen, Erstkläßner, Dotz, *I-Männken, Kaffeekännken, laß dein Püppken tanzen; wennet nichmär tanzen kann, fälltet inne Kaffeekann; I-Männken fällt um, I-Männken is dumm.*

Ich und du, Abzählvers, *Ich und du, Müllers Kuh, Müllers Esel, das bistu!*

inschuld, schuld sein, *Datte gäzz nix für zum vakasematuckeln hass, dat bisse selps inschuld, gäzz is dat Faß inne Avantgaadenlaube alle; wat kompsse au widda so spät.*

intellent, jugendliche Verballhornung des Wortes: intelligent, *Wennze intellent biss, gehsse aufs Amt, wennze dösich biss, gehsse auf Maloche.*

Ipschek, ein kleines, nichtssagendes Männchen, vermutlich eine dem polnischen entlehnte Verbalhornung und Vermännlichung des Wortes *Ische* = Frau

Ische, 1. Ehefrau, 2. abwertend für Mädchen, aus dem Jiddischen: *ischa* = Frau

Itacker, abwertende Bezeichnung für einen italienischen Gastarbeiter

Iwan, in der Soldatensprache, aber auch allgemein in der Nachkriegssprache: Russe

J

Jacht, *Du kriss ne Jacht, wennze nomma den Buxbaum ausreißen tuuss.*

jachtern, *ndd*, herumrennen, herumjagen, herumfahren

Jacke, 1. **die Jacke voll haben**, betrunken sein, 2. **die Jacke voll hauen**, jemanden verprügeln

jallern, vor sich hin singen, *Gäzz sintie aum Vattatach seit heutmoin am jallan „Einen geht noch, einen geht noch rein..." un kuckma, wiese da alle inne Seile häng tuun.*

jalpken, jammern (ein Hund jalpt)

Jammerlappen, ein weinerlicher Mensch, *Mitteen Jammalappen von August kannzedo kein Staat machen.*

jängelig, *ndd*, weinerlich,

jängeln, *ndd*, vor sich hin weinen, wehleidig tun, *Ogottogott, wat bissemich widda am jängeln! - Dann stell ändlich dein Schuoken von meine Pfoten.*

Jans, *ndd*, Johannes

Japs, *ndd*, ein Clown, ein unernster Mensch, von *japsen* = mühsam Luft holen, *Du ollen Japs, du, nimm ändlich de Pfoten ausse Stippmilch.*

jasken, *ndd*, herumalbern

jau, *ndd*, ja, übliche Bejahung im täglichen Leben, wird vom Westfalen grundsätzlich gebrüllt oder zumindest überlaut ausgesprochen

Jaust, ein Lausbub, *An Ballermann sex waan die Jäusta vonne Aam Schlucka widdama voll auffe Rolle.*

Jonny, jugendlicher Ausdruck für einen irren Typen, Sinnveränderung des englischen Vornamens *Johnny, Bor, ej, schaudichma den Jonny da an, wia den Brackmann inne Ecke feuat.*

Jordan, über den Jordan gehen, sterben, *Wenn der Natz sich weiter so den Schnaps reinballat, dann gehtichder bald üban Jordan.*

juckeln, fahren, umherreisen, *Gäzz isder Kalla mit sein neuet Moppät inne Lippwiesn am rumjuckeln, wenna mannich vorn Deich brummt.*

jucken lassen, was Interessantes anfangen, einen drauf machen, *Laß jucken, Kumpel.* (Romantitel von H.H.Claer)

Juffer, *ndd*, 1. alte Jungfer, 2. Lehrerin, 3. Haushälterin

Jupp, Jüppken, *ndd*, Josef

juppheidi, Ausruf der unbändigen Freude, wenn der Westfale auch mit solchen emotionalen Ausbrüchen sparsam umgeht

juxen, einen Spaß machen

K

Kabäusken, kleines Zimmer, Abstellkammer, geht zurück auf das Niederländische: *kabuis* = kleine Kabine, *Gehsse ma eem im Kabäusken, nache Kätzkes kucken.*

käbbeln, zanken

Kabuff, Kabüffken, *ndd*, kleines Zimmer, aus dem Mittelniederdeutschen: *Kabuse* = Kombüse

Kackstuhl, Kegelfigur, in der nur

die äußeren Kegel stehen bleiben

Kackstuhl mit Lehne, Kegelfigur, drei Kegel aus der Mitte sind weg, die beiden Hinterdamen stehen

Kaff, zurückgebliebenes, langweiliges Dorf, *Dat Kaff Dolbärch, dat kannzedo glatt vagessen, da sintie doschonn um sex Uhr de Bürgasteige am hochklappen. - Ej, wattunich sachss, hapta in Heessen übahaupts Bürgasteige?*

Kaffer, ein aufdringlicher, ungehobelter, unangenehmer Mensch, eine Entlehnung aus dem Afrikanischen, *Hej, du Kaffer, paßdo auf, wennze übade Straße gehss. Dich hamse woll grade mitte Banane vonne Palme gelockt, wa.*

Kahn, 1. in den Kahn gehen, ins Gefängnis gehen, **2. einen im Kahn haben,** betrunken sein

Kalabräser, 1. breitrandiger Hut, 2. dickes Gesäß, 2. auch großer Gegenstand, wahrscheinlich italienischer Wortanklang

Kalla, Kalli, Karl

kalt, schlecht, besonders wenn es um Witze geht, *Noch son Kalten unnet is am Winter wern.*

kalt machen, jemanden töten, jemanden ausschalten

Kamisölken, *ndd*, Vorhemd, aus dem Französischen: *camisole*

Kamp, *ndd*, Weide, Wiese

Kamp Lintfort, englische Übersetzung von *Wanne Eickel*, ursprünglich aus dem Lateinischen: *Castrop Rauxel*

Kamuffel, einfältiger Mensch, Tölpel

Kanacke, 1. Nachkriegsausdruck für die in der Soester Börde stationierten Kanadier, 2. allgemeines, aber gutgemeintes Schimpfwort

Kanalratte mit Halsband, jugendlicher Ausdruck für einen kleinen schmierigen Hund, der auch noch aussieht wie eine Ratte

Kanne, an der Kanne hängen, Bier trinken, auch: süchtig sein

kannzema, kannst du mal

kannzmichma, du kannst mich mal! Abwehrender Ausruf, *Hömma, du hasse woll nimmär alle auffe Latte, du kannzmichma!*

kapaftig, Zuruf, Aufmunterung, Bekräftigung, *Dat hättse ma sehn solln, wie die Jäusta vonne DJK einen vakimmelt ham, kapaftig!*

Kappaaten, weit in den Karpaten, *Wennze soweit inne Kappaaten wohn tuuss, bisse ne aame Sau.*

Kappes, 1. alle Arten von Kohl, 2. Unsinn. *Werim Somma Kappes klaut, hattim Winta Sauakraut!*

Kappeskopp, Blödmann

Kappores, Zerstörtes, Totes, aus dem Jiddischen: *kapore* = Sühneopfer

Kappotthut, altmodischer Hut, aus dem Französischen (?): *chapeau* = Hut

Kapps, schieb im Kapps, verschwinde, hau bloß ab

Kappsrolladen, Kohlrouladen

kaputt, entzwei, aus dem Französischen: *capot*, ein Kartenspielerausdruck für den Verlierer

Kaputte, ein kleiner Rest, *Hier hasse dein Heiermann unnen paa Kaputte bei, datte ändlich aufhörn tuuss am jallern.*

Kaputter, ein Mensch, der nichts mehr bringt, *Kuckdich blooß den Kaputten da anne Trinkhalle an. Dattatta davon, dattadat Pülleken nich stehn lassen kann.*

Karacho, mit großer Geschwindigkeit, aus dem lateinamerikanischen Spanisch: *carajo* = männliches Geschlechtsteil, *Kuckma, wieder Affons mit Karacho durche Krüpers am päsen is.*

Karbolmäusken, Krankenschwester, wurde neben den Friseusen den jungen katholischen Männern von Pater Leppich als sehr labil und lüstern dargestellt, vor denen sich die jungen katholischen Männer unbedingt hüten sollten. So aufgeklärt und auf die richtige Fährte gebracht, sorgten die katholischen Jungmänner dafür, daß das Gegenteil eintrat.

Karfreitag, Einen eigentümlichen, religionsgeschichtlich interessanten Brauch übten die Heessener katholischen Landwirte früher am Karfreitag aus, indem sie die traditionelle Frühjahrsjauche an diesem Tag besonders in der Nähe der evangelischen Kirche ausgossen, eingedenk der Tatsache, daß Heessen normalerweise ein katholisches Territorium war und die Evangelischen sich in ihrer Diasporasituation geduckt verhalten mußten, besonders an ihren hohen Feiertagen. Die katholischen Kinder der Nachkriegszeit waren auch überzeugt, daß die Evangelischen alle in die Hölle kommen würden und nahmen sich so das Recht heraus, die evangelischen Kinder zu trietzen, wo sie nur konnten. (Trotzdem hat der bekannte katholische, aus Schlesien eingebürgerte Heessener M.K. eine Evangelische geheiratet, nun denn...)

Karlchen, Kreuz-Bube im letzten Stich beim Doppelkopf

Karre, Auto, Fahrrad, Motorrad, eben alles Fahrbare

Karro, Butterbrot, *Wat hasse auffen Karro? - Lecka Mettwurst von unsa Tante Matta aus Appelhülsen.* (Auf dem Karro konnte aber auch nur Pfannkuchen sein, weil das mit der leckeren Mettwurst nicht so selbstverständlich war in der Nachkriegszeit. Und das berühmte Dolberger Butterbrot bestand aus einer Schnitte Brot oben und einer Schnitte Brot unten und dazwischen eine Schnitte Brot.)

Karte odern Stück Holz, ungeduldiges Verlangen, daß beim Kartenspiel endlich bedient wird

Karton, gleich rappelt es im Karton, Warnung, nicht weiterzumachen, wenn man nicht bestraft werden will

Käsemauken, Schweißfüße, Stinkfüße.

Kattenvienn, *ndd*, Kattenvenne

Katzenfresser, böse Bezeichnung der Nachkriegszeit für Schlesier (Flüchtlinge insgesamt), die einheimischen Kinder riefen: *A Katzla und a Hundla sind fürn Schlesia gesundla!*

Katzoff, Messer, eigentlich das Fleischermesser, aus dem Jiddischen: *kazow* = Metzger

Kawenzmann, auch **Krawenzmann**, 1. großer Gegenstand, z.B. Stein, 2. großer Mann, fußt wahrscheinlich auf *Konventsmann*, einem beleibten Mönch, Bewohner eines Konvents, 3. jugendlicher Ausdruck für männliches Geschlechtsorgan

Kawupptich, mit Elan, mit Schwung, kommt wohl von *wippen* = schaukeln. *Der Bäänt, wa, mit Kawupptich inne Kurwe, undann hängta auschonn mitsein Rädscha auffen Mistfall.*

Keks, auf den Keks gehen, jemanden verrückt machen, *Mensch, gäzz hör ändlich auf mitteine dusselige Storri vonnen Pferd in Finanzamt, du gehss eindo auffen Keks damit.*

Kellerhamster, voll wien Kellerhamster, total betrunken. Warum gerade ein Kellerhamster total betrunken sein soll, ist nicht klar, vielleicht kam der in früheren Zeiten an den Aufgesetzten heran, den man dort reifen ließ.

ker!, Ausruf des Ärgerns, Anhängsel an erbosten Sätzen, *Nu laßdomma ändlich dat vadammte Jallern, ker!*

Kid, Kids, Kinder, Übernahme aus dem Englischen (mehr aus dem Amerikanischen), wird auch in Hamm-Heessen von jugendlichen Eltern durchaus schon gebraucht

Kiepe, *ndd*, Tragekorb auf dem Rücken

Kiepenkiärl, *ndd*, Hausierer, z. B. eingesetzt auf der Strecke Heessen - Münster, gleichzeitig Flitzenfänger, Schlickefänger und Heiratsvermittler. Ein berühmt berüchtigter Heessener Kiepenkiärl war im letzten Jahrhundert Jan Dümpelkamp, Vorfahre der ansonsten angesehenen Familie Weischer; das einzig erhaltene Heessener Helden- epos in plattdeutscher Sprache berichtet darüber.

Kies kauen, nur mühsam das Essen runterbekommen, weil es einem partout nicht schmecken will

kiewiev, auch französisch geschrieben und ausgesprochen: **quivive**, jemanden auf den kiewiev haben: auf jemanden genau aufpassen, auf dem kiewiew sein: wachsam sein, seinen Vorteil ausnutzend. Aus dem Französischen: *qui vive?* = wer ist da?, im Militärischen der Zuruf der Wache, eigentlich zu übersetzen mit: wer lebt?

kiewig, aufmüpfig, verärgert, aber auch einfach nur helle,

kille-kille machen, Kindersprachen für: jemanden kitzeln

Killefit, dummes Zeug, *Watt hatteuch euan Pauka widda fürn Killefit vazählt: Familienkonferenz un son Urt. Solange du bei mich deine Quanten untan Tisch tuuss, hasse gefälligs dat Maul zu halten, kappiert!*

Kindersarg, große Schuhe

Kippe, 1. Kerngehäuse mit Stiel, Apfelkippe, 2. Rest einer Zigarette

Kirmes im Arsch, große Aufregung, heftige Reaktion, *Wenn der Paul draufkommen tuut, datseine Trulla mitteen Ömmes Erkenbusch am scharwenzeln is, dann is abba Kirmes im Arsch, sarichdich.*

Kirmeskiärl, ein Dahergelaufener, jemand, dem man nicht trauen kann, *Hömma, wennze mitteen versoffenen Kirmeskiärl ankomm tuuss, dann krisse abba de Hucke voll.*

Kirsche, ein anne Kirsche haben, verrückt sein

Kiste, 1. Bett, 2. Sarg, 3. Auto, 4. Moped

klabastern, *ndd*, herumstolpern mit schweren Schuhen, *Gäzz hörtmich abba auf, durche Gute Stube zum klabastan, watt meinta, warum ich aufwischen tu!*

Kladden, *ndd*, abgerissene, zerlumpte Kleider

Kladusen, *ndd*, Kleidung, die man knöpfen muß

kläffen, bellen

Kläffer, ein Hund, der ständig bellt

Klärchen, liebevolle, suggestive Bezeichnung für Sonne

Klaffkunte, *ndd*, zickige, bösartige alte Frau, die nichts anderes zu tun hat, als über die harmlosen Nachbarn herzuziehen

Klafunnig, *ndd*, Wucht, Kraft. Eine Verballhornung des Wortes *Kolophonium*

Klamotten, Kleidungsstücke

klamüsern, mühsam etwas zurecht basteln

Klarer, Kornschnaps. Schulze Köhling, der in den fünfziger Jahren halb Heessen mit Korn versorgte, färbte sein Produkt bis weit in die sechziger Jahre hellbraun ein; und als er dann auf einen wasserklaren Korn umstieg, meinten die Heessener, nun schmecke er ihnen aber wirklich nicht mehr; sie tranken ihn trotzdem mit vor Ekel verzerrtem Gesicht, opferten sich sozusagen auf.

klaro, in Ordnung, klar mit italienischer Endung versehen

Klatsche, Kopf, **ein anne Klatsche kriegen**, eine Ohrfeige erhalten, **einen anner Klatsche haben**, verrückt sein,

Kleiner Max, Würfelspiel

kleppen, *ndd*, mit einer kleinen Glocke läuten, *Nu beeildichma, Stinna, laß dat Krosen sein, der Pastor is schon am kleppen!*

Kletsch, eine weiche Masse, *Tante Matta, tuumichdomman Kletsch Schlachsahne im Kaffee.*

Kletsche, ein anne Kletsche haben, verrückt sein

Klingelmäusken, beliebtes kindliches Spiel, Klingelknöpfe zu drücken und wegzulaufen; man klingelte besondern oft bei Nachbarn, von denen man wußte, daß sie nicht gut zu Fuß waren.

klöhnen, sich unterhalten

Klompen, *ndd*, Holzschuhe, wird mehr von den holländisch angehauchten Westfalen gebraucht

Kloppe, Schläge

kloppen, 1. sich prügeln, 2. aber auch: Karten kloppen

Klops, Unerwartetes, Ungeheuerliches, Zumutung, *Nochson Klops, dann kannze mich abbama!*

Klotschken, **Klotschen**, *ndd*, Holzschuhe, Holzsandalen

Klötzken, Hinkelstein

Kluck, ein Pinnchen Schnaps

Klump, im Klump gefahren, etwas kaputt gefahren, ein Auto zum Beispiel oder ein Fahrrad

Klümpken, *ndd*, Bonbon, *Tante Matta, gipssemichen Klümpken!* (Tante Matta war eine beliebte Kolonialwarenhändlerin der fünfziger Jahre auf dem Roggenkamp)

Klüngel, *ndd*, 1. ursprünglich: Lumpen, 2. Kleidungstücke, auch andere Gebrauchsgegenstände, 3. Eine unsaubere Sache mit jemanden haben, 4. Flirt, *Der Manni hatten Klüngel mitteen Günna seine Perle.*

klüngelig, langsam, umständlich, vertrottelt

klüngeln, verzögern, langsam sein

Klüngelskerl, Lumpensammler, der mit einer fünftonigen Metallflöte (unverwechselbare Melodie) sein Kommen ankündigte. In der Nachkriegszeit arbeitete sich ein Klüngelskerl hoch vom Bollerwagen über den Pferdewagen, dann über eine Nuckelpinne zum richtigen Lastauto. Dann hatte er es geschafft und konnte sich zur Ruhe setzen. Die Kinder sangen dem Klüngelskerl nach: *Lumpen, Eisen, Knochen und Papier, ausgehaune Zähne sammeln wir!*

Klunker, Juwelen, Perlen, alles, was am Hals einer geliebten Frau hängt und glänzt, Plural: **Klunkers Klunte**, ein etwas unbeholfenes, tapsiges Mädchen

Klüsen, Augen

Klute, *ndd*, Ackerscholle, *Jupp, wennze von Runkelacker kompss, machdich die Kluten vonne Quanten ap.*

Klüten, auch **Klöten**, Hoden

Knabbel, *ndd*, mehrfach gebakkenes Weißbrot, wird in Kaffee oder Milch gestippt, *Ach, et gipdonnix Schöneret alson Kümpken Knabbeln, gehmichdoeinawek!* Un wenn der Knabbelkaffee kräftig gesüß war, verbindet der Autor dieser Zeilen die angenehmsten Kindheitserinnerungen damit.

Knabbelkopp, Querkopf, liebevolles Schimpfwort

Knabberleiste, jugendlicher Ausdruck für Gebiß

Knackarsch, 1. jugendlicher Ausdruck für einen Homosexuellen, 2. jugendlicher Ausdruck für ein knackiges Mädchen

knacken, schlafen

knallen, 1. jemanden eine runterhauen, 2. sexuelle Betätigung, 3. **sich einen knallen**, sich betrinken

Knapp, Knäppsken, *ndd*, 1. Hügel, 2. Schuhabsatz, 3. Brotende (eigentlich: Knäppken), *Hömma, dat Knäppsken, dat kannzedonno im Kaffee stippen, nu stelldi donnich so an.*

Knaster, Tabak

Knastrologe, akademisch aufgewerteter, liebevoller Ausdruck für Gefängnisinsasse

Kneisterpott, *ndd*, geiziger

Mensch

Knete, Geld

knibbeln, *ndd,* 1. vom Brot (oder anderen Dingen) mit den Fingern Stückchen abbröckeln, 2. mit den Augen blinzeln, *Gäzz laßdo ändlichma dat olle Knibbeln mittat linke Äugsken sein, ker, dat machteindo ganz rammdösig!*

Knicker, Murmel

knickern, mit Murmeln spielen

Knief, Messer, eigentlich ein abgewetztes Messer, aus dem Mittelniederdeutschen *knif*

kniepig, *ndd*, geizig, *Wattisder olle Natz Trollken do fürn kniepigen Kiärl, der schickdo samstachs glatt seine siem Blagen in Piebrocks Kuhle, datse sich da baden tuun, weila die zwanzich Pfennich fürde Baddean lieba bei August vasaufen tuut.*

Kniest, Knies, Krach, Ärger mit jemandem haben

Kniffte, Butterbrot

Knipperdolling, ein körperlich unscheinbarer Mensch, der aber krause Gedanken mit sich herumträgt, so genannt nach einem berühmten Münsterarner Wiedertäufer

Knispel, einen anne Knispel haben, verrückt sein

knispeln, rumfummeln

Knöllchen, Strafzettel für falsches oder zu langes Parken, eingerollt an der Windschutzscheibe angebracht, von manchen auch als Liebesgruß einer Politesse mißverstanden

Knolle, 1. große Nase, 2. Kartoffel

Knorpel, einen hintern Knorpel gießen, sich betrinken

Knubbel, etwas Dickes, ein Haufen von Menschen

knubbelig, 1. uneben, unegal, 2. etwas abwertender jugendlicher Ausdruck für: schwanger sein, *Gäzz hatter dulle Jupp seine Olle doglatt schonnwidda knubbelich gemacht. Un dabei hatta schonnen ganzen Stall voll Blagen.*

knubbeln, 1. sich häufen, 2. neuerdings auch: schmusen, *Änneken, nu seidonnich so, laßdich domman bißken knubbeln! - Tu blooß aphaun, du ollen Schlickefänga!*

Knubben, *ndd*, Holzklotz, Baumwurzeln

knülle sein, total betrunken sein

Knüppelmusik, Spielmannszug, nicht wegzudenken vom Heessener Schützenfest. Die Locke der Knüppelmusik und dann der anschließende Marsch „Alte Kameraden", von der Knappenkapelle gespielt, sind Schalmeienklänge in den morgentlichen Ohren eines die Nacht durchzechenden Schützenbruders.

knuselig, verknautscht

knüsselig, unzufrieden

Knüste, inne Knüste, weit hinten in der Wüste, in der Walachei, *Weisse, wennze inne Knüste wohnss, dann krisse übbahaupts nich mit, dat Sylvester is.*

knutschen, herumküssen. In den Predigten des bekannten Heessener Pfarrers Schrappeisen hieß es immer: „Der erste Kuß gehört der Mutter deiner Kinder." Vorwitzige Jugendliche fragten: „Und der zweite...?“ Und auf gut Plattdeutsch sagten resolute Mädchen: „Päcks mi an, moß mi niämen!“

Knutschflecken, rote Kußstellen auf der Haut, *Waasse widda mitteen Stenz von Roggenkamp zusamm, Ulla, wa? - Ja, lüchmich donnichan, kuckdichdomma de Knutschflecken innen Spiegel an.*

Knutschkugel, Auto der Nachkriegszeit, BMW-Isetta (Zur Erinnerung: Man stieg in dieses Auto von vorne ein.)

knütterig, *ndd*, meckernd, dazwischenredend, maulend

Knütterkopp, *ndd*, Querulant, einer, der ewig am meckern ist

knüttern, *ndd*, unzufrieden dahermaulen

Knütterpott, *ndd*, Querulant, *Jans, diesen ollen Knütterpott, isdo schonn widda am aufregen, dattie Blagen am pinnkenspielen sind; unda tuundie schomma wat rumkrakeelen, da sintse eem Blagen für.*

knuwen, *ndd*, mit vollen Backen langsam vor sich hinkauen

Kober, Freund eines Mädchens. Dieser Ausdruck ist aber wohl mehr im halbseidenen Milieu beheimatet, also in der Gegend von Pöttken Banse. Aus dem Jiddischen *kowo* = Schlafkammer

Kohle, Geld

Kohlenklau, überlebensnotwendige Beschäftigung der Bahnanwohner in der Nachkriegszeit (siehe auch „fringsen“). Die bei der Zeche Sachsen abgestellten und beladenen Kohlenzüge wurden nächtens ausgeräumt. Die Bewohner der Hülseistraße frönten in Gemeinschaftsaktionen diesem Laster besonders, versteckten die Kohlen vor dem Weiterverkauf im Afdack oder im Keller unter den Kartoffeln, so gegen eventuelle Stichproben der örtlichen Polizei gewappnet, die allerdings auch im Winter nicht frieren wollte. (Rühmlich wird immer wieder jener Vorfall erwähnt, bei dem der Kohlenklauer T.W. auf einem Waggon sitzend vom anfahrenden Zug mitgenommen wurde, unermüdlich Stückkohle abwarf, sozusagen die Bahnanlieger frei Haus versorgte, bis der Zug in Bergkamen hielt und er entwischen konnte.)

Kokolores, Blödsinn, Unsinn, unnützes Gerede, wahrscheinlich aus dem Kirchenlatein; verballhorntes Ende des Gebetstextes *per omnia saecula saeculorum*

Kolk, *ndd*, 1. Teich, Tümpel, 2. Untiefe im Fluß, z.B. Mühlenkolk

kolone, durcheinander, *Gäzz laber hiernich son Scheiß, du machs ein ja ganz kolone damit.*

Kolonie, Bergarbeitersiedlung, *Hintade Baan, inne Kolonie, weisse, da musse aufpassn, ne, da sindse de Miete mim Püster am kassiern.* Der bäuerliche alte Dorfkern Heessens ist durch die Bahnlinie Hamm-Bielefeld abgetrennt von den Bergarbeitersiedlungen der ehemaligen Zeche

Sachsen. Damit waren auch die Heiratsreviere der jungen Leute Heessens abgesteckt. Es gehörte sich einfach für einen Dörfler nicht, eine von hinter der Bahn zu heiraten, weil man annehmen mußte, daß sie verlottert war und obendrein noch evangelisch. Auch ließen es die Bergarbeitersöhne nicht zu, daß Dörfler in ihrem Revier wilderten. Aus den fünfziger Jahren ist nur der Fall des aus Oberschlesien stammenden Dörflers M.K. bekannt, der sich an eine wilde Rothaarige von hinter der Bahn heranmachte. Es sollen sich erschütternde Szenen abgespielt haben. M.K. ist heute ein gebrochener Mann.

komma, komm mal her

kommichdich, komme ich dir, *Kommichnich blöd, ej! Kompsse mich blöd, kommichdich mitte Fahrradkette.*

kommodig, *ndd*, bequem

Königin, ein Maikäfer mit einem roten Fleck auf dem Nackenpanzer

köppen, Kopfball spielen, Jungenspiel, man köpft sich gegenüberstehend die Bälle ins Tor

Köpper, Kopfsprung ins Wasser, *Hömma, wat willstu Plüschbär aintlich, geh im Nichtschwimma, du kannsto nonniman Köppa.*

Köppken, *ndd*, Tasse, kann auch eine henkellose sein

koscher, sauber, ehrlich, anständig, aus dem Jiddischen

Köschken, *ndd*, etwas fragwürdige Person

Kösters Kämpken, *ndd*, Friedhof, *Läzzte Woche wa Oppa Störtenbrink donno ganß krieggel am Tresen am labern, un gäzz issa in Kösters Kämpken am liegen, kannzema sehn.*

Köttel, Kinder

Kotten, **Kuotten**, *ndd*, 1. kleiner Pachthof, Nebenerwerbshof, 2. Arbeitsplatz, Büro, allgemein: Betrieb

Kötter, **Küötter**, *ndd*, gespannpflichtiger Kleinbauer, Nebenerwerbslandwirt, *Hömma, die Soffi Krakenbrink, ne, die vonnen großen Hoff in Westhusen, ne, die hattattonnich nötich, mitson popeliggen Kötter wiedich innen Hofstaat zu gehn, abba ärlich!*

Kotzbrocken, unangenehmer Mensch, jemand, der ungemein lästig ist

krabetzig, auch **kabetzig**, angriffslustig, kratzbürstig, frech, aus dem Französischen *caprice* = Laune und dem Wort *Krabbe* zusammengefügt, *Wattismichdo unsa klein Liesken krabetzich, wa, kuckma, wiese gäzz widda untan Sofa am fitschen is.*

Kralle, Hand, **auffe Kralle haben**, Geld in der Hand haben, *Die Trullas von Pöttken Banse kannze nur anne Möpse packen, wennze richtich Schotta auffe Kralle hass.*

krallen, sich etwas greifen

Krampe, Drahtwinkel, der mit einer Fletsche verschossen wird, z.B. auf Ratten oder Straßenlaternen

Kraneberger, jugendlicher Ausdruck für Wasser

Kranz, Kegelfigur, einen Kranz

werfen, alle abräumen, nur den König stehen lassen

Krefelder, Getränk, Pils mit Limonade oder Altbier mit Cola, von Mädchen und Frauen bevorzugt, den Heessener Mann schüttelt es. Auch Altbier entspricht nicht dem Heessener fein ausgebildetenen Biergeschmack, es sei denn man bestellt der Exotik halber in Beckum oder in Münster bei Pinkus Müller mal eine Altbierbowle mit Erdbeeren, um danach angewidert und mit säuerlich verzogenem Mund das Gesicht zu verziehen. - Aber davonab: Ein normaler Krefelder ist also ein Pils mit Limonade gemischt. Und was ist ein Dolberger Krefelder? - Na, wissen Se nicht? - Also ein Dolberger Krefelder ist ein großes Pils gemischt mit einem kleinen Pils.

Kremser, einspänniger Pferdewagen mit seitlich angebrachten Sitzen und Dachplane

Kremserfahrt, Besonders am Vatertag fahren Männervereine wie z.B. der berüchtigte Hamm-Heessener Kegelklub „Aame Schlucka“ mit dem Kremser durch die blühende Frühlingslandschaft, als Proviant führen sie Schinkenbrote, Möppkenbrot und mindestens ein Faß Bier mit. Da auch der Kutscher spätestens mittags volltrunken ist, obliegt dem in solchen Dingen erfahrenen westfälischen Pferd die alleinige Verantwortung für die wohlbehaltene Heimkehr der Männer.

krieggel, *ndd*, kregel, lebhaft

Krisbitten, *ndd*, Stachelbeeren

kröchen, **kröcheln**, *ndd*, husten, *Ach nee, unsan Oppa issichwat am krochen, ich glaup, der gipt aubalten Löffel ap.*

Krone, Schaum auf dem Pils (Wir gehen mal davon aus, daß der Westfale nur Pils trinken tuut und nicht so ein labbriges Lagerbier, er ist ja schließlich kein Bayer oder Chinese.)

Kros, *ndd*, Krimskram

krosen, *ndd*, herumkramen

Krösken, Liebschaft, Flirt, *Wat unsa Ulla is, die hatto schonn widdan Krösken mit einen von hintade Bahn.*

kroß, knusprig (gebratenes Fleisch), auch allgemein: knusprig

Kröten, Geld

Krötz, Krötzken, kleines Kind

Krücke, ein sportlicher Versager, *Wennze die laam Krücken von Eintracht nur da rumstolpan sehn tuuss, isdoschonn allet zu spät.*

krücken, lügen

Krüllschnitt, etwas grob geschnitterner Tabak, Eigenheimer in der Nachkriegszeit, siehe „modriges Aroma“

Krüper, *ndd*, Buschbohnen

krüsselig, kraushaarig

Krüsselkopp, ein kraushaariger Mensch

kübeln, sich übergeben

kucken, gucken, schauen, z.B. als überraschter Ausruf: *Sieh ma eina kuck!*

Küddel, Exkremente

Kuddelmuddel, Durcheinander

Kuh, 1. altehrwürdiger Ausdruck für ein Mädchen, welches etwas langsam oder tölpelich ist, hat aber nicht die ostfriesische Bedeutung: *Wo fängt Ostfriesland an? - Wo die Kühe hübscher als die Mädchen sind.* 2. **die Kuh fliegen lassen**, ausgelassen sein

Kuhle, *ndd*, 1. Teich, Tümpel auf einer Weide, aus der früher die Kühe tranken und in der sie sich suhlten, wenn in windstillen Sommertagen die Fliegen und Bremsen zu arg wurden. In der Nachkriegszeit badeten in Ermanglung der zerstörten Badeanstalt die Kinder der Hülseistraße in Piebrocks Kuhle und bewarfen sich mit Schlamm, zum Beispiel die Ecka Außenfeld und der Günna Baldzuhn. 2. auch Grube: Jauchekuhle. Von einem, der hinkt, sagt man: *Er tritt en bißken inne Kuhle.*

kumma, kuck mal

kummeln, auch **kungeln**, Gegenstände tauschen, heimlich etwas verhandeln, auch: krumme Dinger drehn

Kump, Kümpken, *ndd*, irdenes Gefäß, Tasse ohne Henkel, *Hasseman Kümpken Kaffee, Tante Matta?*

Kumpel, 1. Bergmann, 2. Freund

Kunte am ballern, furchtbare Angst haben, ein Problem nicht lösen zu können, *Gäzz hatter Tönne n Gerichtvollzieha auffen Hals, watmeinze, watteen seine Kunte am ballan is.*

Kunte, *ndd*, Gesäß

Kupfer, die Lumpensammler der Nachkriegszeit waren hinter Edelmetallen her; dafür bekamen sie am meisten Geld beim Weiterverkauf, dafür gaben sie auch am meisten Geld den Kindern der Hülseistraße, die wie alle Heessener Kinder die Trümmergrundstücke nach eben diesem Kupfer absuchten. Falls man nichts fand, stieg man auch wohl über die Mauer in den Hof des Lumpensammlers, bestach den Wachhund Rex mit einem Räucherendchen aus der mütterlichen Speisekammer und beschaffte sich das Kupfer für den morgigen Verkauf an den Lumpensammler.

Kurzer, 1. Schnaps, 2. Kind, *Hasse die Kurzen bei oda kompsse alleine?*

Kusäng, Cousin, aus dem Französischen

Kusine, Cousine, aus dem Französischen

Kusselkopp, Rolle vorwärts, Purzelbaum, *Sachblooß dattu schonn Kusselkopp kannz, kannzdenn auschonn rauchen?*

Küte, *ndd*, Wade

L

labberig, schal, abgestanden, besonders beim Bier fällt das einem Westfalen auf, und dann reagiert er auch ganz sensibel, was sonst nicht so seine Art ist

Labermann, einer, der viel redet

labern, viel daherreden, kommt wohl von *palavern*

Lackel, ein angeberischer, eingebildeter, sonderbarer Mensch, aus dem Französischen: *de Lacque* (ein französischer Offizier der Napoleon-Truppe) oder vom Wort *Lakai*

Langen, freundliche Anrede für einen hochgewachsenen Menschen (Man beachte auch hier den als Akkusativ getarnten Nominativ), *Ej, Langen, kannzdichma eem aima zusammfalten, kannich bessa Kino kucken, weisse.*

Lappen, jugendlicher Ausdruck für Führerschein, *Gäzz ham die Bullen den Ötte seinen Lappen au abgenommen, wat fährta auimma besoffen durche Kämpe.* Listigerweise fährt man nach Trinkgelagen über landwirtschaftliche Wege von Ahlen nach Heessen oder nach Hamm und umgekehrt. Die Polizei weiß das und tarnt den Streifenwagen in einem Gebüsch des Heessener Waldes, belästigt so ahnungslose Heimkehrer.

Lappes, flapsiger Mensch, hängt zusammen mit *Labbe* = Gesicht = herunterhängende Unterlippe

Larry machen, jugendlicher Ausdruck für Randale machen, Krach schlagen

laßman, feststehende Wendung der Ablehnung, des Aufhören, oder aber auch der Bestätigung, die keine Widerrede mehr duldet, *Laßman, der olle Natz hat ganz recht, wenna am knüttan is, datsene imma betuppen tun beit Doppelkoppspieln.*

Laternenpfahl ganz unten, schlechter Geschmack einer Speise, *Dat olle schimmeligge Möppkenbrot, dattisdo von lästztet Jaa, dat schmecktoschonn wien Laternpfahl ganz unten.*

Latte, 1. Anzahl allgemein, 2. eine Latte voll mit angeschriebenem Bier, 3. **nicht mehr alle auf der Latte haben**, verrückt sein

Latüchte, 1. Laterne, 2. auch gerötetes Gesicht eines Menschen, etwa nach Weingenuß. (Wenn man auch sagen muß, daß das dann wohl das Gesicht eines Zugereisten aus dem Rheinland ist; denn der Weingenuß ist dem Westfalen nicht sehr vertraut. Fragte man in der Keipe Zum Stadtwald nach Wein, fragte der Wirt zurück: „Weiß oder Rot?" und nahm die angebrochene Flasche aus dem Kühlfach, in welches er sie vor ca vier Wochen gestellt hatte, als ein verschüchterter Vertreter aus Remagen Wein bestellt hatte.)

Lätzken, *ndd*, ein Tuch, das um den Hals gebunden wird, wenn ein Kind beim Essen kleckert, und welches Kind kleckert nicht beim Essen

Laumann, einer, der auf lau trinkt, auf lau ißt, eben auf lau lebt

Lauschepper, einer, der auf lau lebt, *Ej, du ollen Lauschepper, meinze, dattich den Rockefella bin, wa, schuckma lieba selps n Heiamann.*

Läuseallee, jugendlicher Ausdruck für Scheitel

Läuseforke, jugendlicher Ausdruck

für Kamm

lecker, schön, lieblich, sowohl auf Speisen als auch auf Mädchen angewandt, *Meineh, wattismich dat n lecker Dänken!*

leckomio, Ausruf der Überraschung und der Verachtung, ins Italienische Verbalhornte *Leck mich!*

leimen, jemanden reinlegen

Lepporello, 1. ein komischer Gegenstand, z. B. altes Auto, 2. ein komischer Mensch, 3. männliches Geschlechtsorgan

Leukoplastbomber, Kunststoffauto (Lloyd Alexander) der Nachkriegszeit

Liederjan, *ndd*, ein liederlicher Mensch

Liederwams, *ndd*, Tunichgut, *Der Rudi, diesen Liederwams, nixwie Urt hatta im Kopp, abba beit Pontefikalamt daafa de Mütze vonnen Bischoff durche Gegend schleppen.*

linken, jemanden reinlegen

linsen, beobachten, insgeheim hinschauen

Loch rauslassen, in der Kneipe Bier in ein Glas zapfen, *Ej, Gerd pennich ein, laßma eem dat Loch aussen Glas!*

logo, jugendlicher Ausdruck für klar, einsichtig, logisch, italienisierende Endung

Löffel, den Löffel abgeben, jugendlicher Ausdruck für sterben, *Wenn der Oppa Krukenbaum so weitermacht mitsein Husten, dann giptichder au balten Löffel ap, sarichdich.*

löhnen, bezahlen, vergüten in irgendeiner Art, *Kommher Bubi, ärsma löhnen, dann kannzema anpacken.*

Lolli, Lutscher

Lorbaß, 1. Lümmel, aus dem Litauischen stammend, 2. auch männliches Geschlechtsteil

Loßrock, komischer Mensch, gut gemeintes Schimpfwort

lück, en lück, *ndd*, ein bißchen

luckilucki machen, jugendlicher Ausdruck für: genau beobachten, etwas ausspioniert, *Kuckma, watter Tons, diesen ollen Schlickefänga, am luckilucki machen is inne Baddean.*

Lüegenbüel, *ndd*, Lügner

Luft rauslassen, in der Kneipe Bier in ein Glas zapfen

Lui, Zuhälter, aus dem Französischen: *Louis*

Lülle, *ndd*, 1. Sud in der Pfeife, 2. Speichel, 3. Reste von Getränken

Lülldopp, *ndd*, Pfeife

Lulle, Zigarette

lüllen, Speichel rinnen lassen, *Ihr seitmich villeicht welche, gehmichdoeinawek, en alten Mann im Baat spucken und sagen: Oppa, du lüllss!*

Lümmel, 1. frecher Junge, 2. auch Ausdruck für männliches Geschlechtsteil

Lümmeltüte, Präservativ

Lumpensepp, Lumpensammler (Wieso der bayerische Vorname Sepp mit Lumpen in Verbindung gebracht wird, ist echt schleierhaft, weil damit ein ganzer Volksstamm aus dem mitteleuropäischen Hochgebirge diskriminiert wird.)

Lumpi, spitz wie Nachbars Lumpi, Redensart für einen Mann, der scharf hinter einem Mädchen her ist, *Kuckma, watter Hotte da am scharwenzeln is, spitz wie Nachbars Lumpi.*

Lünkhusen, *ndd,* Lüdinghausen

lurich, luerich, *ndd,* krank ausschauend

Lusche, 1. schlechte Karte beim Skat, 2. Niete, 3. Versager, aus dem Französischen *loucher* = schielen

lustern, *ndd,* lauschen

Lütte, *ndd,* die Kleine

M

ma, mal. Dieser Partikel wird fast in jedem Satz eines Heesseners gebraucht, *ma* hängt er überall dran, damit biedert er sich an, das heißt für ihn so viel wie **bitte**, *kannzema, willzema, tuussema, nonnima, wennzema, dattema* usw

Mäc, 1. Zuhälter, 2. abwertend für den Freund von einem Mädchen, einer Frau, *Wennze die ihrn Mäc auftauchen siehss, dann vadrücken sich do alle Jäusta im Pinkulatorium.*

Mach dich rein! Geh bitte hinein!

Mach dich vom Acker! Verschwinde!

Macke, eine Macke haben, verrückt sein

Macker, allgemein Mann, Freund eines Mädchens, *Hej, bistu der Macka vondie Trulla, dann laßma schwoofen mittie.*

Malessen, Pech, Unglück, Mißgeschick, aus dem Lateinischen: *molestia*

Maloche, 1. Arbeit, 2. Arbeitsstelle, aus dem Jiddischen: *meloche*

malochen, arbeiten, schwer reinhauen

mamma, mach mal, *Mamma ändlich de Tür zu, dattutja widda ziehn wie Hechtsuppe.*

Mamma, Mutter. Der Randzonenmünsterländer neigt dazu, viele Silben, die im Hochdeutschen lang sind, kurz auszusprechen, weil ihm die langen Reden nicht liegen. Besonders die oft gebrauchten familiären Bezeichnungen wie **Mamma, Vatta, Omma, Oppa,** spricht er extrem kurz aus, so daß man den Konsonanten verdoppeln muß. *Mamma, mamma Fensta zu, Oppa is am kröcheln.*

mampfen, essen, reinhauen

Männekes machen, Blödsinn verzapfen, indem man seinen Körper einsetzt

Manni, Manfred

mannomann, Ausruf der Bewunderung

mannometer, überraschter Ausruf, auch Ausdruck der Bewunderung, *Mannometer, Drüke, wathasstu lange Fizzeboon anne Stangens hängen.*

Mannslüer, auch **Mannslüede,** *ndd,* Männer, immer etwas vorwurfsvoll ausgesprochen

manxen, *ndd,* manchmal

Marri, *ndd,* Maria, wird ganz deutlich auf der ersten Silbe betont

Marrie, Geld, wird ganz deutlich auf der letzten Silbe betont, *Her mittie Marrie, oda schieb im Kapps!*

Maschine, alter Küchenherd, der mit Holz und Kohle befeuert wird, *Mamma wird kalt, machto ändlich die Maschine an.*

Mäse bölken, *ndd*, am Hintern lecken können

Mäse, *ndd*, Gesäß,

Masse, Menge, viel, *Hassne ganz schöne Masse Blagen am Tisch, wa, die fressen dichdo de Haare vom Kopp.*

Massel, Glück, aus dem Jiddischen: *masol* = Geschick, Glück

Mätengaitling, *ndd*, Amsel

Matschauge, blau geschlagenes Auge, auch verletztes, tränendes Auge

Matta, Martha, *Bei unsa Tante Matta krisse dat leckaste Stielmus, wattedich denken kannz.*

Matte, langes Haar bei einem Mann oder einem Jungen

Mattis, *ndd*, Matthias

Mattka, Mütterchen, aus dem Russischen: *matka*

Mau Mau, Kartenspiel, so genannt nach Aufständischen im Schwarz- afrika der fünfziger Jahre

mau, schlapp, kränklich, nicht gut zurecht

Maue, *ndd*, Ärmel

Mauken, 1. große, bisweilen unförmige Füße, 2. Schweißfüße. Eigentlich kommt der Begriff *Mauken* aus der Kavalleriesprache, bedeutet Fußkrankheit (Hautentzündung mit Geschwulstbildung) bei Pferden. Da kann man mal sehen, wie nah sich der Westfale dem Tier fühlt.

Maure, *ndd*, Mutter, *Ach ne, usse Maure gehttat gaanich gut, seitdattse die Malässen mitte Mauken hat.*

Maus, *ndd*, regionaler Ausdruck für Grünkohl

Mäuse, Geld

Mausezähne, Milchzähne

meimeln, maimeln, regnen, aber nicht heftig, sondern so leise vor sich hin, aus dem Jiddischen *maim* = Wasser, *Gäzz isdatto seit gestern Aamt am meimel, dat hälze donnich aus.*

meinefresse, verwunderter Ausruf

meineh, verwunderter Ausruf

Meise, eine Meise haben, verrückt sein, eine Macke haben, *Hömma, du hastowollne Meise, wa, schnasselt der sich ein rein, datta inne Pinkelrinne am liegen kompt.*

Melle, 1. Melchior 2. Melde, Gemüse

meschugge, verrückt, aus dem Jiddischen *meschuggo*

Meters machen, aus der Bergmannssprache: arbeiten und damit Geld verdienen, aus dem Block unter Tage Kohle meterweise brechen; der Schichtlohn ist hier angesprochen.

Mewertbier, Tee, den man auf der Zeche Sachsen gratis bekam und mit in die Grube nahm (Ist nur dem Heessener Kumpel verständlich: Ein Herr Mewert war lange Jahre Betriebsleiter jener

Zeche Sachsen.)

Miegampel, *ndd*, auch **Mieghammel**, Ameise

Miege, *ndd*, Urin

miegen, *ndd*, urinieren, *Kuckma, klein Söffken, dat olle Ösken, sitzta im Hücksken un is im Rabaaba am miegen.*

Mieze, Mädchen allgemein, besonders ein anschmiegsames. Der Autor kannte mal solch eine *Mieze*, die kam aus Attendorn, im Sauerland, dorthin war der Autor als Pfadfinder (siehe *Pättkessäuiker*) zusammen mit Manni Kinzel gefahren, aber das ist eine andere Geschichte. (Interessant an der Geschichte ist jedoch, daß der Autor Jahrzehnte danach in Lima, Peru, die Banknachbarin jener *Mieze* aus Attendorn kennenlernte, da kann man mal sehen, wie klein die Welt ist, oder?)

Mine, *ndd*, Hermine

Mistbiene, abwertender Ausdruck für ein Mädchen, über das man sich geärgert hat

Mistbolzen, hinterlistiger, gemeiner Mann

Mistfall, Misthaufen

mit bei, dabei, *Wennder August sich ein vakasematuckeln will, hatta imma seine Tussi mit bei, für dattiene dann mitten Auto na Hause fahrn tuut.* Diese Häufung von Präpositionen ist typisch für die Randzonensprache Ruhrgebiet-Münsterland. Es darf auch mehr sein: *Eddy Politzki, ausse Kalte Heimat, ne, kein Tacken inne Tasche, abba imma mit bei auffen Schüzzenfest, juppheidi.*

Moffa, Motorfahrrad

Möhne, *ndd*, Tante (Augustin Wibbelt nannte einen seiner Romane *Drüke Möhne* = Tante Gertrud)

Mönster, *ndd*, Münster

Moos, Geld, *Wennzedich inne Calüpso-Bar ein reintuun willz, musse ganz schön Moos schucken.*

Moppät, Moped

Möppel, *ndd*, Kinn, *Tons, du ollen Schmierlapp, wisch dien Möppel av!*

Möppes, Gauner, ein Ausdruck, der wohl mehr von zugewanderten Rheinländern aus der Kölner Gegend gebraucht wird

Möppkenbrot, *ndd*, Wurstbrot, gehört unbedingt zu den zehn Lieblingsspeisen des Westfalen (bei vielen an erster Stelle!), aus Weizen- oder Roggenmehl zubereitet im Schlachtsud, sowohl mit Blutzusatz (rot) oder ohne (weiß). In Oelde kommen sogar Graupen hinein; da schüttelt sich aber der Hamm-Heessener.

Möpse, 1. Geld, 2. pralle Brüste, *Wathatmich die Ulla für zwei leckare Möpskes inne Bluse, wa, da könnze do glattat Beichtgeheimnis vagessen.*

mopsen, kleine Dinge stehlen, mundraubartig, wahrscheinlich aus dem Jiddischen: *meps* = klein

Mostert, *ndd*, Senf

Mottek, Hammer, aus dem Polnischen: *mlot* = Hammer, *Bernhard, komm gipmichman Mottek! - Au, vadammichnomma! - Geben happich gesacht, nich werfen!*

Motten, 1. die Motten haben, etwas auf der Lunge haben, eventuell Steinstaub, 2. auch allgemein: sich über etwas aufregen, *Wennze den Bölle da im Tor rumgeistan siehss wie son angestochenen Hampelmann, dann krissedo die Motto!*

Muckefuck, Nachkriegskaffee aus Zichorien. Eine rätselhafte Wortschöpfung: *Mucke* = Mulm in hohlen, faulenden Baumstümpfen und *fuck* = faul. *Tante Matta, den Muckefuck, den kannzedo vagessen, hasse nichen schön Böhnken.*

Mucki, Kraft in den Muskeln

mucksig, aufsässig sein, herumdrucksen, *Hier hassen Bömsken, gäzz bisse abba nimmär mucksig, ne.*

Müerklettker, *ndd*, Maurer

Müermann, *ndd*, Maurer

muffen, stinken, verwest riechen

Muffenballern, gewaltige Angst haben, eine Steigerung von Muffensausen,

Muffensausen, sehr große Angst haben

Mule, Mülken, *ndd*, 1. Maul, Mund, 2. Küßchen, *Kuckdichma dat lecka Mülken vondie Ulla Switalski an! - Hättss woll gärn en Küßken von, wa? - Nee, lieban Pilsken, davonap. - Unwat solldattann mittat lecka Mülken vondie Ulla Switalski? - Kuckdichdattomma an, nurso!*

Müll, jugendlicher Ausdruck für Blödsinn, Quatsch

Müller, ein Maikäfer mit weißen feinen Härchen auf dem Nackenpanzer. Man tauschte damals in den fünfziger Jahren etwa zehn Müller ein gegen eine Königin, jenachdem wie die Mendelschen Gesetze unter den Maikäfern gewütet hatten.

Murks, eine schlecht ausgeführte Arbeit

Musprängel, *ndd*, Kohlstrunk

Mutter, neuzeitlicher Ausdruck für *Frau* allgemein, auch für die Freundin oder die Geliebte, auch dann wenn diese keine Mutter ist

Muttke, Matsche, Schlamm, *Ej, du ollen Saubär, watznich imma durche Muttke!*

Mütze, einen in der Mütze haben, betrunken sein

Mutze, Pfeife, *Meineh, Oppa, wattuut deine Mutze stinken, laß domma die Lülle raus.*

N

nach, bedeutet als Präposition oft so viel wie zu, *Komm, wir gehn ma eem nache Baddean.* Entfernungsüberbrückungen werden seltsamerweise aber auch mit einem recht statischen **bei** ausgedrückt, *Fränzken, komm bei Omma.*

Nachtpolter, *ndd*, Kinderschlafanzug

nageln, sexuelle Betätigung

Napp, *ndd*, Napf

Nasenfahrrad, jugendlich flotter Ausdruck für Brille

Natron, die grünen Kaiser-Tütchen mit Natronpulver waren der etwas seifig schmeckende Sprudelrohstoff für die Nachkriegsjahre, bis dann bald das wunderbar farbenfrohe Brausepulver auf den Markt kam, in die Handfläche gestreut wurde, abgeleckt wurde, herrlich auf der Zunge brannte; gleichzeitig wurde die Handfläche dabei leidlich sauber und die Zunge heidelbeerblau gefärbt. (Vergleiche: Günter Grass: Die Blechtrommel, hier wird Brausepulver im Bauchnabel eines Mädchens zum Schäumen gebracht. So aufgeklärt waren wir Heessener Kinder in der Nachkriegszeit allerdings nicht, schade.)

Natz, *ndd*, Bernhard

naune, ne naune machen, eine halbe Stunde schlafen, wahrscheinlich aus dem Lateinischen *none*, die neunte Stunde

ne, nicht wahr, kurz gesprochen, *Für inne Kirche, ne, da kannze donnich dat kurze Röcksken anziehn, Roswitta.*

nee, nein, lang ausgesprochen. Es bürgert sich auch in Hamm-Heessen so langsam ein langes **nö** ein, von Norddeutschen heimlich eingeschmuggelt, vorwiegend von Neureichen übernommen, weil die das **nö** für vornehm halten.

Negerschweiß, Kaffee minderer Qualität

Niebiäkem, *ndd*, Neubeckum

niersch, *ndd*, neugierig

Nieselpriem, *ndd*, langweiliger, trockener Mensch, *Mitteen Nieselpriem willze nan Schüzzenfest, Ecka, ja bisse denn bekloppt?*

niggelig, *ndd*, falsch, nickelig

nimmär, nicht mehr

nöcher, Komparativ von noch, **noch und nöcher**, sehr häufig

nölen, unzufrieden sein, meckern

nomma, noch mal

Nöönken, *ndd*, Mittagsruhe

nonnich, noch nicht

nonnima, noch nicht einmal, *Hömma, du Furzknoten, du kannsto nonnima rauchen, unda willze schonn siem Jaa sein.*

Nordkiärken, *ndd*, Nordkirchen

Nücke, *ndd*, Tücke, Laune, Hinterlist

Nuckelpinne, NSU-Dreirad-Lieferwagen (auch Tempo-Dreirad) der Nachkriegszeit, gesuchtes Gefährt für Lumpensammler, es fing halt jeder mal klein an. Jeder bekam damals beide Währungsreform 40 Mark auffe Kralle. - Ich frag mich nur, warum ich heute immer noch nicht mehr als 40 Mark hab, und der Klüngelskerl Lüttenbrink hat eine Luxusjacht auf dem Bodensee mit österreichischem Dienstmädchen.

Null-Bock, jugendlicher Ausdruck für absolute Interesselosigkeit

Nülle, abwertender Ausdruck für männliches Geschlechtsteil

Nulpe, Versager

Nuß, Kopf, *Ichipdich ein vorde Nuß!*

O

Ofen, 1. in den Ofen geschossen, vergeblich etwas versucht, getan, 2. **heißer Ofen**, a) ein schnelles Motorrad, b) ein liebesbereites Mädchen, besonders letzteres heiß begehrt bei den Hamm-Heessenern Jungmännern diesseits und jenseits der Bahnlinie Lissabon - Wladiwostok

Ogottogott! Ausruf des Schreckens, besonders von älteren Frauen gebraucht, *Ogottogott, gäzz ham die vadammten Kannickels den ganzen Melle abgenagt.*

Oh-Häär! Ausruf des Schreckens und der Ohnmacht, mehr von Männern gebraucht, oder red ich gäzz Urt.

Öhm, *ndd*, alter Onkel

Öhm vör de Düer, *ndd*, alter Junggeselle• (Der Ausdruck rührt wohl daher, daß der unverheiratete Onkel auch im hohen Alter immer noch vor der Haustür auf einer Bank sitzt und unverdrossen darauf wartet, daß eine Braut für ihn vorbeikommt.) *Der olle Natz, diesen Öhm vör de Düer, imma nache Mädkes spinxen, un gäzz hatta keine, diene de Pantoffeln anziehn tuut.*

Oldenburger Ananas, jugendlicher Ausdruck für Steckrübe, von der Begriffsbildung her vergleichbar der DDR-Version für Ananas: Vietnamesische Handgranate

ölen, trinken, sich vollaufen lassen

Olschke, Olle, *ndd*, die Alte, die Ehefrau

Omma, Großmutter

Omme, Nase, **einen auffe Omme kriegen**, geschlagen werden, aber voll auf die Nuß!

Ömmes, eigenartiger Mensch, aber gut gemeint, *Kuckdichma den Ömmes an, watter widda am Tresen häng tuut.*

Opium, auch für Tabak gebraucht, ein Heessener Spruch lautet: *Gibt Omi Opi Opium, haut Opium den Opi um!*

Oppa, Großvater

orgeln, sexuelle Betätigung

Os, *ndd*, Aas, unangenehmer Mensch

ösig, *ndd*, unangenehm, frech, hinterlistig, *Watmich der schwatte Jupp widdama so ösig ausse Wäsche kuckt.*

Ösken, *ndd*, ein freches kleines Kind

Ossenbloum, *ndd*, Schlüsselblume

Ötte, *ndd*, Otto

P

Pääd, Piärd, *ndd*, Pferd

Päädsköddel, *ndd*, Pferdeäpfel

Päädsköddelschrapper, jemand, der Pferdeäpfel einsammelt. Nach dem Krieg war es weit verbreitet, Pferdeäpfel zu sammeln zwecks Düngung der Spargelplantage im Kleingarten. Der Rentner Alwin Wizsoreck wurde am 16. Mai 1951 beobachtet, wie er mit Schaufel und Kartoffelsack auf den Schultern stundenlang den von einem Pferd gezogenen Milchwagen von Bernhard Teipel begleitete in der Hoffnung auf Dünger.

Packsband, *ndd*, Bindfaden. Es gab früher diese Bindfäden aus braunem Papier.

Päcksken, *ndd*, 1. kleines Paket, 2. Übungen im Rechenbuch, z.B. zehn Übungen untereinander, in denen Malnehmen gefordert ist, *Sachma, Tönne, wievill Päckskes Rechnen hat euan Pauka aufgegeem?*

paddü, *ndd*, verloren, futsch, aus dem Französischen: *perdu*

Paijas, Pajatz, *ndd*, Clown, witziger Mensch, aus dem Spanischen: *payaso* oder aus dem Italienischen: *bajazzo* oder aus dem Französischen: *pailasse*

palavern, reden, schwätzen, aus dem Portugiesischen: *palavra* = Unterredung mit Eingeborenen, das wiederum aus dem Lateinischen: *parabola* = Bericht

Pampa, jugendlicher Ausdruck für triste Landschaft, Gegend, Provinz, aus dem Spanischen übernommen

Pampe, ungenießbarer Brei, *Die Pampe von Hafaschleim kannze dich abba inne Haare schmiern, davon krissemich kein Löffel rein.*

Panhas, *ndd*, Buchweizenmehlspeise im Wurstsud (Überbleibsel des Möppkenbrot- und Wurstkochens) vermengt und gebraten, sogenanntes Abfallprodukt bei einer Hausschlachtung, gehört neben Töttchen zu den zehn Lieblingsspeisen des Westfalen, von den reichen und feinen Leuten aus dem Hammer Osten zu Unrecht als Armeleutespeise abgetan. Im Gegenteil: *Panhas inne Pann un son Pinnken Klaorn, dat is de Hiemmel op Iärn.*

Panne, *ndd*, ein weinerliches Gesicht, *Wat unsa klein Bennätzken widda fürne Panne zieht, bloß weila inne Buxe gemacht hat.*

Pankschon, *ndd*, Pension, aus dem Französischen

Pannschaufel, breite Schaufel, z.B. eine Schaufel für Koks

Paplü, Pamplü, *ndd*, Regenschirm, aus dem Französischen: *paraplui*

pappen bleiben, ältere Schülersprache für Sitzenbleiben

Papptus, ältere Schülersprache für Sitzenbleiben, latinisierte Endung

Päsche, *ndd*, Pfirsich

päsen, schnell laufen

Paslack, ein ungeliebter Mensch, oft wurde früher ein Ausländer so genannt, *Beide Paslacken inne Kalte Heimat, da wirto die Miete mitte Kneifzange kassiert.*

paßlatant, *ndd*, nebenbei, aus dem Französischen: *passe-temps*

Paster, Pastor (Die Kinder hatten einen ordinären Spruch drauf früher: *Oben Küster, unten Paster.*)

Patt, *ndd*, Pfad, **auffen Patt sein**, unterwegs sein, immer irgendetwas tun, *Unsan kleinen Jola, ne, man grade sex Jaa, un imma auffen Patt, wat ismichder wehrig.*

Patte, dicke Brieftasche, **auffe Patte ham**, viel Geld haben

Patterbuorn, *ndd*, Paderborn

Pattken, *ndd*, große Füße, *Jupp, wat bisse am humpeln, hassdichen Pattken vadreht?*

Pättken, *ndd*, schmaler Weg, *Nache Maiandacht, weisse, da kannze imma den Bäänt mit seine Trulla im Kirchenpättken sehn, wiase am schmusen is.*

Pättkessäuiker, *ndd*, abfälliger Ausdruck für Pfadfinder, Mitglieder einer recht starken uniformierten Jugendbande der fünfziger Jahre. Wer im Heessener Dorf jugendlich etwas darstellen wollte, mußte dabei sein. Die Pfadfinder stellten auch gleichzeitig den katholischen Ministrantenstamm, und im hohen Alter von zwanzig Jahren wechselten sie nahtlos als katholischer Kegelklub „Aame Schlucka" in die Heessener Erwachsenengesellschaft.

Pättsel, *ndd*, schirmlose Mütze, flach und rund

pattu, *ndd*, durchaus, auf jeden Fall, aus dem Französischen: *partout*

Pätzken, *ndd*, Händchen, *Komm Ulla, gäzz gipssema den Oppa dat schöne Pätzken, woll!*

Pauselring, in der Nachkriegszeit Spiel mit einem großen Metallreifen, es konnte auch eine Fahrradfelge sein. Der Ring wird mit einem Stock oder mit einem starken Draht, der vorn eine Führungsbiegung hatte, über die Straße gejagt.

Ped, Pedde, *ndd*, Kröte, auch Frosch

Pelle, Haut, auch menschliche. *Mensch, gehmich ändlich vonne Pelle, ich giptich kein mähr aus, du ollen Lauschepper!*

Penne, 1. Gymnasium, 2. Schlafstätte, wobei 1. das 2. nicht ausschließt. Mischbildung aus dem Jiddischen: *pinnah* = Winkel, Ecke, Unterkunft für die Nacht, und dem Lateinischen: *penna* = Feder, *Willze wat weern, gehsse auffe Penne, willze wat malochen, gehsse aum Pütt.*

Perle, Jungenausdruck für Mädchen, *Friedem seine Perle, wattie kleine Renate is, ne, die isdo gäzz beiden Blauen Niermann in sein Kotten am frisiern, wa.*

petschen, jemanden abschlagen beim Spiel

Pfannkuchengemüse, Schnittlauch mit Milch und Kartoffeln verkocht, mit Muskat und Pfeffer verfeinert, dazu werden Pfannkuchen und Räucherendchen gereicht, also soetwas wie ein Westfalen-Palatschinken.

pfeffern, sexuelle Betätigung

Pflaume, 1. Schimpfwort für einen unfähigen, transusigen Menschen, Versager, 2. jugendlicher Ausdruck für weibliches Geschlechtsorgan

Pflaumenaugust, ein Mensch, der nicht ernst zu nehmen ist, weil er sich ständig selbst einen in die Tasche tut

picheln, trinken

Piene, *ndd*, Schmerz, besonders Bauchschmerzen

Piepe, *ndd*, Tabakspfeife

Piepen, Geld, *Piepen aum Tisch! Gäzz wird hier abba ganz groß* *abgezockt, Kamraden*

Piepenkiärl, *ndd*, Stutenkerl, Hefegebäck, Adventsgebäck, oft mit Tonpfeife

Piepmatz 1. Vogel, 2. kindlicher Ausdruck für männliches Geschlechtsteil

piesacken, *ndd*, jemanden quälen

Pieselotten, auch **Pieselünnen**, *ndd*, Kleidungsstücke aller Art, *Dann packssedich de Pieselotten im Koffa, undann juppheidi apna Okkenburch im Urlaub, wa.*

Piesepampel, ein mieser, nörgelnder Mensch

pikobello, schön und gut hergerichtet, aus dem Italienischen *picco bello* = schöner Berggipfel

Pille, jugendlicher Ausdruck für einen Fußball, *Ej, Ömmes, schickma die Pille rüba!* (Die vom legendären Dortmunder Fußballspieler Lothar Emmerich gebrauchte Aufforderung *Siggi, gibmichma die Kirsche!* ist in Heessen nur vom Hörensagen bekannt, wurde nicht aktives Sprachgut.)

Pilleente, kindlicher Ausdruck für kleine Enten, auch Spielzeugente für die Badewanne

Pillemann, **Pillermann**, kindlicher Ausdruck für männliches Geschlechtsteil

Pilsgeschwür, Bierbauch

Pilsken, Plural **Pilskes**, *ndd*, liebevoller Ausdruck für Pils

pimpern, jugendlicher Ausdruck für sexuelle Betätigung

Pimpernellen, etwas, was einen furchtbar aufregt, im Ursprung eigentlich: wollüstige Gefühle bekommen. *Ja, da krissedo die Pimpernellen!* Die Pimpernelle ist 1. ein Aphrodisiakum wie Petersilie oder Sellerie, 2. wurde im 17.Jh. als Mittel gegen die Pestilenz usw. verabreicht (Bibernelle). Da kann man mal sehen, in was für Gefilde wir uns als Kinder begaben, wenn wir uns obigen Ausruf entgegenschleuderten auf der Hülseistraße.

pingelig, eigen, übertrieben ordentlich

Pinke, auch **Pinkepinke**, Geld, wahrscheinlich aus dem Lateinischen: *pecunia* = Geld

Pinkel, abschätziger Ausdruck für einen modischen Menschen, *Der Melle Metfessel, diesen feinen Pinkel, der ismich am Stinken wien ganzen Frisörladen.*

pinkeln, 1. urinieren, 2. kindlicher Ausdruck für regnen

Pinkelrinne, altertümliche Toiletteneinrichtung in einer Kneipe

Pinksten, ndd, Pfingsten

Pinkulatorium, jugendlicher Ausdruck für Pissoir, wohl aus der Studentensprache, latinisierende Wortbildung

Pinnchen, *ndd*, 1. Schnapsglas, 2. Stöckchen, z.B. Pinnchen ziehen, jemanden auslosen durch das kürzeste in der Hand verdeckte Pinnchen

pinnen, schreiben, oft gezwungenermaßen

Pinnkenspiel, *ndd*, golfähnliches Kinderspiel auf nicht asphaltierten Straßen. Ein kleiner Stock - Pinnken -, der an den Enden angespitzt ist, wird zunächst quer über ein kleines Loch gelegt - darum geht das auf Asphalt nicht - und dann mit einem langen Stock möglichst weit durch die Luft gezwirbelt, wenn er zum Liegen kommt, mit einem kräftigen Schlag auf eine der Pinnkenspitzen weiter befördert eine Straße entlang; man kann das Spiel jeder gegen jeden oder auch mit Mannschaften austragen. (Da die Hülseistraße einen Knick machte, landete das Pinnchen oft bei Oma Austenfeldt im Rhabarber; *Da wurde mich Omma Aussenfelt abba watvon kiewich sarichdich!)*

Pinnorek, dicker Stock. Die Endung ist - wie auch in anderen Ausdrücken des Ruhrgebiets - dem Polnischen entnommen.

Pinselquäler, Maler, Anstreicher

Pinunsen, Geld, wahrscheinlich aus dem Jiddischen

pinxen, jemandem mit dem Auge zublinzeln, *Gäzz waamich die rote Ulla inne Pilsbar, weisse, auffen Schüzzenfest imma mitte Äugskes am pinxen; unda konntichse nich widdastehn, vadorri, wathattich nacher ein inne Mütze.*

Pippifax, Blödsinn, kinderleichte Sachen, mit denen man sich nicht abgibt

Pippimädchen, kleines ängstliches Mädchen

pippinieren, kindlicher Ausdruck für urinieren

Pißmeise, jugendlicher Ausdruck für Ameise, *Wenndich die rothaarige Helga inne Fichtenschonunk schleppen tuut, musse am aufpassen sein, dattichdie Pißmeisen nich inne Hose krabbeln.*

Pißnelke, abwertender Ausdruck für säuerliches, ständig mucksendes Mädchen

Pißnessel, jugendlicher Ausdruck für Brennessel

Pißpott, Nachttopf, aber auch allgemein für einen dreckigen Topf

pitschen, sich betrinken, aus dem Polnischen: *pic*

Pitschkendopp, **Pitschendopp**, *ndd*, Peitschenkreisel

Pittermesserken, kleines Messer zum Kartoffelschälen

Placken, *ndd*, große Stücke

Plaseer, *ndd*, Vergnügen, aus dem Französischen: *plaisir*

plästern, 1. regnen, 2. sich einen antrinken, *Wenndat sowat am plästern is, kannze alleine aum Friedhof haaken.*

Pläte, *ndd*, Glatze, Ausdruck auch für den ganzen Kopf. Wenn ein Haarkranz um die Pläte hing, sprach man vom *Beatle mit Schiebedach.*

Platenkuchen, *ndd*, süßer fester Hefeteig auf dem Ofenblech gebacken, typisch für westfälischen Beerdigungskaffee. (Hinterher trinkt man dann Korn auf das himmlische Wohl des Verstorbenen.) *Ach, der Platenkuchen schmecktja widda so lecka, ach, wenn dat unsan Oppa donnoch erleem könnt, nee, nee, gäzz liechtaman untade Erde.*

platt machen, jemanden töten, jemanden alle machen

Platte Bühne, plattdeutsches

Theater an der Weißenburg, Hammer Straße (dort wo ganz früher mal der Heessener Galgen stand), bekannt geworden in den fünfziger Jahren durch die Komödie: „Schwattbunte Fiärken", in der, vom Publikum bejubelt, lebende scharzbunte Ferkel auf der Bühne mitspielten.

Plautze, mächtiger Bauch, *Affons, wat hasdu ne Plautze! - Ja, weisich aunich, muß woll anne Drüsen liegen, wa! - Wattu nich sachss, dabei säufsse dich geden Aam bei August zu, du ollen Sausack.*

Plempe, unappetitliche Flüssigkeit, ungenießbare Suppe

Plörre, untrinkbares Getränk, *Hömma, Gerd, diese Plörre von Dröppelbier, die kannzedich abba inne Haare schmiern.*

Plumpsklo, Toilette draußen auf dem Hof, über einer Jauchegrube, war im Winter erbärmlich kalt

Plünnen, *ndd,* Kleidungsstücke

Plunnermiälk, *ndd,* dicke Milch

Plüschaugen, warme, treuherzige Augen, meist im Gesicht eines Schlickefängers

Plüschbär, etwas trotteliger Mensch, aber gut gemeintes Schimpfwort

Pocke, 1. jugendlicher Ausdruck für Ball, 2. Bauch, besonders aufgrund von Biergenuß, aber auch vom vielen Essen. *Wer dauernd frißt und ewig schmatzt, braucht sich nicht wundern, wenn er platzt.*

Pogge, **Pöggsken**, *ndd,* kleiner Frosch, *„Pöggsken satt in Sunnenschien, oh wat was dat Pöggsken fien mit de gröene Büx, Pöggsken denkt an nix; kümp de witte Gausemann, hät so raode Stieweln an, mäk son graot Gesnater. Oh wat fix springt dat Pöggsken mit de Büx, mit de schöene gröene Büx, mit de Büx int Water.* (Augustin Wibbelt)

Pohl, *ndd,* Pfahl

Pohlbürger, konservative Mitmenschen, die sich nicht von ihrem über Jahrhunderte ererbten Wohnsitz forttrauen

pöhlen, Fußball spielen auf der Straße oder auf einem Kuhkamp (Bauer Kottenstedt hatte in der Nachkriegszeit etwas dagegen, daß man auf seinem Kuhkamp anner Bahn Fußball spielte; er schlich sich regelmäßig an, wartete hinter der Wallhecke, bis der Ball ins Aus flog, krallte sich den Ball und verschwand damit auf seinem Rädscher; die Eltern mußten dann den Ball mit einer Flasche Schulze-Köhling-Korn auslösen.)

Pöhler, Fußballschuhe

Pollacken, abwertend für Polen, wegen der oft notgedrungen malerischen Kleidung riefen die Kinder der Nachkriegszeit den Frauen nach: *Rot und Blau, Polackenfrau!*

Pollunder, ärmelloser Pullover, selbstgestrickt, aus der Nachkriegskleidung nicht wegzudenken, man trug auch kurze Hemden darunter und dazu die schwarzen kurzen Manchesterhosen.

Pommes, gesprochen wie geschrieben: jugendlicher Ausdruck für Pommes frites, (Jene Kartoffelverwertungsmode, die von Belgien zu uns gekommen dem echten Heessener die Bratkartoffeln, Scheiben und Dömpers nie wird ersetzen können, nee, gehmichdoeinawek.) *Gehma eem anne Frittenschmiede un holmich en Eima Pommes rot-weiß.*

Pöms, Frauenschuhe

Pömsel, männliches Geschlechtsteil

Poofe, Bett

poofen, schlafen, *Wenndat sowat am plästan is, dann gehichma ärs auffen Kannapee ne Runde poofen, wa, Alte.*

Popel, Nasendreck

popelig, sehr eigen sein, sehr genau

popeln, in der Nase bohren

Porpmannee, Geldbörse, nach dem Französischen: *portemonnaie*

Pöste, *ndd*, 1. Umrandungspfähle, das Wort wird in dieser Bedeutung praktisch nur im Plural gebraucht. 2. **dat liegt inne Pöste**, das liegt in der Familie

Posten, Pöstken, *ndd*, Posten, Stelle,

Pöter, *ndd*, Gesäß von Kindern

Pott, *ndd*, 1.jede Art von Topf oder Behälter, 2. Toilette, *Wennze bei Politzki int „Schaafe Eck" Kattoffelsalat vaspacheln tuuss, dann kompsse von Pott nimmär runta.*

Potthast, *ndd*, Kleinfleisch vom Rind, echt westfälisches Gericht, in Heessen jedoch längst von Modegerichten wie Jägerschnitzel verdrängt, achgehmichdoeinawek

Pöttken, Plural: **Pöttkes**, *ndd*, 1. alle Art von kleinen Töpfen und Schalen, die aus Blech, Keramik oder Porzelann sind. 2. Übertragen wird das Wort auch auf kleine Häuser oder Kneipen angewandt, *Komm, Häbbet, gehnwa eem, na Pöttken Banse, Mädkes kucken.*

Pottkieker, *ndd*, jemand, der schon vorher etwas wissen will, der vorm Essen in den Topf schaut

Power, jugendlicher Ausdruck für Kraft, Elan, Begeisterung, Übernahme aus dem Englischen

prägen, jugendlicher Ausdruck für: mit Worten auftrumpfen, große Töne spucken

Präger, Aufschneider, einer, der mit Gelaber etwas darstellt, *Dat hällzedo im Kopp nich aus, wennze diesen Präger da umme Ulla am scharwenzeln kucken tuuss!*

Prängel, *ndd*, 1. Knüppel, dicker Stock, Ast, 2. männliches Geschlechtsorgan

prall sein, betrunken sein

Pratze, große, plumpe Hand. Normalerweise hat aber jeder männliche Westfale solch eine Pratze.

pratzig, eingeschnappt

Preßluftschuppen, 1. Bordell, 2. schlecht beleumnundetes schummriges Tanzlokal, wo wenig Platz zum Tanzen und die Luft zum Schneiden ist

Priekel, *ndd*, Nasendreck
priekeln, *ndd*, in der Nase bohren
Priem, *ndd*, Kautabak
priemen, *ndd*, Kautabak kauen
Pröhlken, *ndd*, kleiner Plausch, *Son klein Pröhlken, weisse, in Härbst, ne, auffe Bank anne Birkenallee, ach, dattisdo wat Feinet, wa.*
Prolo, jugendlicher Ausdruck für einen Proleten, einen gewöhnlichen Menschen
Prorkeleisen, *ndd*, Stochereisen für den Kohleofen
prorkeln, *ndd*, in etwas herumbohren (z.B. auch in der Nase)
Pröttel, *ndd*, mickriges Ding
Prüekel, *ndd*, Stochereisen
Prumen, *ndd*, Pflaumen
prutschen, *ndd*, vor sich hin arbeiten, aber nicht so ganz klar kommen, *Meineh, Tante Fienchen, wat bisse widda am prutschen, kompssedo zu spät inne Ucht.*
Prütt, Kaffeesatz, aus dem Niederländischen *prut* = dicker Brei
Puckel, *ndd*, für Buckel
Pücksken, *ndd*, Bündel
Puddingabitur, Abschlußprüfung an einer früheren Mädchenschule (z.B. am Beisenkamp in Hamm) mit starkem Hauswirtschaftsteil. Der Begriff war etwas abwertend gemeint, aber die Mädchen an diesem Gymnsium waren tofte, kein Vatun. Was kam ich oft zu spät inne Penne, wennich die Bärbel mitten Rädscher zum Beisenkamp begleitet hatte. Aber Ötte Kroker, unsan Englischlehrer hatte Verständnis und einen besonders großen Gepäckträger an seinem Fahrrad für den Transport von Taubenkästen, aber das ist eine andere Geschichte.
Puff, Ruhe im Puff! Ausruf, der Ruhe gebietet, wird auch bedenkenlos auf jede Räumlichkeit angewandt, auch wenn sie nicht im entferntesten an den ursprünglichen Raum erinnert, *Gäzz is hier abbama ändlich Ruhe im Puff, so, zweiten Punkt auffe Tagesordnunk, wer tuutie Fahne beide Fronleinams- prozeßjon tragn?*
Pullefaß, kindlicher Ausdruck für Badewanne
Pulpedde, *ndd*, Kaulquappe
Pump Pamp, aus einem Kinderspruch: *Es war einmal ein Mann, der hieß Pump Pamp; Pump Pamp hieß er, ein Furz fliegen ließ er. Den steckta inne Tasche, davon wurzne Flasche. Die Flasche stellta in den Spind, davon wurz ein Kind. Dat Kind legta inne Wiege, davon wurzne Ziege. Die Ziege stellta innen Stall, davon wurz ein Ball. Den Ball schmeißta inne Luft, und der macht puff.*
Pumpe, wenn ein Kegler die Kugel neben die Bahn, in die Gosse (siehe „Gosse“) setzt, wirft er eine Pumpe, *Wer beide Aam Schlucka* (überregional berüchtigter Kegelklub) *ne Masse Pumpen wirft, krichten Dicken. Un wer isdat? - Richtich, unsan Bäänt.*
pupen, Blähungen haben, *Pupen un Suopen, dat slait an.*
Puppe, jugendlicher Ausdruck für Mädchen

Purk, Frosch, *Wetten, dat meinen Purk schnella is als wie deinen!* (Antwort: *Wetten tuundie Juden, wennse kein Geld mär ham!*), Ausruf von Jungen der Hülseistraße in den fünfziger Jahren: Man fing sich in den Abwassergräben und Regenwassertümpeln Frösche, setzte sie in einen durch ein Halb- rohr ausgebauten Wassergraben. Die Frösche schwammen hastig in der starken Ströhmung mit, bis sie an einem Drahtgitter zappelten, bevor der Kanal unterirdisch weiterführte. Der schnellste Frosch machte seinen Besitzer zum Wettsieger.

Puschen, Pantoffeln, **einen inne Puschen haben**, total betrunken sein

Püschologe, jugendliche Verbalhornung des Wortes Psychologe

Pusemuckel, ein unwirklich ferner Ort, sagen wir mal, so in der Gegend von Wanne Eickel, von Hamm aus gesehen. *Apna Pusemuckel, da kannze son Quatsch machen!*

pussieren, mit einem Mädchen gehen, aus dem Französischen: *pousser* = treiben, stoßen, bedrängen, *N ganßen Tach mitte Mädkes am pussiern, un wer haakt gäzz den Gaaten?*

Püster, *ndd*, Gewehr, Pistole

Pute, 1. weiblicher Truthahn, 2. Bezeichnung für ein arrogantes Mädchen, *Du dumme Pute, schiebdo innen Kapps, wennze nich willz!*

Püterich, Truthahn

putkern, putken, *ndd*, langsam gehen, vor sich hin trotten

Pütt, *ndd*, 1. Brunnen, 2. Bergwerk

Püttgeld, Lohn des Bergmanns

püttkern, *ndd*, 1. mit Wasser plantschen, 2. sich betrinken, *Der Jans, dattismichen ganz stickumen, sitztada inne Ecke un püttkat sichso leise ein wek.*

Püttmann, Bergmann

Püttrologe, jugendlicher Ausdruck für Bergmann, *Hömma, son Püttrologen, den kannze nich vanatzen, der hattich ganz schön wat aum Kasten.*

Putz, auffen Putz haun, Krach schlagen

Putz, jugendlicher Ausdruck für Polizist, Kinder riefen einem Polizisten in der Nachkriegszeit nach: *Putz, Putz, Putz, putz michma die Schuh!* Im Heessen der Nachkriegszeit gab es den Putz Päule Stecher, dessen Sätze jeweils mit der Wendung *Newahrnech!* endeten, newahrnech?.

Q

Qualster, Spucke, gelb, *Hassema den Rudi gesehn, widder sich son Qualster vonne siebte Sohle holt?* (Mit der „siebten Sohle“ ist die Zeche Sachsen angesprochen, Bergleute atmeten natürlich Kohlenstaub ein und konnten recht „schwarz“ ausspucken.)

Quanten, Füße, wahrscheinlich aus dem Lateinischen: *quantum*

= Größe. *Kannze deine Quanten nich einziehn, du Döskopp! Gäzz bisse am jaulen, weil dich de Hühnaaugen am piesacken sind.*

Quasselkopp, *ndd*, einer, der zu viel redet, *Der Häbbet, der quasselt dich tot, der drehtich aune Ka-Ew-Zet-Vasicherung an, wenne überhaupts kein Auto hass.*

quasseln, *ndd*, viel reden

Quaterkopp, *ndd*, ein ständig redender Mann

Quaterkunte, *ndd*, eine ständig redende Frau, *Meineh, Söffken, du olle Quaterkunte, dat Stielmus is am anbrenn.*

Quaterkunterigge, *ndd*, Schnäbbeln und Reden von Frauen, die sich auf der Straße treffen, aber auch von Frauen, die auf der Fensterbank mit den Ellbogen aufgestützt, ein Kissen untergelegt, stundenlang Zeit haben, über die Straße hinweg miteinander über sich und die Nachbarinnen zu reden

Quatsch, Blödsinn

quatschen, viel und inhaltslos daherreden

Quatschkopp, ein Vielredner, der auch noch Unsinn daherlabert

Quetschkommode, Akkordeon

R

Rabatz, Krach, Krakeel, Gemenge und Schlägerei, wahrscheinlich aus dem Polnischen: *rabac* = hauen

Rabauke, bolleriger Mensch, der Krach macht und sich mit anderen schlägt, wahrscheinlich aus dem Französischen: *ribaud* = Bube, also *Rabau*, versehen mit der berlinischen Endung *-ke*

rabotti rabotti, nun mal ran an die Arbeit, kommt von *rabotten*, aus dem Polnischen: *rabota* = Arbeit

Rad, dat Rad annen Kopp nehmen, das Fahrrad hochnehmen, über ein Hindernis tragen, über einen Graben, über einen Zaun

Raditzefummel, Ratzefummel, Schülersprache für Radiergummi, *Bölle, sei keinen Frosch, schuckmich ma eem en Raditzefummel rüba!*

Rädscher, Fahrrad, *Mit den ollen Rädscha kompsse abba nich weit, kuckdichdo nurma die Acht an inne Felgen.*

raffen, jugendlicher Ausdruck für „verstehen"

Rambozambo, Radau, Unterhaltung, Stimmung, eine spanisierte Wortbildung. *Kompsse mitna Pöttken Banse, da is widda so richtich Rambozambo!*

rammdösig, *ndd*, verrückt, ganz durcheinander

Rappel, einen Rappel kriegen, verrückte Anwandlungen bekommen, *Wennder Tönne en Rappel kricht, dann ziesse bessa Leine.*

ratzekahl, radikal beendet, endgültig

ratzen, schlafen

Ratzeputz, hochprozentiger Kräuterschnaps aus Niedersachsen, auch ganz allgemein für Schnaps, der gewaltig in der Kehle kratzt, wurde als Mutprobe Heessener Mannbarkeitsriten gefordert

Räuber und Schandeckel, **Räuber und Schanditz** (verbalhorntes Wort: *Gendarm*), Kinderspiel eh und je, wurde jedoch in den fünfziger Jahren aufgrund der Lektüre von Westernheftchen wie „Billy Jenkings" und „Tom Prox" immer mehr in Indianer- und Cowboyspiele umgewandelt. Man sprach das Wort „Cowboy" aus, wie man liest, ebenso rief man „Hands up!", wie man liest, auch erste Kenntnisse des Gymnasiumsenglisch halfen da nicht. Ein Stock in der Hand ersetzte die Pistole, man rief „Kch!", und dann hatte der andere tot zu sein.

Rauchholz, Zigarettenersatz der Kinder, aus den vertrockneten, gezwirbelten Stengeln von Schlingpflanzen gewonnen

Reff, *ndd*, hagerer Mensch

Reibach, auch **Rebbech**, **einen Reibach machen**: Gewinn rausschlagen, nicht immer ganz ehrlich, aus dem Jiddischen *rewach* = Zins, *Wat machder Werner fürn Reibach, blooß datta alte Schrottlaum am vakloppen is.*

Reihe, etwas auffe Reihe kriegen, etwas schaffen, was nicht so ganz einfach ist

reihern, sich übergeben

reinbollern, reintrampeln, reinstürmen in einen Raum

reinhauen, kräftig und hungrig essen

reinschichten, schnell und viel essen

reintun, sich einen reintun, sich betrinken

reinziehen, jugenlicher Ausdruck für: etwas genießen, z.B. sich eine Schallplatte reinziehen, aber auch sich ein Bier reinziehen, sich so nach und nach betrinken

resselveert, *ndd*, resolut

Riäkelhusen, *ndd*, Recklinghausen

Ringelpitz, Tanzerei mit Anmache, (Ringelpitz mit Anpacken), wurde in schlecht beleumundeten Schuppen realisiert wie bei Kordes in Hamm, konnte an katholischen Jugendtanzabenden in St.Stephanus Heessen nicht Fuß fassen

Ritzenschieber, Arbeiter, der die Straßenbahnschienen säuberte, als es diese in Hamm noch gab

Rodongkuchen, (ganz bewußt mit *ng* gesprochen), runder Kuchen mit Loch in der Mitte, von Süddeutschen (Bayern usw) auch Gugelhupf genannt, bei den Kindern seit eh und jeh sehr beliebt wegen des Ausschleckens der Teigschüssel

roger, jugendlicher Ausdruck für: Alles klar, alles in Ordnung, Übernahme aus der englischen Pilotensprache

Rolle, von der Rolle sein, verrückt sein

Röster, *ndd*, Ofen

Rote Pfannen, rote Haare, man sagte von einem rothaarigen Mädchen: *So eine mit rote Pfannen auffen Dach, vadorrinomma, die isdich ganzschön wehrig umme Mäse.*

rotzen, spucken

Rotzfahne, Taschentuch
rubbeldiekatz, **rummeldiekatz**, Ausdruck der tolle Begeisterung, die man einem Westfalen gar nicht zutrauen möchte
Rübenkraut, Zuckerrübensirup, wurde nach dem Krieg aus Rübenanpflanzungen im eigenen Garten erzeugt, war der einzige süße Brotaufstrich, auch Möppkenbrotaufstrich der Kindheit der heute Fünfzigjährigen (Besonders pikant schmeckte es, wenn man zunächst Griebenschmalz aufs Brot oder aufs Möppkenbrot strich, dann dick Rübenkraut und dann Salz darauf streute, lecka, lecka, sarich euch.)
Rübensau, ein schmieriger, hemdsärmliger Mensch
Rucksack, gutgemeintes Schimpfwort für einen troddeligen Mann
Rüern, *ndd*, allgemein: Hund, nicht nur Rüde, *Ej, den ollen Ruern kannzedo nimmär auffe Straße tun, der stinkdichdo wieson frischangelegtet Mistbeet.*
rumfuhrwerken, rumtun, rummachen, auch umständlich herumfahren, *Gäzz bisse mitte Schuppkarre im Gaaten am rumfuhrwerken, ker, machssemich den ganzen Rabaaba kaputt.*
rumgurken, in Schlangenlinien fahren, wild in der Gegend herumfahren
rumjuckeln, ziellos durch die Gegend fahren, *Fränzken, tuunich durche Gegend juckeln, mach Schulla!*
rumöppen, etwas versuchen, ohne es zu schaffen
Rumpelkammer, Abstellraum für alles mögliche Gedöns und für unartige Kinder
rumskedi, 1. sagt man zu einem Kind, wenn es hingefallen ist, 2. originell eigenbrödlerischer Karnevals-Schlachtruf im nahen Beckum, ehemalige Kreisstadt Heessens
rund sein, betrunken sein
Runkelacker, jugendlicher Ausdruck für ein holpriges Fußballfeld, so etwa das Spielfeld der DJK in Heessen am Schloßweg, *Wenndie Jäusta vonne Dejottkaa am valiernt sint gegen Dolbärch, ne, dann sagense imma, dat kompt vonwegen den vadammten Runkelacka.*
Runkelkuhle, Runkelmiete
Runkeln, Rübenart
Runkelputzer, jugendlicher Ausdruck für Landwirt
rusen, *ndd*, oberflächlich daherarbeiten
Russe, du Russe, du! nicht sehr böse gemeintes Schimpfwort
Rüssel, grober Ausdruck für Nase, *Ej, steck dein Rüssel in dein eigenet Bier, meinze, mich graust vor gaanix!*

S

sabbeln, *ndd*, viel daher reden
sabbern, *ndd*, sich mit Speichel und Flüssigkeit bekleckern
Sache sein, richtig sein, in Ordnung sein, tatsächlich vorkom-

men, *Weisse Natz, is Sache, bis Sonntach hasse deine Pinunsen widda.*

Sack, da hüpfen einem die Säcke von der Karre, Ausdruck des Unverständnisses, des Unmöglichen, des Ärgerlichen

Saftladen, ein Betrieb, der nicht funktioniert, *Ej, wattisdat hier fürn Saftladen, gipdat kein Bier?*

Saftsack, Trottel, gut gemeintes Schimpfwort

Sakko und Vanzetti, wie bei Sakko und Vanzetti geht es zu, es geht drunter und drüber, es wird geprügelt, es wird geklaut; diese Wendung bezieht sich auf zwei berühmte italienische Massenmörder nach der Jahrhundertwende

samma, sag mal, *Samma, bisse wiärklich so doof oda tuusse dich nurso anstelln?*

sapristi, Verwünschung, zusammengezogen aus dem Kirchenlatein: *sacramentum Christi*

Sargnagel, 1. Zigarette, *Sehta de Kreuze am Wegesrand, datsintie Raucher von Steuwesant!* 2. Kegelspiel, bei dem bei jeder Pumpe ein Strich zu einem kleinen Sarg hinzugefügt wird. (Wenn der Sarg zu ist, singt man getragen: *Und sie trugen einen Toten am Gemeindehaus vorbei...*)

sarich, sag ich doch, *Ja sarichdo, dattedat ganze Fußballspiel im Färnsehn vapennt hass, watt säufssedich au zu wiene Eule.*

Satan Änne! erstaunter Fluch, Verwunderung, Anerkennung, wird besonders gern vom Friseurmeister Reinhold Lenz verwendet, wenn er über die Erlebnisse beim Kegelausflug der Aam Schlucka erzählt

Sau, ein grob klingendes Schimpfwort, welches aber gar nicht so grob gemeint ist. *Ej, du Sau!* sagt man recht häufig, auch wenn einem beim andern nur eine Kleinigkeit nicht gefällt.

Saubär, ein dreckiger Mensch, aber auch gutgemeintes Schimpfwort

Sauerkrautstampfer, abwertender Ausdruck für die etwas stämmigen Beine eines Mädchens, einer Frau

Saurer Wibberich, Korn-Zitronen-Schnaps, in Oelde gebrannt und geschmacksrichtungsweisend, was alle Zitronenschnäpse Westfalens und des Restes der Welt anging, *Wennze unsa Tante Matta en Sauern Wibberich geem tuuss, dann wirtie wibberich wie son Wippstiärt.*

Sausack, kräftiges Schimpfwort für jemanden, der einen reingelegt hat. (Manchmal schwingt aber auch etwas Bewunderung mit für den, der einen reingelegt; denn da gehört ja schon was zu, weil man ja selbst clever ist.)

Schabau, Schnaps, alkoholisches Getränk, aus dem Lateinischen *vinum sabaudum* = Savoyer Wein, *Den Schabau da, den hatter Ömmes Straathaus do hinta sein Afdack aus Kattoffelschaaln fabriziert, da wirsse do ährlich blind von.*

schäbbig, 1. häßlich, 2. schlimm,

schlecht, gemein, wahrscheinlich von *Schabe* = Räude

Schäker, einer, der nett und verführerisch mit Mädchen umgehen kann, durchaus auch von den Mädchen gern gesehen wird, *Du süßer, kleiner Schäker, du!*

schäkern, flirten, nett sein, Mädchen einwickeln, aus dem Jiddischen: *scheker* = Lüge

schallern, schlagen, *Wennze nich abhaun tuuss, krisse abba eine geschallert, sarichdich.*

schalu, *ndd*, mißtrauisch, neidisch, wahrscheinlich aus dem Jiddischen *schaw* = falsch, schlecht, (oder aus dem Französischen: *jaloux* = Neid, Eifersucht)

Schaluppi, jemand, der ständig in kleinen Gaunereien verwickelt ist, *Kuckma, Frantek, diesen Schaluppi, watta widda von sein großen Hoff bei Lodsch am krücken is.*

Schambeinantilope, Filzlaus, kommt wohl aus der Soldatensprache

Schamiesken, *ndd*, Vorhemd, aus dem Französischen: *chemise* = Hemd

Schapp, 1. Küchenschrank, 2. Gesicht, *Haltich daraus, sonss krisse ein vorn Schapp.*

scharwenzeln, 1. Mädchen anmachen, 2. um etwas herumschleichen, etwas erreichen wollen, aus dem Tschechischen: *schervenek* = Herzbube

schassen, rausschmeißen, kündigen, aus dem Französischen: *chasser* = fortjagen. *Den Tons vonne Mattenbirk, derwat do imma ein inne Müzze hat, weisse, den hamse gäzz au geschaßt.*

Scheese, 1. abwertend für Mädchen, 2. Verdeutschung des französischen Wortes *chaiselonge*. Ob zwischen der 1. und der 2. Bedeutung eine Verbindung besteht, sei dahingestellt

Scheesken, *ndd*, Karussel

Scheiben, Bratkartoffeln aus rohen Kartoffelscheiben gewonnen

Scheich, jugendlicher Ausdruck für Mann, Freund, Bräutigam

Scheiß, 1. etwas Ärgerliches, 2. Unsinn. Dieses Wort ist längst salonfähig geworden, auch ein Oberstudienrat des Gymnasiums Hammonense ruft in der Schule seine Schüler bisweilen zur Ordnung mit: *Gäzz laßtomma ändlich den Scheiß sein, vadorrinomma!*

Schelle, 1. Klingel, 2. Handglocke. (Z.B. bimmelte der Eisverkäufer früher mit einer Schelle.)

Schellenmännken, 1. kindliches Vergnügen - siehe auch Klingelmäusken -, an den Türen der Nachbarn zu läuten und wegzulaufen, 2. Meßdiener, der im Gottesdienst die Klingel scheppern läßt

schelmsk, *ndd*, schelmisch

Schema F, etwas wie gewohnt machen. Der Begriff leitet sich her aus den Verordnungen des preußischen Kriegsministerium seit 1861, wo die Frontrapporte nach einem Buchstabenschema geordnet wurden.

Schemisettken, *ndd*, Hemdbrust,

aus dem Französischen: *chemise* = Hemd

schenant, verschämt, verschüchtert, geziert, aus dem französischen: *se géner* = sich genieren, sich zieren

scherbeln, tanzen. Ein ganz schnoddriger jugendlicher Spruch der Nachkriegszeit war: *Hej, Segers, bisdu der Macker vondie Olle, dann laßma scherbeln mittas Brett!* (noch schnoddriger: *mittie Futt*)

scheuern, jemandem eine runterhaun

schicker, betrunken

schickern, trinken, aus dem Jiddischen: *schickern* = sich betrinken, besonders auch im Rotwelschen bekannt

Schickse, 1. abwertend allgemein für Mädchen, 2. recht wertneutral für Schwester, *Unsa Schickse isma widda zuhause am petzen, dattich die Buxe kaputt hap.* aus dem Jiddischen: *schekez* = Greuel, man meinte damit eine junge Christin

schieben, sexuelle Betätigung

schiffen, 1. urinieren, 2. heftig regnen

Schinken, Oberschenkel von Menschen und Tieren, bisweilen auch das ganze Bein, *Du kleine Fliege, wenn ich dich kriege, dann reiß ich dir dein linkes Beinchen aus. Dann mußt du hinken, auf einem Schinken, wie eine kleine, kleine Fledermaus.*

Schinkenkloppen, sehr beliebtes knorriges Spiel in Jugendgruppen der Nachkriegszeit, so auch bei den Pfadfindern. Man schlägt jemandem, dessen Gesicht man bedeckt hat, auf den (Leder)hosenboden, und der Geschlagene muß raten, wer es war. Dieses Spiel härtet nachgewiesenermaßen den Jungmann ab und bereitet ihn für größere Aufgaben vor.

Schippken, *ndd*, **ein Schippken ziehen**, den Mund weinerlich verziehen

schissematucki, Ausruf des Zorns, wütendendes Anhängsel an Flüche, polnisierte Wendung

schißkojenno, wenn einem alles egal ist, erfolgt der Ausruf: *Da kannze nix machn, schißkojenno.* Aus dem Polnischen: wszystko jedno

Schißlaweng, *ndd*, Schwung, Kniff, Trick, aus dem Französischen: *ainsi cela vint* = so ging das vor sich

schittebön, Scherzhafte Buchstabenumstellung der Wendung *bitte schön*, wurde besonders gern von jenem legendären Wirt August Walters in Heessen gebraucht, von dem man träumt in seinen Jugend- erinnerungen und von der Zeit seiner Mannbarkeitsriten

Schlabberkapps, *ndd*, fades Wirsinggemüse, *Meineh, Fienchen, wattassedich widdan Schlabberkapps zusammgeschmiergelt.*

Schlabberlapp, *ndd*, jemand, der beim Trinken schlabbert, jemand der Kaffee aus der Tasse in die Untertasse kleckert

schlackern, mit den Ohren

schlackern, sich gehörig wundern

Schlackes, schlacksiger, dünner Mensch

Schlaffi, wie der Name sagt: einer, der sich hängen läßt und grundsätzlich schlapp ist

Schlag schräg, einen Schlag schräg haben, verrückt sein

schlappe, an die, ungefähr, *Siehsse, Jupp, gäzz hapta beiden Gran mit Drei ma grade schlappe zweiendreißig, wa, abba Schneida is drin, davonap.*

Schlappen, 1. Pantoffel, 2. Fußballschuhe, 3. platter Reifen, **einen innen Schlappen haben**, total betrunken sein

Schlawittken, Kragen, *Wennanich ändlich hörn will, packssene am Schlawittken, ne, un steckssen inne Rumpelkamma!* Eine interessante Wortschöpfung: *Schlagfittich* bezeichnet eigentlich die Schwunggfeder des Gänseflügels.

Schleif, **Slaif**, *ndd*, Schöpfkelle

Schleimi, jugendlicher Ausdruck für einen schmierigen, sich anbiedernden Menschen

Schlick, auch **Hickeschlick**, Schluckauf

Schlickefänger, liebenswerter Gauner, Mädchenverführer, *Weisse, der Manni Kunzel, ne, dattismich son richtigen Schlickefänga, wenna so mit seine Plüschaung am pinxen is, da sinktne de Damenwelt vorde Schuoken.*

schlindern, auf einer Eisfläche mit den Schuhen rutschen, aber nicht aus Versehen ausrutschen, *Weisse, da hintan Schloß, ne, da kannze, wennze willz, auffen Eis bisna Dolbärch durche Mersch schlindan.*

Schlitten, jugendlicher Ausdruck für Auto, Motorrad

Schlönz, jemand, der sich nicht gerade mit Arbeit zudecken läßt, eher so dahinbummelt

schlören, *ndd*, tragen, schleifen

schlörig, *ndd*, ungepflegt, schlampig

Schlot, durchtriebener, aber auch witziger Mensch

Schluck: ein Schluck, ein Kluck, Sprichwort für ein rasches Reagieren, nicht nur beim Trinken, sondern allgemein

Schluck Wasser, er sieht aus wien Schluck Wassa inne Kurwe, es ist ihm schlecht, er sieht krank aus, *Wenn der Affons sich auf nüchtanen Magen die Ölsaadien reinschichtet, dann siehta abba nachher aus wieson Schluck Wassa inne Kurwe.*

schlucken, trinken, viel trinken, (Ein berühmt berüchtigter Heessener Kegelklub nennt sich deshalb nachgewiesener Maßen ausschließlich nach dieser Wortbedeutung: Aame Schlucka.)

Schluckspecht, Säufer

Schluffen, *ndd*, Pantoffeln

Schlunz, ein angeberischer, aber schmieriger Mensch

Schmacht, *ndd*, Hunger, *Maure, wathappich widdan Schmacht, kannzma eem paa Eia inne Pfanne haun!*

Schmachtlappen, *ndd*, ein hungrig aussehender Mensch, aber auch ganz allgemein ein schlanker

Mensch, *Wennze den Schmachtlappen da anpusten tuuss, dann kipptichderdo ausse Latschen.*

Schmächtling, kleiner Mensch

Schmackes, Kraft, Gewalt, *Wennze mich no eima anbölken tuuss, krisse mit Schmackes ein vorde Nuß!*

Schmalzblumen, Buschwindröschen, von den Kindern auf feuchtem Waldboden gepflückt (Noch während die Kinder nach Hause rennen, verwelken die Schmalzblumen in ihren Händen, ein Erlebnis des Vergänglichen.)

Schmand, Rahm der gekochten Milch, mit dem Zeigefinger verstohlen aus dem Milchtopf genascht und genüßlich abgenuckelt

schmiergeln, irgendetwas in die Pfanne hauen und zusammenbraten, *Täubken, kannzemichma eem paa Eia inne Fanne schmiergeln, ich muß widda beide Fitzeboon.*

Schmierlapp, dreckiges Kind, dreckiger Mann

schmöken, *ndd*, rauchen, *Weisse, so auffe Bank hintan Afdack sizzen, inne Sonne kucken, unnen klein Piepken schmöken, wat willze mär vom Leem, vadorrinomma.*

Schmonses, Unsinn, blödes Gerede, was man anderen um den Bart schmiert, aus dem Jiddischen: *schmuoth* = Gerücht

schnäbbeln, schnell und mit hoher Stimme reden, *Wenn unsa Tante Matta am schnäbbeln fängt, dann geht sogar unsan Fiffi stiften.*

Schnadegang, *ndd*, Gemeinsames Begehen von Gemeindegrenzen durch die Einwohner benachbarter Ortschaften. Das Begehen ist grundsätzlich mit Begießen verbunden, in einer Kneipe, die der Ortsgrenze nahegelegen ist.

Schnalle, recht abwertender Ausdruck für Mädchen, Prostituierte

schnallen, jugendlicher Ausdruck für verstehen

Schnapsdrossel, Frau, die trinkt und dabei unangenehm auffällt, *Der Jupp, dat aame Schwein, hatta sich alz alten Öhm vörde Düer noch sonne Witfrau an Land gezogen, un gäzz ismichdat sonne richtige verschnasselte Schnapsdrossel.*

schnarchen, schlafen

Schnarchhahn, 1. Dauerschläfer, Langschläfer, 2. traniger Mensch

schnasseln, sich einen schnasseln, sich betrinken

Schnäuzer, Schnauzbart jeder Art, besonders aber ein recht schmaler auf der Oberlippe, der an einen Falschspieler amerikanischer Western erinnert.

Schneewittchen, Dieses Wort inspirierte zu vielen Versen, z.B. *Schneewittchen war ein schönes Kind...*, aber auch zu: *Schneewittchen, Schneewittchen, kein Arsch und kein Tittchen.*

Schnepfe, abwertender Ausdruck für Mädchen

Schnibbelbohnen, *ndd*, Stangenbohnen, die klein zerschnitten werden

schnibbeln, *ndd*, klein zerschneiden

schnorren, jemanden anpumpen, *Laßdo ändlichma dat Schnorren sein, Rudi, kaufdich sälpss deine Fluppen.*

Schnorrer, jemand, der ständig jemanden anpumpt, auch als Schmimpfwort gebraucht

Schnotter, *ndd*, Nasenschleim, Tropfen an der Nase,

schnurcheln, tief schlafen

Schnute, *ndd*, 1. Mund allgemein, 2. beleidigtes Mundspitzen, *Meineh, Tönne, nu mach donnich sonne Schnute, weil Oppa de Kätzkes inne Lippe getan hat. Wat willze dennau mit so viele.*

schnüten, *ndd*, schneuzen

schocken, jugendlicher Ausdruck für jemanden erschrecken, fassungslos machen, aus dem Englischen mit deutscher Endung versehen

Schöddelplagen, *ndd*, Wischtuch, Aufnehmer, allerdings mehr von echten Ruhrgebietlern gebraucht

schofelig, gemein, aus dem Jiddischen: *schophel* = gering, niedrig, schlecht

Scholli, mein lieber Scholli, bewundernder Ausdruck, aus dem Französischen: *joli* = niedlich. *Da kannzema sehn, de Miete müssense beideen mitten Revolver kassiert, abban dicken Mercedes fährta, mein lieber Scholli.*

schoren, stehlen, aus dem Rotwelschen: *sore* = Diebesgut, das wiederum aus dem Jiddischen: *sechoro* = Ware

Schornsteinfeger, ein Maikäfer mit total schwarzem Nackenpanzer

Schott, Tür

Schotter, Geld

schrao, *ndd*, dürr, hager

schräpen, mit schräger, knarrender Stimme sprechen, meckern, *Wenn unsa Tante Matta inne Kirche so richtig ein am loslegen is, dann is allet zu spät, dann isdie am schräpen wie son Streifenwagen.*

schrappen, Geld zusammenkratzen, horten

Schrapphals, jemand, der Geld und Besitz zusammenrafft. (Bekannt war in der Nachkriegszeit der Heessener Pfarrer Halbeisen, liebevoll auch Pfarrer **Schrappeisen** genannt, der durch unermüdliche Bettelei den Wiederaufbau der zerstörten St.Stephanuskirche, die Anschaffung von Glocken und die Errichtung einer Kriegergedächtniskapelle als recht fremdartigen Anbau an die schöne Neugotik der St.Stepanuskirche finanzierte.)

schrappig, geizig

Schreckschraube, unsympathisches Mädchen, sowohl körperlich als auch seelisch zu verstehen

schröggeln, etwas in Brand stecken, *Gäzz sintie Blagen dado widda innen Kamp am schröggeln, wenndat man gutgeht.*

Schrott, jugendlicher Ausdruck für Unsinn, Quatsch

schruppen, 1. jemanden im Sport, im Spiel gehörig besiegen, 2. sexuelle Betätigung

schubbeln, kratzen, jucken, reiben

Schubiak, Gauner, hinterhältiger Mensch, *Der Frantek Piontek,* *diesen Schubiak, ne, kuckdichma den seine Gaatenpöste an, hatta alle von Kottenstett seinen Kuhkamp.*

schucken lassen, was anstellen, was rüberkommen lassen, wahrscheinlich aus dem Jiddischen: *chokar* = er hat gespäht, später dann auch: schmuggeln (oder aus dem Jiddischen: *schuck* = Mark, eine Mark springen lassen), *Fitti, du bissdo näha dran, laßma eem die Fritten rübaschucken.*

Schuld, in Schuld sein, Schuld haben, *Hömma, dat bissedo selps in Schuld, datten Fletscher gemacht hass, warum kucksedich die Dänkes an unnich aum Boon.*

Schulla, Kinderausdruck für: Schulaufgabe: *Hasse schonn Schulla?*

Schuoken, *ndd*, Füße, *Ik waschke mi de Schuoken eenmol int Joar, Hillig Obend, opt neidig is o nich.*

Schupo, Schutzpolizist, jugendlicher Ausdruck

Schüppe, Schaufel

schüppen, schaufeln

schuppen, schubsen, jemanden in die Ecke drängen

schüß, schüßken, schüßkes, auf Wiedersehn

Schutt, jugendlicher Ausdruck für Unsinn

Schützenfestbier, extrem schlecht und schnell gezapftes Bier; der Schützenfestwirt meint, weil grundsätzlich alle Westfalen auf dem Schützenfest betrunken seien, könne er sie mit labbrigem Bier versorgen. Weit gefehlt, auch der trunkene Westfale achtet beim Bier auf höchste Qualität. *Hömma, dat Schüzzenfestbier, dat kannzedich abba inne Haare schmiern.*

Schwammpuckel, Widerling, aufmüpfiger Kerl

Schwan, mein lieber Schwan, erstaunter, aber auch mahnender Ausdruck

Schwarzwurzeln, Spargelersatz des Westfalen. Früher, als ein Beamter noch darbte, wurden die Schwarzwurzeln auch Beamten-Spargel genannt (schmecken wie überfälliger Blumenkohl, sehn aus wie Spargel mit Trauerrand).

schwattbunt, *ndd*, scharz-weißes Tier (Kuh, Schwein) *„Schwattbunte Fiärken"* war das theatralische Ereignis der fünfziger Jahre in der Weißenburg an der Hammer Straße, aber das wissen wir ja schon.

Schwatter Mann, Kinderspiel, *Wer fürchtet sich vorn schwatten Manne? - Keina! - Wenna abba kohompt? - Dann laufen wir!*

Schweinchen auf der Leiter, Spiel mit einem Bindfaden, der vom einen Spieler in komplizierter Verschlingung zwischen den beiden Händen gehalten wird; der andere Spieler greift geschickt mit den Fingern den Faden und bildet so eine neue Verschlingung, bis am Schluß „Schweinchen auf der Leiter" rauskommt; wer das schafft, ist der Sieger.

Schweinebacke, Schimpfwort für einen durchtriebenen Menschen

Schweinepiepe, jemand, der ein

böses Gemüt hat

Schweinepott, Holz-Kohleofen mit großem Trog, in dem das Schweinefutter gekocht wird

Schweinepriester, ein unehrlicher Mensch, der fromm tut, es aber faustdick hinter den Ohren hat

Schweißmauken, *ndd*, Schweißfüße, *Hömma, tuumich deine Schweißmauken nich inne Fresse haltn, sarich dich!*

schwer, Steigerungsform, *Kuckma, den Hämmut, der hat abba schwer en Braß auf seine Olle.*

Schwinger, ein kräftiger Hieb, eine Ohrfeige

Schwoof, erotisierter Tanz bei Dämmerbeleuchtung, (Das Gegenteil zu den katholischen Jugendtanzabenden der fünfziger Jahre, bei denen der diensthabende Kaplan an der Eingangstür saß, den Eintritt kassierte, dabei Mischehen verhindern mußte und deswegen auf Rechtgläubigkeit und Moral achtete, siehe auch „Karfreitag".)

schwoofen, aneinandergelehnt tanzen (siehe oben)

Schwulinski, Verbalhornung mit polnischer Endung des Ausdrucks: Schwuler

Segers, ein bewegter, umtriebiger Mensch, *Watter Natz is, dattis son richtigen Segers, kuckma, wieder widda am scharwenzeln is.*

Seilfahrt, aus der Bergmannssprache: *Paß nur acht, Ömmes, wennze weita son Quatsch machen tuss, dann giptet ne Seilfahrt!* Dann geht es dir dreckig!

Sennenhuorst, *ndd*, Sendenhorst

Seppel, allgemein: Bayer oder Alpenbewohner, vom Westfalen als recht exotisches Evolutionsergebnis betrachtet

Seppelhose, Lederhose, trugen die Kinder der Nachkriegszeit recht gern, weil sie unverwüstlich waren

Siebzehner Schlüssel, Flaschenöffner

Socken, einen inne Socken haben, total betrunken sein

Söeten, *ndd*, 1. Süßer Schnaps (Kirsch oder Aufgesetzter), in der Kneipe gern von Frauen getrunken, wenn ihre männlichen Begleiter einen Korn kippen, 2. Süßer junger Mann, als Wendung von älteren Frauen bisweilen gebraucht.

Söffken, *ndd*, Sophie

Softi, jugendlicher Ausdruck für einen sanften, nachgiebigen Mann, Übernahme aus dem Englischen

Soppen, *ndd*, eine dicke Suppe aus Brotresten (Weißbrot und Schwarzbrot, mit Schmalz in einer Mehlsoße säuerlich angemacht)

spachteln, essen

Spagettifresser, Bezeichnung für italienischen Gastarbeiter, *Siehdich den Spagettifressa an, nix rabotti, abba nache Mädkens luckluckі machen, wa.*

Spargeltarzan, jugendlicher Ausdruck für einen Dünnen, der sich aufkröppt

Spasti, jugendlich brutaler Ausdruck für einen, der sich anders benimmt als die meisten

SPD,CDU, allseits bekannte Parteien des Nachkriegsdeutschlands. Die Kinder Heessens machten sich ihre eigenen Wersprüche: *SPD scheißt im Schnee, CDU deckt es zu.*

Speckplautze, mächtiger Bauch

Spekuliereisen, kindlicher Ausdruck für Brille

Spierenskes, *ndd*, Unsinn, Blödsinn, er macht lustige Sachen, aber auch: unnötig Schwierigkeiten bereiten, aus dem mittelalterlichen Latein: *sperantia* = Hoffnung, *Wennze nich ändlich mittie Spierenskes aufhörn tuuss, kannzewat erleem!*

Spinnewipp, *ndd*, ein dünner, zappeliger Mensch

Spinnklaut, *ndd*, Kreisel

spintisieren, jugendlicher Ausdruck für spinnen

spinxen, beobachten, ausspionieren

Spitzkühler, mächtiger Bierbauch

Spöekenkieker, *ndd*, jemand, der die Zukunft vorhersehen kann, Wahrsager, oft in Moorgegenden beheimatet, (Landläufiger Meinung nach hat jeder dritte Westfale die Gabe des Spöekenkiekens, und so wird es auch wohl tatsächlich sein.)

Spökes machen, Streiche aushecken und realisieren, *De Blagen von heute, gehmichdoeinawek, nix annas in Kopp alz Spökes machen.*

Spucht, *ndd*, 1. Spur, 2. junger Mann, dünner Mann, Lehrling

Sputnik, Ausdruck der späten fünfziger Jahre für eine Frikadelle, als der russische Satellit gleichen Namens als Wunderwerk piepend die Erde umkreiste

stafken, *ndd*, unbeholfen gehen, humpeln

Stankette, Zaun, Geländer

stantepee, *ndd*, sofort, aus dem Lateinischen *„stante pede"*

steil, jugendlicher Ausdruck für sexy, scharf, toll, geil

Stein-Pils-Kur, Pils und Steinhäger gemeinsam genossen. Die Kur schlägt aber nur an, wenn man Ausdauer aufbringt und selbstlose Opferbereitschaft.

Steinepicken, in der Nachkriegszeit Säubern von Trümmerziegeln für den Wiederaufbau; Frauen („Trümmerfrauen") und Kinder der Nachkriegszeit erwarben beträchtliche Fähigkeiten im Steinepicken. Die Kinder bekamen vom Kriegsende an eingeschärft, jeden Tag nach der Schule wenigstens einen Backstein von einem unbewachten Trümmergrundstück mitzubringen. So dauerte es bis zum Jahre 1956, bis das zerbombte Haus Herrenstr. 27 wieder aufgebaut war.

Stelzen, hagere Beine, eher bei westfälischen Männern zu entdecken als bei Frauen

Stempel, 1. Holzstütze im Bergbau, 2. etwas dickere Beine, diesmal allerdings mehr auf Frauen angewandt

Stenz, Angeber, aufgeblasender Mensch, aber auch, modisch und flott gekleideter Mensch

Sterz, 1. affiger Mann, Schnösel,

2. auch: Freund eines Mädchens. *Homma, die Ulla ihrn Sterz, der ismichdo sowat von bekloppt, der gehöato na Applabeck.*

Sterz, Stiärt, *ndd*, Schwanz

Stewwet, *ndd*, Drensteinfurt

Stich, 1. sexuelle Betätigung, 2. **einen Stich haben**, verrückt sein

Sticken, *ndd*, Streichhölzer

stickum auch **stiekum**, still, verdrückt, aus dem Jiddischen: *schtiko* = Stillschweigen

Stiebelholschen, *ndd*, Holzschuhe, an die man aus Oberleder von aufgebrauchten Schuhen einen Schaft genagelt hatte

Stiefel, einen im Stiefel haben, betrunken sein

Stielmus, *ndd*, auch Strippelmus, Rübenart, deren Blätter und Stengel man kocht, *Ach nee, wattisdat widda lecka, wenn unsa Mamma dat Stielmus mitte Räuchaendkes am schmiergeln is.*

Stiesel, angeberischer, aber langweiliger Mensch

Stiftenkopp, kurz geschnittenes aufragendes Haar, wie es die amerikanischen Soldaten nach dem Krieg trugen, auch *Bibbob* genannt

Stinchen, *ndd*, Christine

Stinkadores, schlecht riechende Zigarren, *stinken* mit spanischer Endung *-dores* versehen, weil man bei Zigaretten wohl an die Oper *Carmen* denkt, oder?

Stinkstiefel, abfällige Bemerkung über einen etwas streng duftenden Menschen, aber gutgemeint

Stinna, *ndd*, 1. Christine, 2. Kegelfigur, auch „Schlanke Johanna“ genannt, wenn drei Kegel aus der Mitte weg sind. Ein bezeichnender plattdeutscher Spruch sagt außerdem: *Usse Minna, siewen Joar vehirod, nix! - Usse Stinna, eenmol opde Keermes, dä!*

stippen, eintunken

Stippmilch, Quark-Milch-Nachtisch, schmeckt besonders mit eingemachten Sauerkirschen, aber auch mit den sonstigen Früchten der Saison

Stochereisen, Stocheisen, Hakeneisen zum Stochern im Kohleherd

Stoffel, ungeschickter Mensch

Stoppelhopser, jugendlicher Ausdruck für Bundeswehrsoldat

Stoppelrusse, Schimpfwort der Nachkriegszeit z.B. für einen Stoppelbärtigen, aber auch allgemein als Schimpfwort gebraucht, als man sich noch an die stoppelbärtigen russischen Kriegsgefangenen und Zwangsarbeiter erinnern konnte.

Stoppenberger, Korn gemischt mit Magenbitter, *Gerd, nu tuumichdomma ein rein, unnen Stoppenbärger bei!* (Häufig zu vernehmende Bier-Stoppenberger-Bestellung in einer berüchtigten Heessener Gastwirtschaft.)

Stöppken, kleines freches Kind

Stöpsel, kleines Kind, aber nicht frech

Storri, jugendlicher Ausdruck für Märchen, Unwahres allgemein, Übernahme aus dem Englischen

störtendick, *ndd*, total betrunken

Stöwchen, kleiner Ofen, auch

Teewärmer

stracks, geradewegs, gradlinig, im gleichen Augenblick

straken, *ndd*, querfeldein rennen, umherirren, *Paßt acht, wenna durche Lippwiesen am straken seit, dattan paa Elsterneier mitbringen tuut.*

Strammer Max, Brot mit Schinken und Spiegelei

Stratege, jemand, der meint, er sei Spezialist in einer Sache, der es dann aber doch nicht bringt, *Meineh, kumma, dat sindmich vielleicht Strategen, wiese sichda beit Zeltaufstelln ein abbrechen.*

stratzen, schnell rennen, *Ej, Jupp, stratzma eem anne Bude, brinxe eima Fritten weiß- rot un eima Fritten rot, unnen Pülleken Bier mit bei für geden, ne!*

Strippelrüben, abgestrippelte Kohlstrünke, mit Kartoffeln verkocht, werden mit Mettendchen serviert

Strippenzieher, jugendlicher Ausdruck für Elektriker

Ströppken, *ndd*, kleines lustiges Kind

strullen, 1. urinieren, besonders auf Mädchen angewandt, 2. aber auch Bier ins Glas strullen

Strunk, *ndd*, Wurzelwerk, Gesträuchknollen

strunkelig, leicht angesäuselt

Strunz, Strontianit, Mineral, welches vor der Jahrhundertwende in Mergelschichten nördlich von Hamm-Heessen und bei Drensteinfurt auftrat und im Tagebau gewonnen wurde. Noch heute sind auf den Äckern Vertiefungen und kleine Halden dieser Strontianitgruben zu sehen. Augustin Wibbelt hat einem seiner Romanen den Titel: „Dä Strunz" gegeben.

strunzen, *ndd*, angeben, glänzen wollen, wahrscheinlich vom nasal gesprochenen *strotzen* abgeleitet, denkbar ist aber auch die Ableitung von *Strunz* = Strontianit, da das Wort *strunzen* aus dem *ndd* kommt

Strunztuch, Einstecktuch, *Gäzz meinter Heini Töttken doglatt, datta mittat Strunztuch unden Kalabräser aussehn tuut wie Graf Koks von Zeche Sachsen.*

Struwe, *ndd*, Hefegebäck, gibt es besonders an Karfreitag

Stuka, Gipsarm, so genannt nach den Sturzkampfbombern des Dritten Reiches, *Jupp, bisse im Waschpott gefalln, fürdatte gäzz mim Stuka am rumhampeln biss?*

Stuotterbuk, *ndd*, Stotterer

Stuten, Weißbrot

Stutenkerl, süßes Hefegebäck, Adventsgebäck mit Tonpfeife

Suege, *ndd*, Schwein

Suegerigge, *ndd*, Schweinerei

Sultan, Fremder, egal, wo er herkommt. Damit ist sowohl ein Gastarbeiter aus der Türkei als auch ein bayerischer Senfvertreter gemeint. *Ej, wat willdenn de Sultan da mitteen Seppelhut?*

sülzen, jemanden mit Belobigungen einwickeln

Summaus, Surmaus, *ndd*, Sauerkraut

suopen, *ndd*, saufen

Suopnickel, *ndd*, Säufer

Suopsack, *ndd*, Säufer
Suopschlöer, *ndd*, Säufer
süppeln, saufen,

T

Tabernakel, einen vorn Tabernakel kriegen, so richtig einen Hieb an den Kopf bekommen
Tacken, 1. Groschen, 2. ein kleiner Gegenstand, 3. aber auch Geschwindigkeit, wahrscheinlich ein Anagramm aus: Deutscher Groschen, Verschiebung von d zu t und von g zu k, *Der kleine Hotte da aufsein Rolla, der hatten ganz schön Tacken drauf, wa!*
tafeln, schlagen, jemanden eine runterhauen
Taler, allgemein für Münzen, *Hier hassen Taler für auffe Kirmes, abba tuune nich vajuxen, hörsse!*
tanken, jugendlicher Ausdruck für trinken
Taohbaß, *ndd*, zäher Mensch
Tasche, jemandem einen in die Tasche tun, jemandem etwas vorlügen
Tasse, *Gerd, gäzz machdomma ändlich die Tasse voll!* Gemeint ist damit ein Bierglas
Tassen im Schrank, nicht mehr alle Tassen im Schrank haben, verrückt sein
Täubchen, Täubken, zärtlicher Ausdruck für Ehefrau, Geliebte, flatterhaftes Mädchen, je nach dem, was gerade anliegt
Techtelmechtel, etwas mit einem Mädchen haben, Liebschaft, Flirt, wahrscheinlich aus dem Tschechischen: *tlachy-machy* = Schwätzerei, heimliche Abmachung, von dort über Österreich nach Deutschland gekommen
Teckel, Dackel
Teilchen, Sortiment von Gebäcken (braune und weiße Amerikaner, Berliner, Nußecken, Hefeteilchen usw) für den Nachmittagskaffee, nicht wegzudenken aus dem Tagesablauf einer Westfälin, besonders Angelika aus Dortmund, welche Sie ja schon kennengelernt haben, kommt ohne nicht aus.
teita gehn, spazieren gehn, Kinder und Hunde spricht man so an, *Bennätzken, komm wacka teita mit Omma!*
Telligt, *ndd*, Telgte
Terror, jugendlicher Ausdruck für Schrecken, Angst, schlimme Begebenheit, *Fitti, mach nich son Terror, blooß weilse dein Mofa im Klump gefahn ham.*
Teute, auch **Töte**, Gefäß aus Blech, für Milch oder für Kaffee, speziell auch die emaillierte Kaffeeflasche der Bergleute. *Leute mitte Teute, dat sind Bergleute.*
Thema, kein Thema sein, keine Bedeutung haben, etwas, was nicht geht, was man erst gar nicht anpacken soll
Therro, *ndd*, Theodor
Therroteindusent, *ndd*, kräftiger plattdeutscher Ausdruck für Angeber (Man kann das auch übersetzen, dann heißt es „Theodor, zehntausend" und klingt eigentlich gar nicht interessant.)
Tiäkenbuorg, *ndd*, Tecklenburg

ticken, nicht mehr richtig ticken, verrückt sein, einen Blödsinn daher erzählen, *Der Ötte, der tickt donnimmär richtich, wa, vazählta uns wat vonne Mäuse, di watta im Lotto gewonn hat, undabei vafolchtne der Gerichtsvollzieha durche Kämpe.*

Tiefgefrorener, ein ölig fließender Aquavit aus dem Eisfach. Auch die Gläser sind im Kühlfach „tiefgefroren", trinkt der Westfale aber nur an hohen kirchlichen Festtagen

tigern, mehr oder weniger ziellos umherirren

Tillaleckt, Verbalhornung des Wortes Dialekt, *Wennze die Trudis Krukenbaum aus Roxel mit ihrn Tillaleckt hörn tuuss, da meinze, dich tritten Elch.*

Tille, abschätzig für bestimmte Mädchen

Timpen, *ndd*, Spitze, **einen im Timpen haben**, betrunken sein

Tinnef, Unsinn, minderwertige Ware, Trödelkram, aus dem Jiddischen: *tinneph* = Kot, Unrat. *Der olle Affons Krüpenkamp, wennderma so richtich in Faat is, dann laberterdichen Tinnef umme Oan, dattenich weiß, oppe Männken oda Weibken biss.*

Tito, Bezeichnung für einen jugoslawischen Gastarbeiter

titschen, gegen etwas stoßen

Titten, burschikoser, aber eigentlich nicht abwertender Begriff für Brüste, **linke Titte** ist allerdingst ein recht grobes Schimpfwort für Emanze

Titti, Schnuller

Tittis, kindlicher Ausdruck für Brüste

Toffel, Töffel, Tüffel, Abkürzung von Kartoffel, Plural: Toffels, Töffelkes

tofte, gut, erstklassig, aus dem Jiddischen: *tow* = gut

Töle, *ndd*, 1. Hund, abwertend gebraucht, 2. bisweilen, wenn gerade kein anderer Ausdruck zur Verfügung steht, auch abwertender Ausdruck für ein transusiges und obendrein noch etwas verlottertes Mädchen, schlimm, schlimm!

Tommi, Bezeichnung für einen englischen Besatzungssoldaten

Tönne, *ndd*, Anton

Tonnek, Tornister, polnischer Wortklang, Endung *-ek*, hat das deutsche Wort umgeformt, *Hassedat gesehn, der Friddem Politzki hatto glatt die Ulla ne tote Ratte im Tonnek getan.*

Tons, *ndd*, Anton

Torte, jugendlicher Ausdruck für süßes Mädchen

Töte, *ndd*, zylinderförmiger oder tütenförmiger Behälter aus Blech, z.B. eine Kaffeetöte, die Kaffeflasche aus Blech, welche der Bergmann mit in die Grube nimmt

Totenkiste, Kegelspiel, siehe auch „Sargnagel"

Töttchen, *ndd*, eine Art scharf gewürztes Gulasch aus Innereien, von Westfalen um Münster herum sehr geschätzt

Totten, verfilzte Stellen im Haar, *Aua, Mamma, paßdo auffe Totten auf! - Wat bisseau widda mitte*

Jäusta durche Büsche gebraakt!

Trabant, Kind, aus dem Tschechischen: *drabant* = Krieger zu Fuß. *Is am dunkel werdn, Vatta, fangmichma eem die Trabanten widda ein.*

Trabbel, viele Probleme, viel um die Ohren, Ärger, aus dem Englischen: *trubble*

Trallafitti, eine Feier, auf der so richtig was los ist, Frohsinn allgemein

Trantüte, ein müder, langsamer, zu nichts zu gebrauchender Mensch

Tresen, Theke in einer Gastwirtschaft, des Westfalen liebster Ort, bisweilen auch Beichtstuhl (Hier beichtet auch ab und zu der Dorfpfarrer - wo auch sonst?)

Tricko-tracko, sexuelle Betätigung, italienisierte Wendung. *Tricko-tracko in Baracko auf Matratzo Italiano.*

Triemmse, *ndd*, Kornblume

Triene, Trienken, *ndd*, 1. Katharina, 2. ein etwas vertrotteltes Mädchen

Triesel, *ndd*, Kreisel

trietzen, jemanden ärgern, reizen

Trog, am Trog stehen, *ndd*, in der Kneipe am Tresen stehen

Trollo, so ein Trollo! Verbalhornung des Wortes Trottel

Tropp, *ndd*, Schwarm, Schar, sowohl auf Menschen als auch auf Tiere anzuwenden

Tröte, 1. Kehle, 2. Blechinstrument für Kinder, mit dem man ein Saxophon nachahmen kann, *Wattis Bennätzken, hassen Krümmel inne Tröte, wa, datte so einen am Kröchen biss.*

Trottoa, Bürgersteig, aus dem Französischen: *trottoir*

Trudis, *ndd*, Gertrud

Trulla, trotteliges Mädchen, Frau, aber nicht unbedingt abwertend gemeint

Tschako, Polizist, so genannt nach der deutschen Polizistenkopfbedeckung der ersten Hälfte des Jahrhunderts

Tucke, abwertend für ein Mädchen, welches sich immer ziert, aber dann gar nicht so ist, *Die olle Tucke, wa, ärs am rumnölen, dann abba fix dabei inne Sektbaa, un dann juppheidie rummeldiekatz.*

tüddelig, *ndd*, vertrottelt

tüddeln, *ndd*, 1. sich betrinken, sich einen antüddeln, 2. vertrottelt dahertun

Tüddellüttken Fastnacht, Kinderspiel an den Karnevalstagen, die Kinder ziehen von Haus zu Haus, singen und betteln *„Tüdellüttken Fastnacht, hät geslacht, hät geslacht, hät mi keene Wurst gebracht, giv mi eene, giv mi eene, abba nich sonne ganße kleene. Eins, zwei, drei, ne Wurst odan Ei. Laß mich nichso lange stehn, willnon Häusken weitagehn!"*

tumma, tu mal

tun, bedeutet auch „geben", etwa in der Wendung: *Gerd, tumichma eem ein rein!* will sagen: Schenk mir mal eben ein Bier aus und gib es mir. *Mamma, tumichma de Klümpkes!*

Tünnes, aus der Kölner Gegend

übernommener Ausdruck für jemanden, der Faxen macht, *Ej, du Tünnes, hasse Tomaten auffe Augen, rotz dein Qualster auf deine eignen Quanten.*

Tünshüüsken, *ndd*, Tönnieshäuschen

Tünte, komische Frau, tüddelige Tante

tuppen, hochspringen (Ball), zurückfedern

Tusnelda, abwertender Ausdruck für Mädchen, ein schläfriges, tappsiges Mädchen, das so recht keine Ordnung in Leben und Haushalt bekommt

tussema, tust du mal, auch sehr lang gesprochen **tuussema**, je nach dem

Tussi, abwertender Ausdruck für Mädchen oder Frau, Abkürzung von Tusnelda, *Die Tussi kannzedo vagessen, die hatto ihre Stempel aunur füret Sauerkrautstampfen.*

tüß, auf Wiedersehn

Tuunieggel, *ndd*, Zaunigel

tuxen, einen Knicker mit einem anderen wegstoßen

twiärs, *ndd*, quer

Twietmiege, *nhd*, Mädchen

U

Übergeschlabbertes, der Kaffe, den man auf die Untertasse geschlabbert hat, *Die Frage is aimfach, wattuusse mittat Übageschlabbate, kippsset widda inne Tasse oder schlürfsse dichdatt schnell rein, wenndat keinen sehn tuut.*

Uchel, auch **Ülk**, *ndd*, 1. Iltis, 2. dreckiger Gnom, schwarzer, wirrhaariger Mensch, *Kuckdichma den schwatten Uchel da an, watta widda am rumkrosen is inne Hiäge.*

Ucht, *ndd*, Frühmesse an Weihnachten oder an Ostern, fand in früheren Zeiten morgens um 5 Uhr statt (Es war lausigkalt, man stapfte durch den Schnee, die Hände im Muff vergraben, aber es war schön, wenn die Meßdiener in der dunklen St. Stephanuskirche eine Kerze nach der anderen anzündeten und später dann eine elektrische Birne nach der anderen am Weihnachtsbaum anknippsten und wenn dann ein einziges kleines Mädchen von der Orgelbühne die erste Strophe von „Stille Nacht, Heilige Nacht" sang, ach, was war das schön.)

Üel, *ndd*, Oelde

Ülk, *ndd*, 2. Iltis, 3. unheimlicher, sonderbarer Mensch

Undocht, *ndd*, Tunichtgut

Unität, jugendlich schnoddriger Ausdruck für „Universität"

Unschuldsbolzen, ein sehr unschuldiger Mensch, oder wenigstens jemand, der sich dafür hält

Untüg, *ndd*, Ungeziefer, Unkraut

Unwiär, *ndd*, Unwetter

unwies, *ndd*, dumm, unklug

Urmel, kauziger kleiner Typ, der es faustdick hinter den Ohren haben kann

Urt, *ndd*, Blödsinn, *Du ollen Paijas du, lott den Urt sin!* (Solche plattdeutschen Strukturen halten sich bis heute, wenn man auch - von den Vorstandssitzungen des Heimatvereins abgesehen - kein Plattdeutsch mehr in Heessen spricht.)

usselig, unordentlich

uttken, *ndd*, nörgeln

V

vadammich, vadammichnomma, verdammt nochmal, sehr gebräuchlicher Schimpfausruf

vadorri, vadorrinomma, verwunderter oder ärgerlicher Schimpfausruf, Verballhornung des Wortes *verdammt*

Vakanz,*ndd*, Ferien, aus dem Lateinischen *vacatio* = die Befreiung vom Militärdienst, der Urlaub

Vare, *ndd*, Vater

Vatta, Vater

Vattatach, Vatertag, der wichtigste Tag im Jahresablauf eines über vierzig Jahre alten Heessener Mannes, denn da ist er mit seinesgleichen in der grünenden freien Natur allein und säuft sich die Hucke voll.

Veddermännken, *ndd*, Anrede bei einer Warnung oder Drohung, *Veddermännken, ich sachdich, wennze nich aatich biss, komptich der Böllemann am holen.*

verbiestert, *ndd*, total durcheinander

verdötschen, verbeulen

vergeigen, verlieren

verjuxen, all sein Geld und Gut ausgeben, rausschmeißen, verspielen, *Hier hassen Tacken, Bääntken, abba vajuxen nich mitte Weibas!*

verkackeiern, jemanden reinlegen

verkasemaknispeln, Abwandlung des Wortes: *verkasematuckeln*, trinken, etwas verdrücken. Hier spielt das Wort *knispeln* = mit Ausdauer basteln in diese Neuschöpfung rein. Es gibt dann noch die seltenere, in Heessen kaum bekannte Wendung: *verkasemadachfenstern*

verkasematuckeln, viel wegtrinken. Dieser Ausdruck ist eine sehr zusammengebastelte Wortschöpfung, etwa von der Jahrhundertwende ab bekannt. *Verkonsumieren* kommt vor, *Kasematte* = schußssicherer Raum, Gefängnis, anspielend auf: einen verhaften = einen trinken; und schließlich das Wort *tucken* = Anstoßen beim Trinken. *Der Therro ausse Böckenhege, wa, keine Mäse inne Buxe, abba der kanndich vielleicht wat verkasematuckeln, du schlackasse mitte Ohrn.*

verkimmeln, verlieren, meist auf ein Spiel gemünzt, *Mensch, die Jäusta vonne Dejottkaa, die hamdo beim Pöhlen sogar in Dolbärch vakimmelt, wose nurne Mannschaft von Einbeinige auffe Beine bringen tuun.*

verklickern, erklären, *Hömma, kannzmich datma vaklickan, widder Tönne sich dat neue Moppet leisten kann, dabbei säufter wien Loch, un seine Olle isden do längs durche Lappen, un fürdie* *mussado ganz schön Allemente schucken.*

verkloppen, 1. verprügeln, 2. verkaufen

verknusen, nicht damit einverstanden sein, etwas nicht verzeihen, wegstecken können, *Watter August Straatmann is, ne, der kanndatto immanonnich vaknusen, datsene die Osttangente na Hamm durchen Schrebagaaten gebaut ham.*

verknuwen, *ndd*, verdauen

verkohlen, belügen

verkrümmeln, sich verkrümmeln, sich stickum davon machen, z.B. wenn man etwas ausgefressen hat

verlöten, 1. sexuelle Betätigung, **2. sich einen verlöten**, sich betrinken

vernatzen, jemanden auf den Arm nehmen

veröhmen, jemanden auf den Arm nehmen, veralbern

verömmeln, ebenfalls: jemanden auf den Arm nehmen

verpissen, sich verpissen, abhauen, sich davonschleichen, *Vapißdich blooß, sons krisse ein auffe Omme!*

verplätten, 1. jemandem eine runterhaun. *Den musse eine vaplättn, sonst bleibt der am muksen.* 2. auf jemanden schießen, *„Weisse, den ollen Bolzen von Jupp Störtenbeck, den mussa ändlichma ein vaplätten, datta nich imma hintade Hühna her is!“* 3. sich betrinken

verputzen, alles aufessen, was einem vorgesetzt wird. *Wat mußtun Schmacht ham, dattedat allet vaputzen kannz.*

verscherbeln, verkaufen

verscheuern, verkaufen, *Für den ollen Fusel aus Fitti seine heimliche Destille verscheuat der Anton Mattenbirk doglatt seine eigne Omma.*

verschlampen, verlieren

verschlören, verlieren, etwas verlegen, nicht wiederfinden, *Wennze deine Uhr nich imma vaschlörn tääts, dann würzze gäzz wissen, wie spät dattat is.*

verschlunzen, verlieren

verschnasseln, mit Genuß trinken oder (seltener gebraucht) essen

verschrubben, jemanden im Spiel, im Sport vernichtend schlagen

verschütt gehen, verloren gehen, auf Menschen und Dinge bezogen

versemmeln, verhauen

vertobacken, viel und schnell essen, verdrücken

vertrimmen, verhauen

vertun, sich täuschen, etwas falsch anpacken, *Da giptet kein Vatun, unsa Ecka isne ganz tofte Perle. - Vatan, vatan, sprach der Hahn, alza vonne Ente kam.*

vertunken, jemandem übel mitspielen, jemanden noch schnell einen Schlag mitgeben

verwämsen, verhauen

verzählen, erzählen, was aber auch übertrieben sein kann, *Du kannzmich villeicht viel verzähln!*

Viertel, im Viertel, im Heessener „Millionenviertel“, Ansammlung von vormals überlebensnotwendigen Geschäften an der Ahlenerstraße und Amtstraße. In letzter Zeit hat das Viertel wegen der vielen großen Supermärkte außerhalb des Dorfkerns an finanzieller Potenz verloren und ist etwas in Verruf geraten wegen seiner Spielhöllen.

Vogelstange, Gerüst beim Schützenfest, auf dem der Holzvogel angebracht wird, den die Schützenbrüder dann vom vorher ausgekuckten Schützenkönig zerballern lassen, bis der letzte Fetzen heruntersegelt. 'Dann hallt der Hammer Wald wider von wildem Horrido-Gebrüll.

vollaufen lassen, sich betrinken

Vüörem, *ndd*, Vorhelm

W

wa, nicht wahr, ruhrgebietlerisch: woll, bairisch: gell

Wään, *ndd*, Werne

wacker, eilig, schnell, mutig etwas angehen

Waffel, einen an der Waffel haben, verrückt sein

Wagenheber, scherzhafter Ausdruck für einen Flaschenöffner

wahne, *ndd*, sehr, groß, viel

Wallachei, ganz weit draußen, *Sachma, der Tönne, der wohnto da hinten inne Wallachei bei Schulze Köhling, wa?*

Walst, *ndd*, Walstedde

wämsen, hauen, etwas kaputt machen

Wanderpokal, Mädchen, welches von einem Jungen zum anderen gereicht wird, ist wohl etwas abfällig gemeint, obwohl die moderne Zeit auch ins katholische Hamm-Heessen eingezogen ist

Wannerup, *ndd*, Maulwurf. Dieser plattdeutsche Ausdruck ist recht selten geworden, aber alte Heessener erinnern sich gern an einen zahmen Wannerup, der in Gerd's Kneipe wochenlang für Eifersüchteleien sorgte, weil alle ihn so lieb hatten und er am liebsten Mettbrötchen fraß (oder bring ich da jetzt was durcheinander? na, is egal!).

Warnduorp, *ndd*, Warendorf

Waschpott, Holz-Kohle-Ofen mit großem Trog, in dem die Wäsche gewaschen wird

wattan, was denn nun, allgemein: erstaunter Ausruf, *Wattan, bisse imma nonni fäddig mitte Schulla!*

watzen, rennen, schnell laufen, wahrscheinlich hergeleitet, und das ist westfälisch durchaus einleuchtend, von *Watz* = Wildschwein, also wie ein Wildschwein durch die Büsche päsen. *Meineh, watsind mich die Blagen widda aum Balken am watzen.*

wehrig, *ndd*, unruhig, zappelig, *Wat bisse widda wehrig, Jüppchen, nu haltoma de Quanten stille!*

Weinsuppe, Grundlage ist ein nicht zu herber Weißwein (In den fünfziger Jahren nahm man Kröver-Nacktarsch wegen des schönen Namens.); die Suppe wird mit Mondamin und Rosinen angereichert.

wengs, wenigstens

wennze, wenn du; **wenne**, ebenfalls: wenn du, wird aber hauptsächlich von denen verwandt, die sich eher landsmannschaftlich zum Ruhrgebiet hingezogen fühlen

wennzema, wenn du mal

Werks, Getue, Gedöns, *Meineh, wattisdat widdann Werks mit euch Jäusta.*

wetzen, viel herumrennen, *Wennze wat von Finanzamt willz, dann kannzedich die Hacken abwetzen.*

Wiärl, *ndd*, Werl, Stadt am Haarstrang, Wallfahrtsort, *Fiftein Joa no Wiärl un no keen Mann, dann geit de Wallfahrt no Stromberg an.*

Wiärlöchtern, *ndd*, Wetterleuchten

Wicht, *ndd*, Mädchen

Wienbrügge, *ndd*, Wiedenbrück

Wilde Sau, beliebtes Spiel für trinkfeste Kneipenbesucher. Man legt aus Streichhölzern auf den Tresen ein langes Schwein dergestalt, daß die Streichhölzer des Schweinekörpers jeweils Vierecke bilden, soviel wie Mitspieler vorhanden sind; in jedes Viereck stellt man ein Pinnchen mit Doppelkorn. Es wird gewürfelt, wer eine 6 hat, muß ein Streichholz wegnehmen. Und wer so ein Viereck öffnet, muß das Pinnchen Korn austrinken, welches dort steht. Und so fort, bis das letzte Streichholz aufgenommen ist, der letzte Korn getrunken ist.

willzema, willst du mal

Wilm, *ndd*, Wilhelm

Wind, im Wind schießen, abhauen

Winterküddel, Winterbirnen, gehören unbedingt in den Grünkohl

wippsig, *ndd*, flott, bewegt, unternehmungslustig, *Vadorrinomma, die Ecka, die ismich villeicht wippsig inne Büx.*

Wippstiärt, *ndd*, 1. unruhiger Mensch, 2. Elster

Wirsing, Kopf

Witfrau, *ndd*, Witwe

Witmann, *ndd*, Witwer

woll, nicht wahr. Im Raum Hamm-Heessen wird das so englisch ausgesprochen, als ob die Zunge zur Rolle rückwärts in die Gurgel ansetzen würde.

Wollwott, Woolworth, Ladenkette im Ruhrgebiet, auch in Hamm, billiges Einkaufseldorado in der Nachkriegszeit

Wotteln, Wurzeln, Möhren

Wucht, 1. eine Tracht Prüfel, *Wennze nich aatich biss, krisse ne Wucht, dat sarich dich!* 2. starke Sache, *Wie der olle Jans sich nochso seine Körnkes am verkasematuckeln is, dattisne Wucht, wa!*

Wuchtbrumme, ein starkes, erotisches Mädchen, *Kuckdichma die Wuchtbrumme von Gisela an, da krisse abba feuchte Finga, wa!*

wulacken, wulachen, schwer arbeiten, mit einer polnischen Endung *-ack* versehenes deutsches Wort: *wühlen*

Z

Zacken, einen im Zacken haben, betrunken sein

Zahlemann und Söhne, Aufforderung zum Zahlen, *Zahlemann und Söhne, große Tüten, kleine Löhne!*

Zampano, Aufschneider. Dieser Ausdruck wurde aus dem Italinienischen übernommen: *Zampano* ist der Kraftmensch in Fellinis Film „La Strada“ (1954). *Kuckma, der Jupp, keine Mäse inne Buxe, aber den großen Zampano machen, wa!*

zappenduster, 1. sehr dunkel, 2. schlechtes Ende, *Wennze nomma unsan Rabaaba klaun tuuss, dann is abba zappenduster.*

zappzerappzappzapp, Ausdruck für Klauen, aus dem Rotwelschen, ursprünglich wohl aus dem Russischen: *zabrat* = wegnehmen

Zarette, Zigarette, *Hassema ne Zarette?*

Zaster, Geld, *Her mitteen Zaster, sarich, oda et iswat im Busch!*

Zeckenteppich, jugendlicher Ausdruck für einen dreckigen, verfilzten Hund

Zeitliche, das Zeitliche segnen, sterben, *Draußen fängtet am meimeln un unsa Omma isdat Zeitliche am segnen.*

Zicke-Zacke, martialischer Ruf in männlichen (bisweilen sportlichen) Vereinigungen, *Zicke-Zacke, Zicke-Zacke!*, Antwort: *Heu, Heu, Heu!*

Zielwasser, Schnaps, den man beim Schützenfest trinkt, damit man auch den Vogel trifft (Da der Schützenkönig normalerweise schon vorher ausgekungelt ist, weil er die notwendigen Mäuse zusammenbekommen muß, soll er auch unbedingt den letzten Rest vom Vogel runterholen; sollte der Ausgekungelte bis dahin jedoch zu viel Zielwasser verkasematuckelt haben, dann ballern gleichzeitig mit ihm zwei nüchternere Schützenbrüder - falls es solche zu diesem Zeitpunkt noch geben sollte - auf den Vogel und sagen hinterher, der Ausgekungelte habe getroffen.)

Ziesemännken, *ndd*, 1. ein ganz kleiner Mensch, 2. auch liebevoll für männliches Geschlechtsteil

Zimtzicke, nicht sehr zugängliches Mädchen

Zinken, große Nase, *Wenn der Kalla seine Brille vergessen tuut, dann knallter do geden Moment mit sein Zinken vorde Wand.*

zocken, ein Glückspiel machen, auch ein verbotenes, häufig einfach auch: Karten spielen, kommt aus dem Jiddischen: *zachkenen, zchoken* = spielen

Zoff, Ärger, Krach mit jemandem haben, aus dem Jiddischen: *zoff* = Ende

Zossen, abwertender Ausdruck für Pferd, aus dem Jiddischen: *sus* = Pferd, im Rotwelschen übermittelt

zu, 1. als Adjektiv verwendet für „geschlossen“: die zue Tür, 2. total betrunken, *Hassema den Natz ärlebt? Wennder zu is, dann brakter durche zue Tür.*

Zucker, das ist Zucker! bewundernder Ausruf

zugange sein, mit etwas, mit jemandem beschäftigt sein, *Kuckma, watter Ötte da mitte Dänkes aus Dolbärch zugange is!*

Zwergenaufstand, wenn man sich wegen nichts oder wegen einer Bagatelle aufregt, *Mensch, Olle, mach donnich son Zwergenaufstand wegen dat bißken Unkraut innen Gaaten.*

zwiebeln, 1. weh tun, schmerzen, 2. auch jemanden physisch und psychisch quälen

zwirbeln, etwas flattrig durch die Luft befördern

zwitschern, sich einen zwitschern, sich betrinken

Zwölf, zwischen den Augen, *Da gipterdo den Friddem so richtich ein auffe Zwölf, datter mannurno de Engelkes hörn tuut.*

Übungsgrammatik

Die Ahlener Str. durchteilt den Hammer Ortsteil Heessen: hier leben die Menschen, welche tagaus tagein ihre westfälische Übungsgrammatik bei der Hand haben und nicht müde werden, sie zu studieren.

Bei der Erarbeitung dieser Übungsgrammatik habe ich selbstverständlich und dankbar auf das bewährte Regelwerk einer Ruhrgebietsgrammatik von **Klaus Birkenhauer** zurückgegriffen, welches veröffentlicht ist in: **Claus Sprick: Hömma!, Straelen 1989**, S.159 ff. Zu den Regeln Birkenhauers habe ich Randzonen-Typisches hinzugenommen, habe zu jeder Regel Übungen vorgeschlagen, habe aber auch Birkenhauers Ausführlichkeit etwas verknappt. So habe ich hier auf seine Ausspracheregeln weitgehend verzichtet, denn im Vorwort ist darüber einiges angeklungen, als ich meine Lautumschrift erläuterte, so etwa die Ersetzung des *r* durch ein *a* wie in *Bart* zu *Baat* oder die Verhärtung des *g* im Auslaut zu *ch* wie in *Zwerg* zu *Zweeach*, usw. Also das hatten wir alles schon. Ich möchte nur noch auf eine Eigenart der westfälischen Aussprache hinweisen, welche diese mit den Afrikanern gemeinsam hat, ich zitiere Klaus Birkenhauer: Es handelt sich um einen merkwürdigen Laut, *„den wir alle aussprechen, ohne ihn je zu bemerken: Wenn wir 'an' oder 'ein' oder 'unser' sagen, setzen wir das A, E, oder U hinten im Rachen mit einem leichten Knacken an, wir können gar nicht anders. Das ist der sogenannte Glottis-Schlag, und im Ruhrgebiet kann er auch - wie in vielen afrikanischen Sprachen (sind wir vielleicht doch 'Kaffers'?) - am Ende einer Silbe vorkommen. Aber zum Glück nur unter einer Bedingung: daß die Silbe auf -TT endet. In diesem Falle wird das -TT oft durch jenen kurzen Knacklaut ersetzt, der hier als ' geschrieben ist:“* (Sprick: Hömma, S.166)

Ich möchte an diesem Beispiel die Arbeitsweise meiner Übungsgrammatik einführen. Zunächst wird die **Regel** formuliert, dann werden **Beispiele** gegeben und schließlich **Übungen** gestellt, die der geneigte Leser dieser Übungsgrammatik in den Leerzeilen bearbeiten möge, am besten mit Bleistift, damit er verbessern kann, wenn er sich vertut. Am Ende der Übungsgrammatik sind dann die **Lösungen** aufgelistet. Abba nich vorher kucken, ej, datkann geda. Also lautet die Regel 1 (frei nach Klaus Birkenhauer, der mir verzeihen möge, wenn ich auch im folgenden recht rabiat mit seinem Regelwerk umgehe, weil wir hier inne Randzone bisweilen etwas anders sprechen. Klaus Birkenhauer kann aber versichert sein: es ist und bleibt sein Werks!):

Regel 1: Glottis-Schlag

Endet in einem zusammengesetzten Wort eine Silbe auf -tt, so wird dieser Doppelkonsonant durch den Glottis-Schlag ersetzt, kenntlich gemacht durch ein '.

Beispiel:

Bettfedern - *Be'fedan*
Mettwurst - *Me'wuast*

Übung:

1. Rabattmarken ___________________________
2. Trittleiter ___________________________
3. Schrottplatz ___________________________
4. Fettauge ___________________________
5. Futtfinger ___________________________

(Haptadat kapiert? - Isdo gaanich so schlimm, wa? Also weita im Text:)

Regel 2: Schlußsilbenverkürzung

Die Schlußsilbe -ben wird immer zu -m verkürzt, die Schlußsilbe -bend immer zu -mt und die Schlußsilbe -gen immer zu -ng.

Beispiel:

glauben - *glaum*
Leben - *Leem*
schreibend - *schreimt*
sagen - *saang*
Burgen - *Buuang*

Übung:

1. Abend ________________________________
2. oben_________________________________
3. Pflaumen ______________________________
4. sieben _______________________________
5. eben _________________________________

Regel 3: Präposition (Verhältniswörter)/Konjunktion (Bindewörter) und Artikel (Begleiter)

Bestimmte und unbestimme Artikel (der, die, das, dem, den, ein, einen usw) werden grundsätzlich an vorausgehende Präpositionen (Verhältniswörter) und Konjunktionen (Bindewörter) angehängt und verkürzt.

Beispiel:

Bernhard hat Schmutz an den Füßen. - *Bäänt hat Driete anne Schuoken*

..., weil die Gegend dort schöner ist. - ..., *weile Gegend da schöna is.*

Übung:

1. Er spart für ein Fahrrad.______________________
2. Sie hat die Kette um den Hals. ________________
3. Er ist von den Socken.________________________
4. ..., daß der Hund bellt. ________________________
5. Er geht in die Badeanstalt.______________________

Regel 4: Angehängte Pronomina (Fürwörter)

Pronomina (Fürwörter), die nach einem Verb (Tätigkeitswort) stehen, werden nicht nur einzeln, sondern auch zu mehreren daran angehängt und dabei stark verkürzt.

Beispiel:
hast du jetzt - *hasse gäzz*
da haben wir es - *da hamwert*
kapierst du das - *kapierssat*

Übung:
1. da sagst du nichts mehr ________________________
2. dann mußt du jetzt ________________________
3. das kannst du ________________________
4. hast du das kapiert ________________________
5. tust du ihr das ________________________

Regel 5: Zusammengesetzte Wortschlangen

Der Hamm-Heessener hängt alle unbetonten und weniger betonten Wörter an das erste wichtige, somit betonte Wort und bildet daraus eine lange Wortschlange, die letztendlich nur noch der Hamm-Heessener Mensch verstehen, auseinanderklamüsern kann.

Beispiel:
noch nicht einmal - *nonnima*
klappt das da - *klapptatta*
siehst du das denn nicht - *siehssedattännich*

Übung:
1. geh mich doch einer weg ________________________
2. bist du denn da ________________________
3. ist das denn nicht ________________________
4. sag doch mal was ________________________
5. kann mnan das denn ________________________

Regel 6: Das Hamm-Heessener Fugen -s-

Um die Bedeutung eines Wortes zu verdeutlichen, etwas markant auszusprechen, gebraucht der Hamm-Heessener im lokalen Code ein s dort, wo es der gemeine Deutsche selten (Reiter-s-mann) verwendet. Ähnlich wendet der Hamm-Heessener das s auch zur Verstärkung des Plurals an.

Beispiel:

Als Wortverstärkung: Öfchen - *Öf s ken*
irgendwo - *iant s wo*

Als Pluralverstärkung: Kinder - *Kinders*
Türen - *Türens*

Übung:

1. Bratkartoffeln ______________________________
2. meinetwegen ______________________________
3. Fenster ______________________________
4. Schüler ______________________________
5. Blagen ______________________________

Regel 7: Die Hamm-Heessener Satzumklammerung bei Pronominaladverbien (als Fürwörter gebrauchte Umstandswörter)

Wörter wie „dafür", „dazu", „davon" benutzt der Hamm-Heessener als Satzumklammerung, was im gemeinen Deutsch nur bei trennbaren Verben möglich ist (z.B. auslachen: „Lacht" er ihn „aus"?).

Beispiel:

Dafür kann er nichts. - *Da kanner nix für.*

Übung:

1. Davon hast du nichts. ____________________
2. Davon versteht sie was. ____________________
3. Dazu komm ich noch. ____________________
4. Dazu fällt mir ein. ____________________
5. Dafür gebe ich dir ein Bonbon. ____________________

Regel 8: Der getarnte Hamm-Heessener Nominativ (1. Fall)

Der Nominativ (1.Fall) wird selbstverständlich gebraucht, aber oft tarnt er sich als Akkusativ (4.Fall), um nicht so aufdringlich zu sein. Besonders ein Prädikatsnomen im sonst gebräuchlichen Nominativ wird vorwiegend in der Akkusativform gebildet. (Diese Tarnung erweist sich als sehr sinnreich im Gespräch mit den Einwohnern der Allgäuer Alpen.)

Beispiel

Unser Vater arbeitet. - *Unsan Vatta is am malochen.*
Das ist ein feiner Kerl. - *Dattissen toften Segers.*

Übung:

1. Unser Großvater stirbt. ____________________
2. Das ist ein lieber Polizist. ____________________
3. Rudi ist ein Süßer. ____________________
4. Mein Fuß tut weh. ____________________
5. Joseph ist ein Chameur. ____________________

Regel 9: Vokativ (Anrede-Fall) und Hervorhebung des Subjekts (Satzgegenstandes)

In Hamm-Heessen ist es wichtig, jemanden gebührend anzureden; während die Lateiner dafür einen eigenen Vokativ (a) haben, benutzt der Hamm-Heessener den Akkusativ (4.Fall). Auch das Subjekt (Satzgegenstand) (b) muß bisweilen gebührend gewürdigt werden, auch das geschieht dann im Akkusativ (4.Fall).

Beispiel:

a: Hallo, langer Mensch, komm! - *Ej, langen Lulatsch, kompsse ändlich!*
b: Einer kann es, der Joseph. - *Einen kannet, den Jupp.*

Übung:

1. Und da lacht er, der Helmut. __________________
2. Paul, der kann es. _________________________
3. Armer Junge, hier ist ein Groschen. ______________
4. so ein ganz Verrückter wie du __________________
5. Hallo, Frecher! ___________________________

Regel 10: Akkusativ (4.Fall) statt Dativ (3.Fall) und nach Präposition (Verhältniswörtern)

Der Hamm-Heessener benutzt bei Verben (Tätigkeitswörtern), die den Dativ (3.Fall) regieren, fast immer den Akkusativ (4.Fall). Nach Präpositionen (Verhältniswörtern) steht normalerweise nur der Akkusativ (4.Fall), auch wenn Angelika in Dortmund sich immer noch davor ziert, ihn anzuwenden.

Beispiel:
Bilde dir nichts ein. - *Biltich mannix ein.*
Er geht mit Marion. - *Er is mittat Marion am scharwenzeln.*

Übung:
1. Merk dir das. _
2. Komm mir nicht unter die Augen. _ _ _ _ _ _ _ _ _ _ _ _ _ _ _ _
3. Dabei war es ihr egal. _
4. Sicherheit im Haus _
5. Bernhard schläft auf der Wiese. _ _ _ _ _ _ _ _ _ _ _ _ _ _ _ _ _ _

Regel 11: Der Dativ (3.Fall)

Der Dativ (3.Fall) wird normalerweise in Heessen nicht gebraucht, und wenn, dann nur als Ersatz des Akkusativs (4.Fall) nach Präpositionen (Verhältniswörtern) bei ganz bestimmten maskulinen (männlichen) und neutralen (sächlichen) Substantiven (Hauptwörtern), bestimmt jedoch durch Verben (Tätigkeitswörter), die man auswendig lernen muß und wobei man eine genaue Zielvorstellung hat, sich den Endpunkt einer Handlung klarmacht.

Beispiel:
Geh bitte gefälligst ins Bett. - *Gäzz gehsse abba wacka im Bett.*

Übung
1. Johannes kann wieder in den Garten. _ _ _ _ _ _ _ _ _ _ _ _ _ _ _
2. Heute gehen wir ins Kino. _
3. Schon fällt er in das Jauchefaß. _ _ _ _ _ _ _ _ _ _ _ _ _ _ _ _ _
4. Den Hut häng bitte an den Haken. _ _ _ _ _ _ _ _ _ _ _ _ _ _ _ _
5. Da fiel ich in den Schrank. _

Regel 12: Der Genitiv (2.Fall)

Den Genitiv liebt der Hamm-Heessener nun gar nicht. Er vermeidet ihn fast immer. Besitz und Abhängigkeit können a) einerseits ausgedrückt werden durch die Umschreibung mit dem Dativ und dem Possessivpronomen (besitzanzeigendem Fürwort) bei Nachstellung des Possessivpronomens oder b) durch die Verbindung eines Pronomens (Fürworts) mit der Präposition „von".

Beispiel:
Unseres Vaters Füße - *a) Unsan Vatta seine Käsemauken*
b) Die Käsemauken von unsan Vatta

Übung
1. Des Fräuleins Fröhlichkeit ____________________
2. Des Lehrers Zigarren ______________________
3. Meiner Großmutter Groschen __________________
4. Der Freund des Mädchens ____________________
5. Der Verdienst des Lumpensammlers ______________

Regel 13: Nicht flektierte (gebeugte) Adjektive (Eigenschaftswörter) und Pronomina (Fürwörter)

Adjektive (Eigenschaftswörter) und Pronomina (Fürwörter) werden sehr oft nicht gebeugt.

Beispiel:
Er hat kein sauberes Hemd. - *Er hat nichman sauber Hemd.*

Übung
1. Er weint wie ein kleines Mädchen. ______________
2. Wir hatten schlechtes Wetter. ________________
3. Unsere Tante Martha ________________________
4. Otto ist ein kleiner Mann. ____________________
5. Eure Mannschaft könnt ihr vergessen. ___________

Regel 14: Die Verlaufsform

Unsere Hamm-Heessener Sprache kennt im Gegensatz zum Hochdeutschen eine richtige Verlaufsform der Verben (Tätigkeitswörter). Das Wörtchen „am" plus Infinitiv (Tätigkeitswort in ungebeugter Form) drückt aus, daß die betreffende Handlung andauert, andauern soll oder angedauert hat. Auch der Beginn einer Handlung kann in Hamm-Heessen mit der Verlaufsform ausgedrückt werden.

Sehr beliebt ist auch der Zusatz „zugange", der den Verlaufscharakter der Handlung noch stärker betont.

Beispiel:

a) Unsere Großmutter liegt im Sterben. - *Unsa Omma isdat Zeitliche am segnen.*
b) Es fängt an zu regnen. - *Et fängt am plästan.*

Übung
1. Otto arbeitet im Bergwerk. ____________________
2. Alfons trinkt ein kleines Glas mit klarem Alkohol. _____ ______________________________________
3. Christine sah bereits fern. ____________________
4. Letztes Jahr reifte alles früh. ____________________
5. Es wird jetzt Mai. ________________________

Regel 15: Das westfälische Modalververb (Hilfverb): tun

Zur Verstärkung einer Tätigkeit und um auch das lästige und komplizierte Konjugieren (Abwandeln) eines Verbs (Tätigkeitsworts) zu vermeiden, liebt der Westfale das im Hochdeutschen nicht vorgesehene Modalverb (Hilfverb): tun

Beispiel:
Singe bitte! - *Tu ma schön singen!*
Ulla regt mich auf. - *Ulla tut mich abba ganz schön einen nerven*

Übung:
1. Rudolf spielt wieder Fußball. ________________
2. Du bringst mir bitte die Pantoffeln, ja? ____________
3. Es tut sehr weh. _________________________
4. Jetzt schläfst du aber! ______________________
5. Was flirtet der Otto mit der Erika! ______________

Regel 16: Der Konjunktiv (Die Möglichkeitsform)

Der Konjunktiv I und der Konjunktiv II finden ihren Ausdruck in Umschreibungen mit Modalverben (Hilfsverben) wie „können" oder „würden" in Verbindung mit der Partikel „ma": „kannzema", „könnzema", „würzzema", oder in der indirekten Rede mit der Umschreibung: Konjunktion (Bindewort) „dat" in Verbindung mit der Verlaufsform „am" plus Infinitiv: „datter", „dattie", „dattat". Eine Verfeinerung wird durch die Höflichkeitspartikel „eem, eemt" (mal/eben = Zeitadverbien) erreicht.

Beispiel:

Gingest du bitte in die kleine Kammer! - *Würzzema eem im Kabäusken fitschen!*

Bernhard, bötest du bitte Großvater die schöne Hand! - *Bennatzken, kannzema eem Oppa dat richtige Patschhändken geem!*

Joseph behauptet, Tusnelda sänge wie eine Amsel. - *Jupp sacht, dattie Tussi ein am jallan is wie son Mätengeitling.*

Übung:

1. Könntest du mir bitte die geschnetzelten und in Öl gebratenen Kartoffeln herüberschieben. _ _ _ _ _ _ _ _ _ _ _ _ _ _ _ _ _ _

_ _

2. Erika hofft, Anton möge ein Verhältnis mit ihr beginnen.

_ _

3. Karl-Heinz spiele so gerne Fußball, meint Herbert.

_ _

4. Würdest du bitte austrinken. _ _ _ _ _ _ _ _ _ _ _ _ _ _ _ _ _ _ _
5. Gäbest du mir bitte eine Zigarette. _ _ _ _ _ _ _ _ _ _ _ _ _ _ _ _

Regel 17: Die Verdoppelung von Präpositionen (Verhältniswörter)

Eine Präposition (Verhältniswort) genügt dem Hamm-Heessener nicht, um sich klar auszudrücken. Deswegen setzt er besonders gern die Präpositionen „für" und „mit" so häufig ein, wie es eben geht.

Beispiel:
Großmutter, nimm doch bitte einen Wärmstein fürs Bett. -
Omma, gäzz nimpsse dich abhan heißen Stein für im Bett, wa.
Gertrud, geben Sie mir bitte die Currywurst ohne Mayonnaise. -
Trudis, gibmichma eima Körri mit ohne Weiß.

Übung:
1. Hol mal bitte das Holz zum Anmachen. ___________
2. Gibst du bitte deinen Teil der Runde.______________
3. Alfons geht in die Kirche zum Beten. ______________
4. Maria tanzt auch. _________________________
5. Friedrich spielt in der Knüppelmusik.______________

Regel 18: Das allgemein nützliche „dat"

Komplizierte Konjunktionen (Bindewörter) werden gern durch das einfache, überall nützliche „dat" ersetzt.

Beispiel:
Er arbeitet jetzt im Bergwerk, damit er endlich gut verdient. - *Gäzz gehta im Pütt, datta endlich ma richtich Kohle am vadien kompt.*

Übung:
1. Wer weiß schon, ob er kommt, ________________
2. Worum es geht, ahnt er.______________________
3. Damit das mal klar ist! ______________________
4. Ob sie mich liebt, fragst du?___________________
5. Er trinkt, um blau zu sein. ___________________

Regel 19: Begründungen mit „Ja"

Begründete Sätze werden ungern mit „weil" oder „denn" eingeleitet, sondern lieber als Hauptsätze angehängt, in denen ein „ja" den Begründungszusammenhang stiftet.

Beispiel:
Ich habe nichts, weil ich nicht wußte, daß du kommst. - *Ichap gaanix da, ich wußt ja nich, datte kompss.*

Übung:
1. Ich habe die Stelle bekommen, weil ich am besten Steno konnte.
_ _
2. Er ist krank, weil er im Regen gejoggt hat.
_ _
3. Gertrud ist schwanger, weil sie nicht aufgepaßt hat.
_ _
4. Hermann ist wütend, wenn er kein Pils bekommt.
_ _
5. Sophia singt, weil ein Verehrer sie anhimmelt.
_ _

(Und nun noch schnell zwei Übersetzungsübungen, dann sind wir perfekt in der Randzonensprache Hamm-Heessen.)

Übung 20: Übersetzung vom Hamm-Heessener Deutsch ins Hochdeutsche

Beispiel
nonnima - *noch nicht mal*

Übung:
1. wollnwerse _
2. lammidomma _
3. issattänn _
4. sarichdattännich _
5. tutattitussi _

Übung 21: Übersetzung vom Hochdeutschen ins Hamm-Heessener Deutsch

Beispiel:
Haben Sie am Samstag Schalke gesehen? - *Hamsamsamstach Schalke gesehn?*

Übung:
1. Hat es da geregnet? _
2. Das Kind da, darf das das?_ _ _ _ _ _ _ _ _ _ _ _ _ _ _ _ _ _ _ _
3. Daß das das darf? _
4. Tut dir das denn nicht weh?_ _ _ _ _ _ _ _ _ _ _ _ _ _ _ _ _ _ _
5. Hörst du das denn nicht_ _

Lösungen

Übung 1:
1. Raba'maaken
2. Tri'leita
3. Schro'platz
4. Fe'auge
5. Fu'finga

Übung *2:*
1. Aamt
2. oom
3. Pflaum
4. siem
5. eem

Übung 3:
1. Er is am Geld schrappen fürren Rädscher.
2. Gäzz hatse Klunkers ummen Hals.
3. Er is vonne Socken.
4. ..., datter Rüen am kläffen is.
5. Er geht inne Baddean.

Übung 4:
1. da sachsse gaanix mähr
2. dann musse gäzz
3. dat kannze
4. hassedat kapiert
5. tuussese dat

Übung 5:
1. gehmichdoeinawek
2. bissedännda
3. isdattännich

4. sachdommawat
5. kammandattän

Übung 6:
1. Brat-s-kattoffeln
2. Meint-s-wegen
3. Fensters
4. Schülers
5. Blagens

Übung 7:
1. da hasse nix von
2. da verstehtse wat von
3. da kommichno zu
4. da fälltmich wat zu ein
5. da gippichdich en Klümpken für

Übung 8:
1. Unsan Oppa gipten Löffel ap.
2. Datissen lieben Putz.
3. Rudi issen Süßen.
4. Meinen Schuoken is am piesacken.
5. Jupp issen Schlickefänger.

Übung 9:
1. Unda lachta, den Hömmut.
2. Watten Paul is, der kannet.
3. Aamen Jaust, hier hassen Tacken.
4. Son ganz Bescheuaten, einen wie dich.
5. Ej, Rotzigen!

Übung 10:
1. Merkdichdat.

2. Kommich nich untere Augen.
3. Dabei waasedat piepegal.
4. Sicherheit inne Bude.
5. Natz is innen Kamp am pennen.

Übung 11:
1. Jans kann widda im Gaaten.
2. Heute gehnwa im Kino.
3. Gau plumpsta im Ahlfat.
4. Den Kalabräser hängsse abba am Haaken.
5. Kapaftich flochich im Schrank.

Übung 12:
1. Die Trulla ihren Trallafitti
2. Den Pauker seine Stinkadores
3. Meine Omma ihre Tackens
4. Die Schickse ihren Macker
5. Den Klüngelskerl seinen Reibach

Übung 13:
1. Er issam heuln wieson klein Wicht.
2. Wir hatten schlecht Wetta.
3. Wat unsa Tante Matta is.
4. Ötte isson klein Ziesemännken.
5. Euer Vaein könnta vagessen.

Übung 14:
1. Ötte is im Pütt am wulacken.
2. Affons issich en Kurzen am verkasematuckeln.
3. Stinna waa schonn am fernsehkucken.
4. Läzztet Jaa wa allet früh am reifen.
5. Gäzz isset Mai am werden.

Übung 15:
1. Rudi tutma widda pöhlen.
2. Gäzz tuusse michma eem die Schlappen bringen, ne.
3. Dat tut mich villeicht piesacken, sarichdich.
4. Gäzz tuusse abba ändlich einen poofen.
5. Wat tuter Ötte umdie Ecka rumsülzen.

Übung 16:
1. Ej, kannzema eem die Fritten rübaschucken!
2. Ecka hatsich im Kopp gesätzt, datter Tönne en Krösken mitse am anfangen is.
3. Häbbät meint, datter Kalla am liebsten ein am pöhlen is.
4. Kannzema eem Luft im Glas lassen.
5. Würzzema eem ne Fluppe rübaschmeißen.

Übung 17:
1. Holzema eem dat Holz für zum Anmachen.
2. Tuussema eem ne Maak bei füret Ausgeem.
3. Affons kriecht im Dom für zum Beten.
4. Mia is mit am schwoofen.
5. Fitti is mit beide Knüppelmusik am pfeifen.

Übung 18:
1. Wer weißdat schonn, datta kompt.
2. Dattat darum geht, weißa.
3. Dattatma klaa is.
4. Datse mich liem tut, fragsse?
5. Er is ein am süppeln, datta voll is wiene Eule.

Übung 19:
1. Ich hapteen Posten; ich kann ja eem Steno.
2. Er is krank; er päst ja imma beit Plästan durche Matsche.
3. Trudis is knubbelich; sie läßt ja au geden ran.
4. Hiärm haut aum Putz; die Olle versteckne ja au die Bierpullen.

5. Söffken is am jallan; son Flitzenfänga isse ja am pussiern.

Übung 20:
1. wollen wir sie
2. laß mich doch mal
3. ist das denn
4. sag ich das denn nicht
5. tut das die Tusnelda

Übung 21:
1. Hattatta geplästat?
2. Dat Blag da, daafdattat?
3. Dattattatdaaf?
4. Tutichdattennich weh?
5. Hörssedattennich?

Dank

Mein Dank gilt all den Heessenern, denen ich zuhören durfte, wenn sie den Mund aufmachten. Da sind aber trotzdem besonders zu erwähnen die Mitglieder des Kegelklubs „Aame Schlucka“ und die Freitagabends-Fußball-Altherren-Runde, die, wenn sie den Mund aufmachen, so reden und singen wie in den versammelten Dönekes. Da ist zu erwähnen Gerd Walters, an dessen Tresen ich den Zechkumpanen lauschen durfte, während ich dem kulthaften Pilseinschenken beiwohnte, während ich den ersten Schluck genoß; natürlich ist auch Anneliese Kemper zu erwähnen, wohin ich bisweilen auswich, wenn eine Maulwurf auf Gerds Tresen herumturnte. Reinhold Lenz, Friseurmeister mit lichtem Haarwuchs, hat unermüdlich seine Kunden zum Labern animiert und mir dann aufgezeichnet, wie das klingt; er hat mir sehr geholfen. Christel Beckmöller konnte sich noch gut an die Nachkriegssprache erinnern, Bernhard Beckmöller steuerte Plattdeutsches bei. Marlies und Manfred Kinzel erinnerten mich an viele schöne Begriffe und Lieder unserer gemeinsamen Nachkriegszeit. Thomas Geveler und Birgit Beckmöller haben viele neue Begriffe der letzten Zeit beigetragen. Ulli Stern hat mein Wörterbuch buchhändlerisch durchgesehen und viele interessante Anregungen gegeben; allen ein herzlicher Dank. Olaf Schmidt aus Mülheim anne Ruhr hat mich immer gewarnt, wenn ich zu stark ins Ruhrgebietlerische abdriftete, sein Vater Werner Schmidt hat aus seinem reichen Wortschatz beigetragen. Sehr dankbar bin ich auch Werner Beckmöller, der die Übungsgrammatik auf ihre linguistische Richtigkeit überprüft hat.

Und all den Jäustern und Mädkes von der Hülseistraße der vierziger und fünfziger Jahre bin ich zu Dank verpflichtet; denn sie haben mich Hamm-Heessenerisch sprechen gelehrt.

Heinz Weischer

Fotonachweis

S. 1	Archiv Kemper
S. 25	Archiv Walters
S. 35	Archiv Frerich
S. 41	Archiv Henningfeld
S. 49	Archiv Kemper
S. 57	Archiv Frerich
S. 67	Archiv Kemper
S. 81	Archiv Walters
S. 95	Archiv Weischer
S. 107	Archiv Kemper
S. 119	Archiv Kemper
S. 133	Archiv Nillies
S. 211	Archiv Weischer

